COMMENT DESSINER DES TRUCS COOL

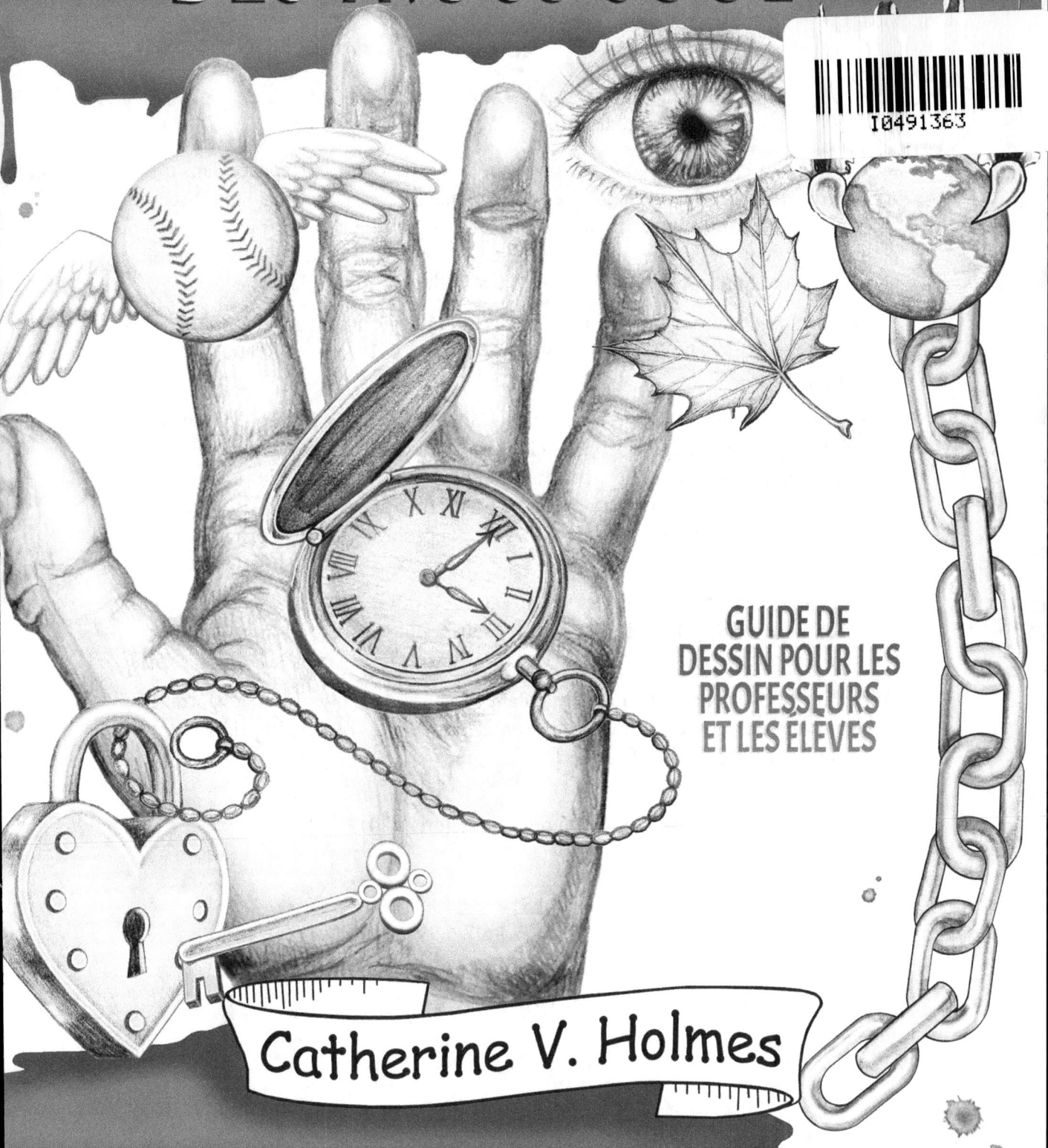

GUIDE DE
DESSIN POUR LES
PROFESSEURS
ET LES ELEVES

Catherine V. Holmes

Publié par :
Library Tales Publishing, Inc.
www.LibraryTalesPublishing.com
www.Facebook.com/LibraryTalesPublishing

Pour des informations générales sur nos autres produits et services, veuillez contacter notre service clientèle au 1-800-754-5016, ou par télécopie au 917-463-0892. Pour le support technique, veuillez consulter www.LibraryTalesPublishing.com

Library Tales Publishing publie également ses livres dans une variété de formats électroniques. Tous les contenus qui sont disponibles en version imprimée sont également disponibles en format électronique.

Numéro de contrôle de la Bibliothèque du Congrès : 2017944834

ISBN-13
978-1956769531

IMPRIMÉ AUX ÉTATS-UNIS D'AMÉRIQUE

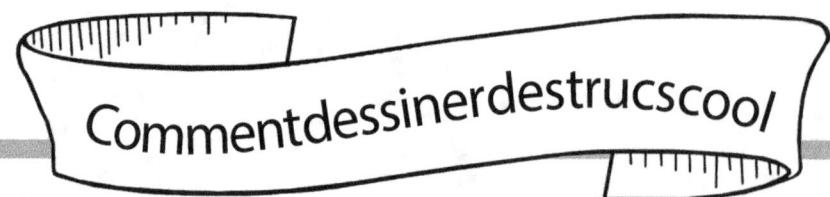

Commentdessinerdestrucscool

Bienvenue au guichet unique pour créer des œuvres d'art belles et intéressantes !

Vous trouverez dans ce livre plus de 100 dessins pas à pas faciles à réaliser et amusant à faire.

Pour les artistes : Organisé en chapitres couvrant les éléments du dessin, les parties du visage humain, la perspective, les fêtes, les animaux, les créatures, et plus encore, « Comment dessiner des trucs cools » présente des centaines de dessins démontrant les images que vous pouvez créer simplement en combinant des formes simples. Les artistes apprendront à reconnaître les formes de base d'un objet et à les transformer en œuvres d'art détaillées en quelques étapes simples. Ces exercices pratiques vous aideront à pratiquer et à perfectionner vos compétences afin que vous puissiez faire des dessins par vous-même.

Pour les professeurs : Si votre budget, votre temps et vos ressources sont limités, ou si vos élèves aiment dessiner, ce livre est pour vous ! Vous trouverez dans ce livre un tas de leçons faciles à transporter et pouvant être utilisées pour enseigner l'art à tous les niveaux d'élèves. Chaque leçon comprend des instructions faciles à

suivre où l'ensemble du processus est présenté à travers une séquence d'illustrations avec très peu de texte. De plus, chaque projet artistique est accompagné d'un tableau comprenant les compétences et les concepts de base que vos élèves apprendront, ainsi que des tâches d'évaluation finale que vos élèves peuvent réaliser. Le plus beau dans tout ça, c'est que les dessins sont axés sur des sujets que les enfants auront envie de dessiner.

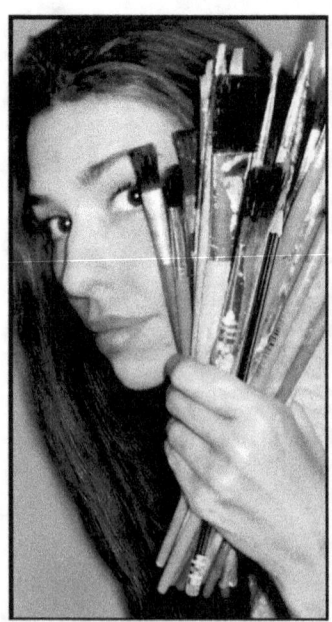

Tout ce dont vous avez besoin est un crayon et du papier et vous êtes prêt à dessiner des trucs cool.

TABLE DES MATIÈRES

Chapitre 1
L'essentiel

Chapitre 2
Le visage humain

Chapitre 3
Perspective

Chapitre 4
Jours fériés et saisons

Chapitre 5
Animaux et créatures

Chapitre 6
Des trucs cools

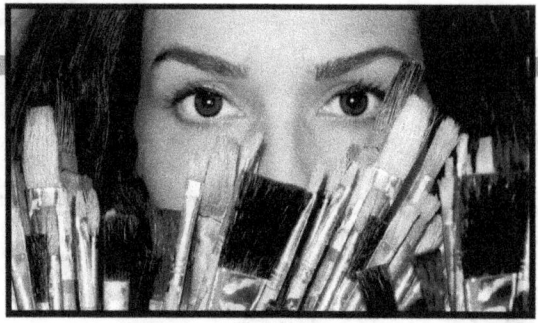

À propos de l'auteur

Catherine V. Holmes est enseignante, artiste, défenseur des jeunes et auteur/illustratrice de « Comment dessiner des trucs cool ».

« L'art offre à chacun la possibilité d'apprendre. Je dis toujours à mes élèves : 'Tout le monde peut dessiner, mais personne ne peut dessiner comme vous.'

Chaque personne apporte son propre style, sa créativité et sa perspective à une œuvre. regardant de près une œuvre d'art, on peut y voir l'histoire, le désir, la peur ou l'inspiration.

Grâce à l'art, nous avons des possibilités pour résoudre des problèmes de manière créative l'expression du soi la méditation et la communication artistique un esprit de bien-être personnel accru

l'autonomisation

la relaxation

l'éducation

et une plateforme pour mettre en valeur nos forces personnelles de manière significative. Cela nous aide non seulement à devenir plus perspicaces dans l'art, mais aussi dans la vie. »

INTRODUCTION

Ce livre est né d'une nécessité. Après avoir exploré les catalogues d'art et les bibliothèques, et après avoir parcouru la section « comment dessiner » dans beaucoup de librairies, j'ai trouvé quelques bonnes ressources, mais aucune ne possédait toutes les qualités que je recherchais dans un livre de dessin. Certaines idées étaient trop basiques et souvent insultantes pour mes élèves plus âgés et plus artistiques. D'autres ouvrages semblaient servir de vitrine à de belles œuvres d'art mais manquaient d'instructions concrètes.

En tant que professeur d'art « itinérant » disposant d'un budget et d'un temps de préparation limités, j'ai besoin d'une ressource unique, facile à transporter et qui peut être utilisée pour enseigner des élèves de tout niveau, du collège au lycée ainsi que les apprenants post-secondaires. Ce livre a été créé pour répondre à ce besoin et je souhaite le partager avec les enseignants et les artistes se trouvant dans des situations similaires. Ces projets vous permettront d'apporter des leçons intéressantes et instructives qui offrent des objectifs clairs et favorisent la réussite sans avoir besoin d'équipements coûteux/multidimensionnels : un crayon ordinaire et une gomme suffisent (parfois une règle ou un stylo fin). Les crayons d'art très sophistiqués, le papier coûteux ou les gommes à effacer malléables ne sont pas nécessaires pour réussir. Toutes les pages ont été testées et approuvées par les élèves.

Les détails du livre :

Vous trouverez à l'intérieur des exercices spécifiques qui offrent des directives étape par étape pour dessiner une variété de sujets. Chaque leçon commence par une forme facile à dessiner qui deviendra la structure de base du dessin. À partir de cette structure initiale, chaque étape y ajoute des éléments, permettant à l'artiste de développer encore plus sa création et de réaliser une image plus détaillée.

Chaque projet artistique est accompagné d'un tableau comprenant des informations que l'artiste doit être capable de **SAVOIR** (faits, compétences de base), de **COMPRENDRE** (grandes idées, concepts, questions essentielles) et aussi de **METTRE EN APPLICATION** (évaluation finale, performance, mesures des objectifs) à la fin de la leçon.

Ces informations supplémentaires confèrent à ces pages un pouvoir supérieur à celui de « l'art pour lui-même » - et cela n'est quand-même pas nécessaire - car l'art est suffisamment important en soi ! Les artistes apprennent à se connaître en tant qu'âmes expressives en créant d'œuvres belles et intéressantes.

Et le mieux, c'est que ce sont des choses que les artistes veulent dessiner.

Information pour les enseignants utilisant ce livre :

En utilisant ce guide, les enseignants peuvent être sûrs qu'ils utilisent leur temps d'enseignement de manière à faire une différence significative pour leurs élèves. Chaque leçon comprend des instructions faciles à suivre où l'ensemble du processus est vu à travers une séquence d'illustrations détaillées qui peuvent être liées à des connexions historiques, aux normes d'apprentissage de votre programme scolaire ou adaptées à une leçon d'intégration des arts. Vous avez la possibilité d'adapter le niveau d'intensité de chaque projet en fonction de vos objectifs.

Les projets peuvent être différenciés pour répondre aux différents styles d'apprentissage des élèves grâce à un mélange de visuels et de textes.

<u>Pour obtenir les meilleurs résultats possibles, voici quelques conseils :</u>

- Les leçons sont présentées sur des feuilles majoritairement en recto seulement pour une reproduction facile. Les copier si possible sur le réglage photo de la photocopieuse de votre école. Les parties ombragées resteront ainsi de meilleure qualité.

- Afficher la feuille « Savoir, comprendre, faire » au tableau pour que les élèves voient clairement les objectifs de la leçon.

- Encourager vos élèves à ne pas sauter les étapes. Les enseignants peuvent constater que de nombreux élèves veulent une satisfaction immédiate et essaient souvent de passer à la dernière étape sans suivre le processus. Quelques étudiants en art ont un « talent » pour le dessin ou ont une expérience préalable du dessin de formes complexes et n'ont pas besoin des étapes, mais la plupart d'entre eux devraient suivre la séquence afin d'obtenir le meilleur résultat. Pour mieux réussir, ils doivent avancer étape par étape ! En procédant ainsi, les élèves entraînent leur cerveau à voir les formes à l'intérieur d'un objet plutôt que l'objet dans son ensemble. Cela rendra plus simple le processus de dessin.

- Dire aux élèves de dessiner légèrement. Une fois qu'ils ont un contour de base et quelques détails, les élèves peuvent rendre leurs lignes plus sombres et plus permanentes. Amener les artistes aux mains lourdes à dessiner légèrement peut être une lutte constante, mais la lutte en vaut la peine une fois qu'ils en voient les avantages. L'effacement devient plus facile et moins de papiers sont froissés et jetés.

- Chaque élève trouvera un niveau de réussite différent avec ces guides de dessin. Encourager les élèves à rendre leur travail différent des exercices du livre en ajoutant des éléments supplémentaires et plus de détails. Cela rend chaque œuvre d'art unique et personnelle.

- Ces étapes simples peuvent être adaptées à tous les niveaux - l'élève peut mettre autant ou aussi peu d'efforts dans son travail que son niveau de confort le permet. REMARQUER : En tant que professeur d'art par excellence, pousser toujours vos élèves à en faire plus - c'est en allant au-delà de la zone de confort que nous apprenons le mieux !

- Les techniques et les processus présentés dans ce livre sont tout à fait à la portée de ce que votre élève peut faire. Il peut arriver que certains élèves soient frustrés et veuillent abandonner. Parfois, un élève aura envie d'abandonner avant même d'avoir tenté le travail. C'est inacceptable ! Lui rappeler que la création artistique est un processus. Dans de tels cas, encourager votre élève à essayer juste la première étape. Il verra que cette première étape est assez facile et sera peut-être encouragé à essayer l'étape suivante, etc.

- Si toutes les tentatives de dessin semblent empêcher votre élève de réussir, vous pouvez lui permettre de tracer. Les dessins qui se trouvent sur ces pages sont présentés à une échelle plus petite afin de décourager le traçage, mais il est préférable d'autoriser le traçage plutôt que de laisser votre élève ne rien faire du tout. Les modifications apportées aux devoirs peuvent inclure le traçage si nécessaire, mais il suffit de demander à l'élève d'ajouter sa propre touche d'originalité en y ajoutant du nuançage ou en ajoutant des éléments supplémentaires qui ne se figurent pas au niveau des exemples fournis. Tracer sans même faire d'effort – CE N'EST PAS ACCEPTABLE !

- Ce livre est génial pour les enseignants suppléants. Copier plusieurs de ces leçons, les mettre dans votre dossier de suppléant et prendre votre congé maladie sans vous inquiéter.

Avec suffisamment de pratique, les élèves finiront par ne plus avoir besoin d'un livre qui les montre « comment faire ». Un changement dans le cerveau se produira et vos élèves seront capables de décomposer mentalement l'image la plus simple derrière l'image complexe sans aide. C'est à ce moment-là qu'ils deviendront des artistes super intelligents !

Information pour les artistes qui utilisent ce livre :

Suivre ces exercices est un excellent moyen de pratiquer votre capacité artistique et de commencer à voir les formes simples qui se trouvent dans un objet complexe. Les crayons et le papier d'art professionnels peuvent offrir une grande variété de résultats, mais les techniques détaillées dans ce livre peuvent être réussies en utilisant des équipements ordinaires.

Ce livre est intuitif mais il se peut que vous rencontriez quelques étapes difficiles. Suivre les conseils ci-dessous pour obtenir de meilleurs résultats.

- Essayer de masquer les informations dont vous n'avez pas besoin. Lorsque vous commencez à dessiner l'un des images qui se trouvent dans ce livre, couvrir toutes les étapes présentées avec une feuille de papier vierge, sauf la première. Dessiner seulement la première étape qui est exposée. Une fois cette étape terminée, découvrir l'étape suivante et travailler dessus. En masquant les étapes sur lesquelles vous ne travaillez pas, l'œuvre devient moins difficile à réaliser. Continuer à découvrir chaque étape une par une et à ajouter à votre œuvre jusqu'à ce qu'elle soit complète. Cela peut sembler une technique très simple, mais elle est efficace parce que cela vous encourage à vous concentrer sur une seule action à la fois.

- La patience est indispensable. Ne pas précipiter les choses, prendre votre temps et faire preuve de patience. Ne pas déchirer votre papier par frustration chaque fois que vous commettez une erreur. Regarder votre dessin et déterminez les lignes qui fonctionnent et celles qui ne fonctionnent pas. Les modifier si nécessaire.

C'est plus facile lorsque vous faites les choses suivantes :

- Dessiner légèrement. Commencer par un schéma léger, puis ajouter des détails au fur et à mesure que le dessin avance. Une fois que toutes les lignes vous semblent bonnes, vous pouvez les dessiner de manière plus foncée et permanente.

- Il n'est pas nécessaire de reproduire une copie exacte des images qui se trouvent dans ce livre livre ou de passer beaucoup de temps pour rendre identique les deux côtés d'un objet qui est censé être symétrique. Même nos visages ne sont pas parfaitement symétriques. C'est votre approche unique (et parfois imparfaite) qui rendra votre dessin attrayant et beau. Si votre dessin n'a pas l'air « parfait », ce n'est pas grave !

- Aimeriez-vous que votre œuvre d'art ait un aspect encore plus professionnel ? Dessiner votre objet en grand puis rétrécissez-le sur le copieur en utilisant le paramètre photo. Les détails et les lignes apparaissent plus fins et votre travail semble plus détaillé. Cela est une bonne astuce à essayer !• Enfin, ne vous préoccupez pas trop du dessin de l'élève assis à côté de vous. Se rappeler : tout le monde peut dessiner, mais personne ne peut dessiner comme vous. C'est ce qui rend l'art si spécial. Si nous dessinions tous exactement de la même façon, l'art serait ennuyeux et n'aurait aucun intérêt. Regarder le résultat de votre travail après l'avoir terminé et le comparer à vos travaux précédents. Vous serez probablement impressionné par vous-même !

Conseils pour l'ombrage :

- Le chapitre « Les bases » présente plusieurs techniques d'ombrage différentes. L'utilisation d'une forte pression avec votre crayon laissera des lignes sombres alors qu'une pression légère laissera des marques claires. Une combinaison des deux, avec une transition graduelle de l'une à l'autre, est une approche réaliste pour faire de l'ombrage. Vous pouvez pratiquer en utilisant différentes pressions du crayon pour créer une variété de tons.

- Faire attention si vous choisissez de tacher votre œuvre d'art pour créer des effets d'ombre. La technique consistant à tacher une œuvre d'art avec un doigt pour créer des ombres peut brouiller certaines lignes complexes et ruiner un beau dessin. Cependant, lorsqu'il est fait correctement, le brouillage peut être un moyen rapide et efficace d'ajouter de la profondeur à une œuvre d'art. Cette pratique peut être acceptable, mais attention à ne pas faire de la boue ! Si vous frottez trop, toutes les lignes fines et les nuances contrastées deviendront le même ton gris plat et brouillé. Cela enlève de la profondeur à un dessin et rend l'œuvre moins détaillée. Pour obtenir de meilleurs résultats lors de l'ombrage avec la technique du frottement au doigt, il suffit de frotter juste un peu seulement.

- Vous verrez dans ce livre quelques exemples de l'usage des hachures et des contre-hachures. Cela s'agit d'une autre technique d'ombrage qui peut être une alternative unique au brouillage au doigts ou à l'utilisation de la pression du crayon pour créer des effets d'ombrage. Essayer toutes ces techniques et voyez celle qui vous convient le mieux.

Pourquoi avons-nous besoin de l'art ?

Le dessin vous rend plus intelligent ! Croyez-le ou non, les artistes ne se contentent pas de copier sans réfléchir ce qu'ils voient en suivant les activités proposées dans ce livre. En réalisant ces projets, les artistes améliorent leur créativité et leur confiance en eux tout en acquérant des outils puissants pour comprendre tous les éléments nécessaires pour réaliser la création d'œuvres visuelles. Les élèves réentraînent en fait leur cerveau à voir les choses d'une manière différente. Cela leur permet de s'exprimer et de devenir compétents, avisés, instruits, imaginatifs, créatifs et perspicaces dans l'art et dans la vie. Faire savoir à vos élèves, collègues et au monde entier que l'ART EST IMPORTANT !

Chapitre 1

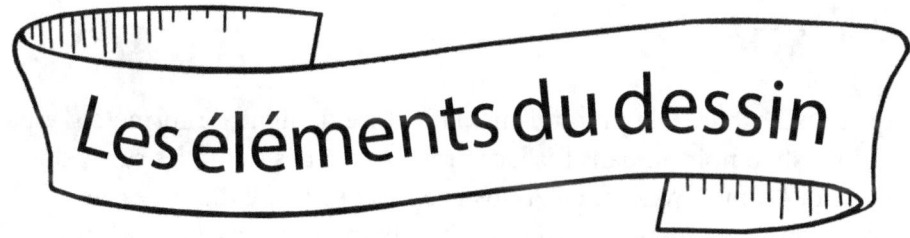

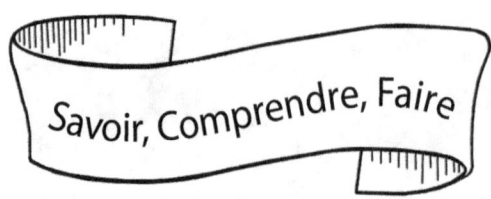

ÉLÉMENTS DU DESSIN

SAVOIR :

Éléments du dessin : couleur, valeur, ligne, figure, forme, texture et espace

COMPRENDRE :
*   Les éléments de base utilisés par l'artiste pour produire des œuvres d'art.
*   Comment ces composants sont utilisés
*   La différence entre la figure (longueur et largeur) et la forme (ajouter de la profondeur)

FAIRE :

Pratiquer les hachures, le pointillisme, la texture, la ligne, la forme et l'espace en utilisant un stylo noir fin dans l'espace prévu à côté des exemples sur le document. Copier ce que vous voyez ou créer vos propres dessins. Utiliser l'espace de la case numéro 7 pour créer un dessin original en utilisant au moins 4 des éléments du dessin pratiqués dans les cases ci-dessus.

EXTRA :

Créer une œuvre originale sur une feuille de papier distincte en utilisant au moins 6 des 7 éléments du dessin. Remplir le papier de bord en bord avec votre dessin.

VOCABULAIRE :

Éléments de conception - Couleur, valeur, ligne, figure, forme, texture et espace. Les composantes de base utilisées par l'artiste lorsqu'il produit une œuvre d'art. Les éléments de l'art sont les parties utilisées pour créer le sujet d'une œuvre d'art.

Les éléments du design
Les éléments de base utilisés par un artiste lors de la création d'une œuvre d'art
Couleur, Valeur, Ligne, Figure, Forme, Texture et Espace
Créer des exemples de chacun de ces éléments dans les espaces ci-dessous
Utilisez un crayon bien taillé ou un stylo noir fin pour faire les exercices ci-dessous
(on va ignorer la couleur pour l'instant).

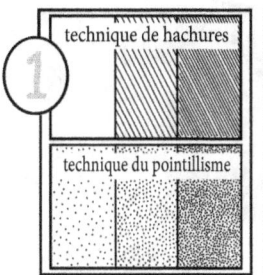

VALEUR - la clarté ou l'obscurité d'une couleur Dans cette case, vous indiquerez la valeur en utilisant des lignes ou des points.

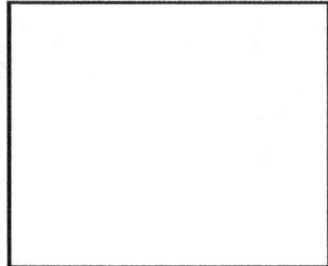

TEXTURE - l'apparence de la qualité tactile d'un objet Dans cette case, dessiner ce que vous voyez ou créer votre propre texture.

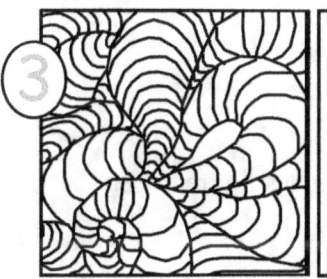

LIGNE - une marque indiquant la longueur et la direction. Dans cette boîte, dessinez ce que vous voyez ou créez votre propre dessin avec des lignes.

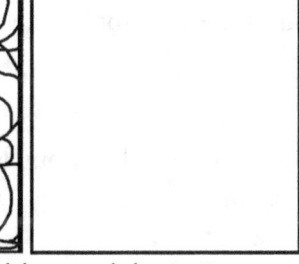

FIGURE - un espace clos avec les aspects de longueur/largeur Dans cette boîte, dessiner au moins 4 figures différentes.

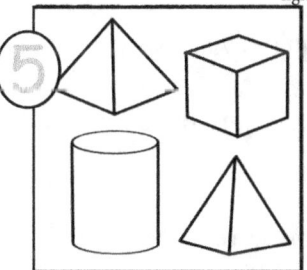

FORME - un espace clos indiquant la hauteur, la largeur et la profondeur Dans cette case, dessinez les formes qui sont visibles à gauche.

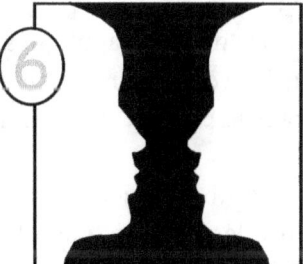

ESPACE - distance ou surface entre, autour ou à l'intérieur des objets Dans cette case, dessiner les espaces positifs et négatifs qui sont vus à gauche

UTILISEZ CETTE ZONE pour créer un dessin original en utilisant au moins 4 des éléments du dessin pratiqués ci-dessus.

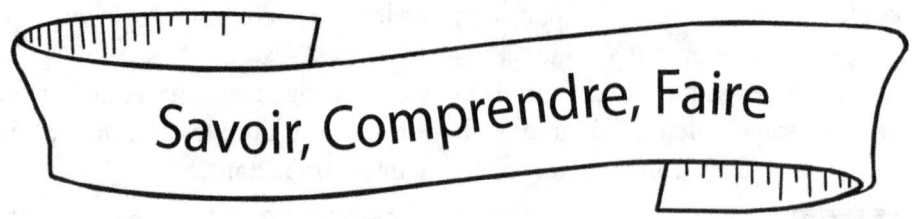

L'EFFET D'OMBRE POUR LES FIGURES

SAVOIR :
L'ombrage, les ombres et le mélange des tons

COMPRENDRE :
- La valeur ajoutée à une figure (2D) lorsque vous créez une forme à travers le dessin (3D)
- La clarté ou l'obscurité d'une valeur indique une source de lumière sur un objet

FAIRE :
- Recréer les 9 exemples du document « L'effet d'ombre pour les figures », en commençant par créer une échelle de valeurs.
- Ombrer chaque objet selon l'échelle de valeurs
- Valeurs de mélange

VOCABULAIRE :
Mélanger - Fusionner des tons appliqués à une surface de façon qu'il n'y ait pas de ligne nette indiquant le début ou la fin d'un ton.
Ombrer – Montrant le passage du sombre au clair ou du clair au sombre dans un image
Ombre - Une zone sombre projetée par un objet éclairé du côté opposé
Ton - Une couleur à laquelle on a ajouté du noir ou du blanc pour la rendre plus sombre ou plus claire
Valeur - Un élément de l'art qui fait référence à la clarté ou à l'obscurité d'une couleur.

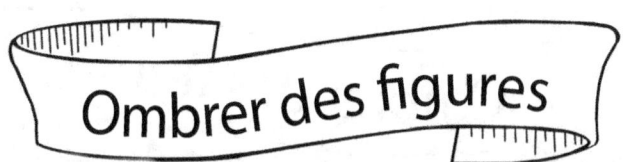

Ombrer des figures

1. Échelle de valeurs

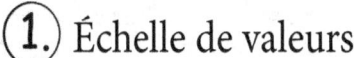

faire un rectangle avec 5 carrés

les numéroter :   1   2   3   4   5

Ombrer les carrés

Laisser blanc	Gris léger	Gris moyen	Gris foncé	Noir
1	2	3	4	5

2. Ombrage plat - CUBE

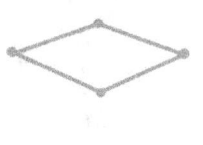

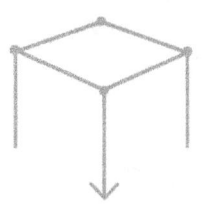

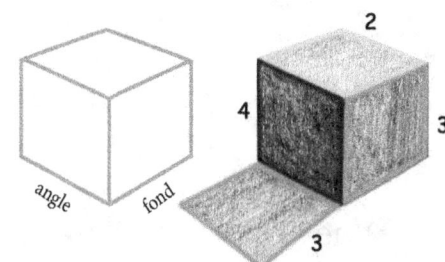

angle   fond

3. Ombrage rond - SPHERE

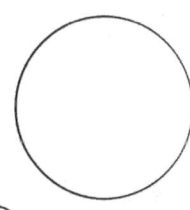

Ajouter 3 autres cercles de plus

Souligner

Ton moyen

Ombrage

Lumière réfléchie

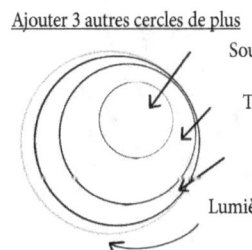

Ombre

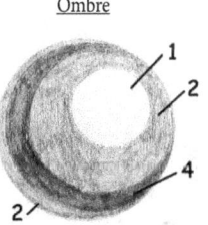

Mélange

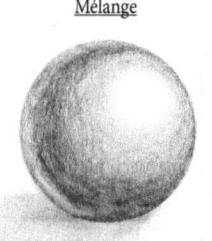

4. Ombrage d'une bannière

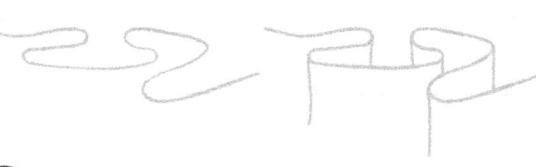

Ombrer les plus fond à l'intérieur des courbes

2 3 4 5

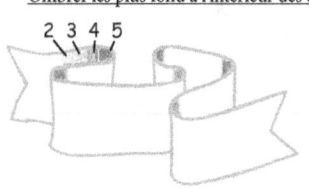

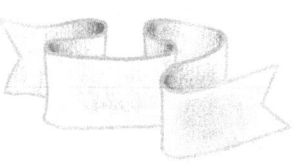

5. Ombrage d'une pyramide

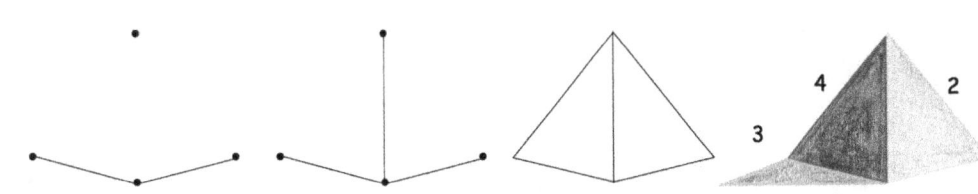

Ombrer des figures 2

6. Pièce de monnaie

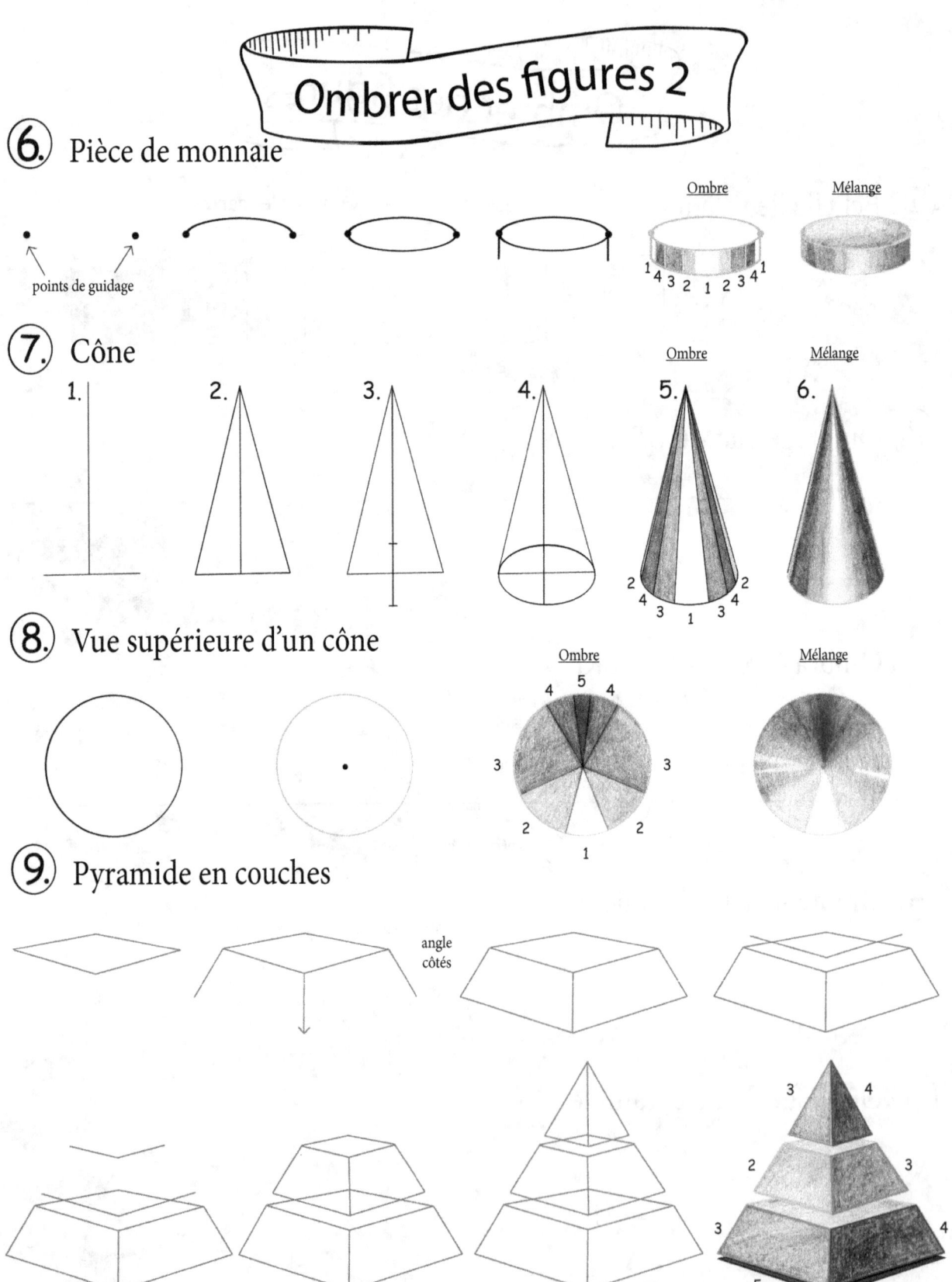

points de guidage

Ombre

Mélange

1 4 3 2 1 2 3 4 1

7. Cône

1. 2. 3. 4. 5. 6.

Ombre

Mélange

2 2
4 4
3 1 3

8. Vue supérieure d'un cône

Ombre

Mélange

4 5 4

3 3

2 2

1

9. Pyramide en couches

angle
côtés

3 4

2 3

3 4

5

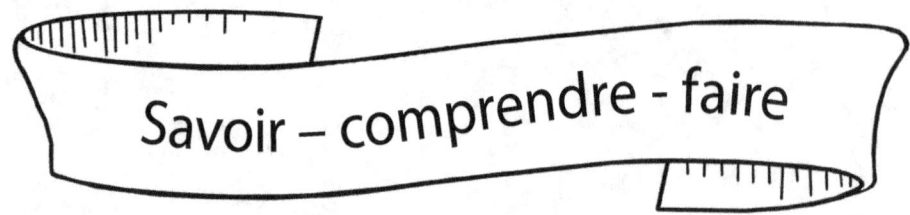

SE PRÉPARER À DESSINER

SAVOIR :
Contre-hachures, hachures, texture, échelle de valeur

COMPRENDRE :
* La texture est utilisée par les artistes pour indiquer la sensation d'un objet ou sa composition.
* La valeur ajoutée à une figure (2D) lors du dessin crée une forme (3D)
* La clarté ou l'obscurité d'une valeur indique une source de lumière sur un objet

FAIRE :
Pour vous entraîner aux différents types d'ombrage, effectuer les exercices d'échelle de valeurs, de hachures et de contre-hachures dans la zone prévue à cet effet sur la fiche. Sur une autre feuille de papier, dessiner un arbre (ou un autre objet) qui comprend les types d'ombres présentés sur la fiche.

VOCABULAIRE :
Hachures - Création d'effets de tonalité ou d'ombrage à l'aide de lignes parallèles très rapprochées. Lorsque plusieurs de ces lignes sont placées en biais par rapport aux premières, on parle de contre-hachures.
Ombrage - Montrer le changement du clair au foncé ou du foncé au clair dans une image en assombrissant les zones qui seraient ombragées et en laissant d'autres zones claires
Texture - La qualité de la surface ou la « sensation » d'un objet ; son degré de souplesse
Valeur - Un élément de l'art qui fait référence à la clarté ou à l'obscurité d'une couleur

Se préparer à dessiner

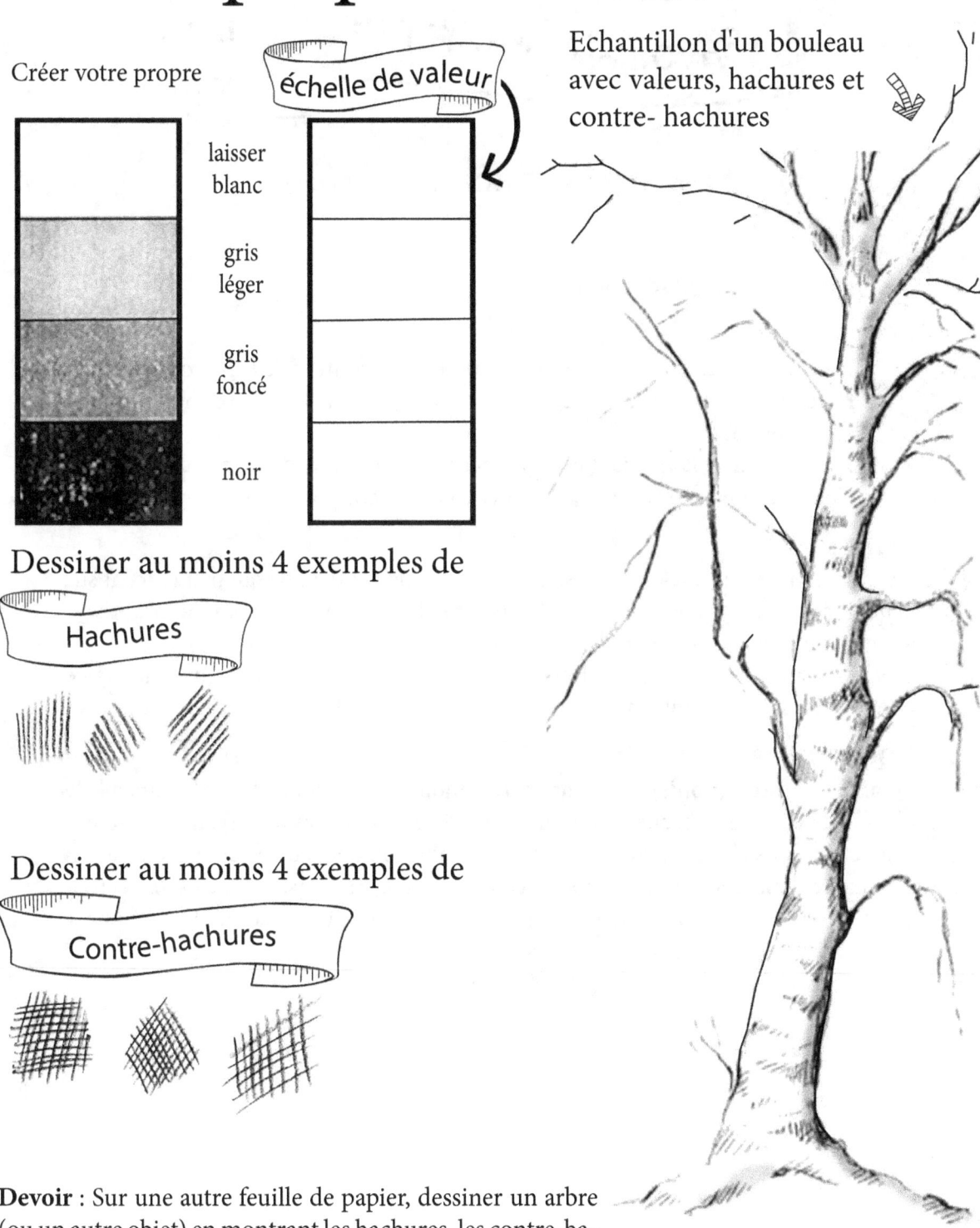

Créer votre propre

échelle de valeur

Echantillon d'un bouleau avec valeurs, hachures et contre- hachures

laisser blanc

gris léger

gris foncé

noir

Dessiner au moins 4 exemples de

Hachures

Dessiner au moins 4 exemples de

Contre-hachures

Devoir : Sur une autre feuille de papier, dessiner un arbre (ou un autre objet) en montrant les hachures, les contre-hachures et l'échelle de valeurs.

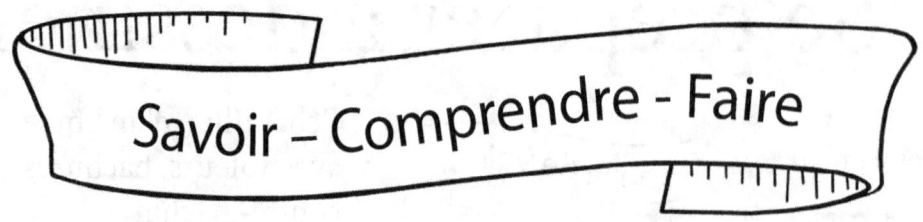

QUALITÉ DE LIGNE (COLOMBE)

SAVOIR :
Les lignes sont des outils de communication

COMPRENDRE :
- Différents types de lignes dans une œuvre d'art ajoutent de la profondeur et de l'intérêt, impliquent de l'espace, du mouvement, de la lumière et/ou de l'épaisseur (bord 3D)
- La variation de la qualité des lignes accroît le potentiel descriptif d'une œuvre d'art (textures, mouvement, lumière, espace, etc.).

FAIRE :
Créer une image originale en utilisant un dessin au trait détaillé qui met l'accent sur la qualité du trait. Expérimenter en dessinant l'illustration de la colombe ci-après et ajoutez de l'épaisseur aux lignes dans les zones de contour soulignées sur la feuille de travail. Ensuite, essayer cette technique sur un objet de votre choix, en veillant à ce que certaines lignes semblent avancer (plus épaisses) et d'autres reculer (plus fines).

VOCABULAIRE :
Qualité de ligne (poids) - Le caractère unique d'une ligne dessinée lorsqu'elle change de clarté en obscurité, de direction, de courbure ou de largeur ; les lignes fines et épaisses d'une œuvre d'art qui créent l'illusion de la forme et de l'ombre.
La qualité de la ligne décrit l'apparence d'une ligne - son aspect, pas sa direction (c'est-à-dire épaisse, fine, claire, foncée, ininterrompue, pointillée, etc.)

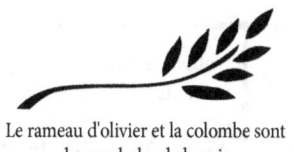

Le rameau d'olivier et la colombe sont
des symboles de la paix

Introduction à
La qualité des lignes

La qualité de la ligne décrit l'apparence d'une
ligne (épaisse, fine, légère,
sombre, solide, pointillée,
etc)

1. Dessiner un
petit cercle

2. Ajouter un
ovale

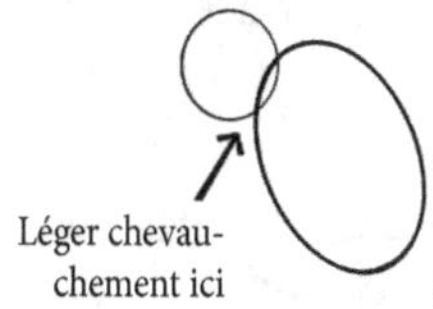

Léger chevau-
chement ici

3. Ajouter une
courbe pour la
poitrine

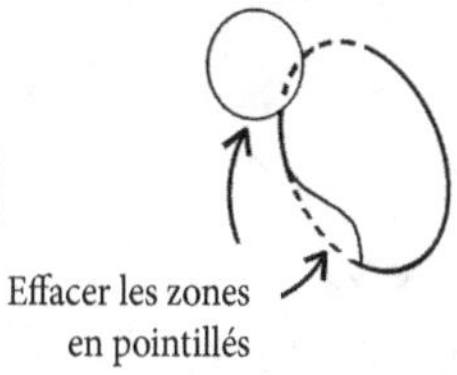

Effacer les zones
en pointillés

4. Ajoutez un
sourire et une
queue en forme
d'évantail

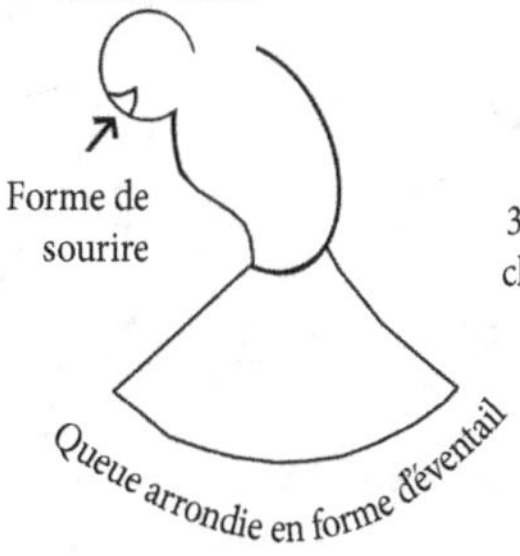

Forme de
sourire

Queue arrondie en forme d'éventail

5. Ajoutez un œil et
deux pieds

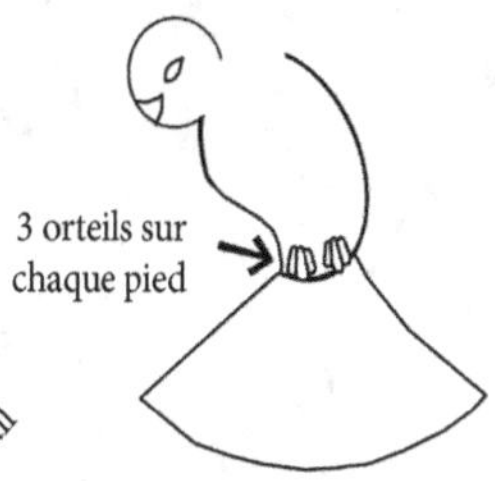

3 orteils sur
chaque pied

6. Ajouter une
longue ligne
courbée

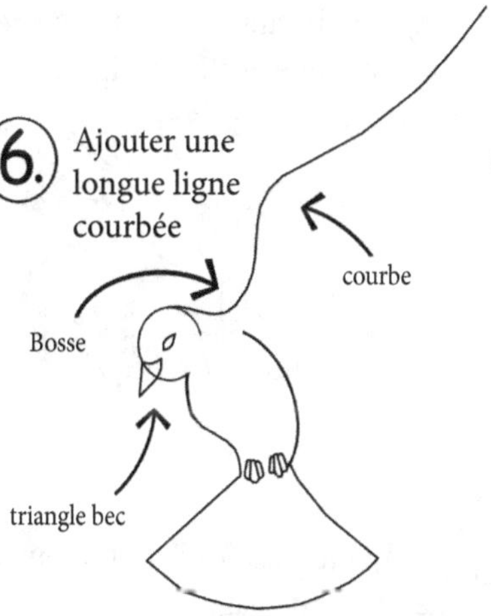

courbe

Bosse

triangle bec

7. Dessiner
une aile

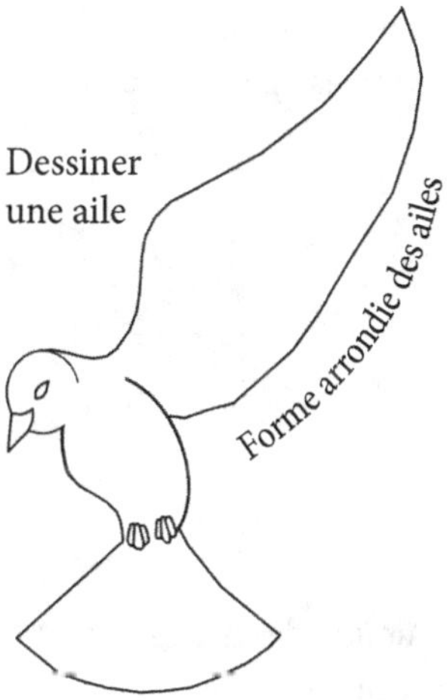

Forme arrondie des ailes

8. Ajouter des
détails sur
les plumes

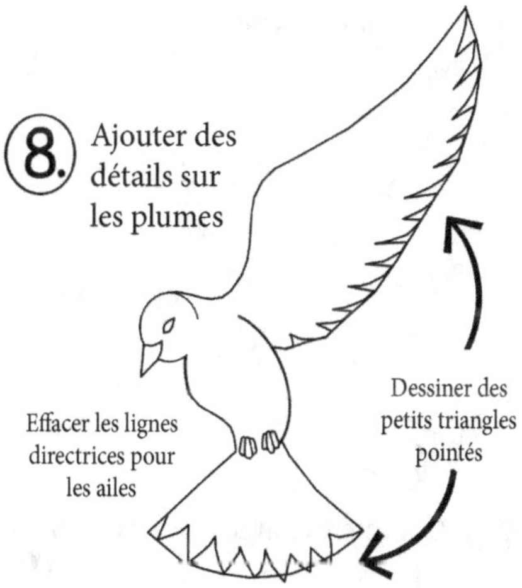

Effacer les lignes
directrices pour
les ailes

Dessiner des
petits triangles
pointés

9.

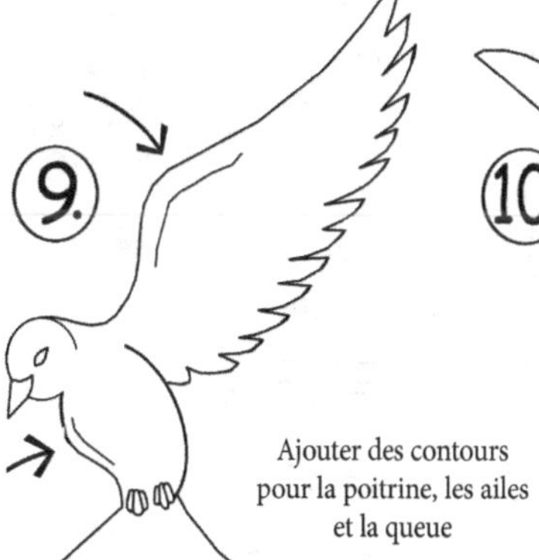

Ajouter des contours
pour la poitrine, les ailes
et la queue

10.

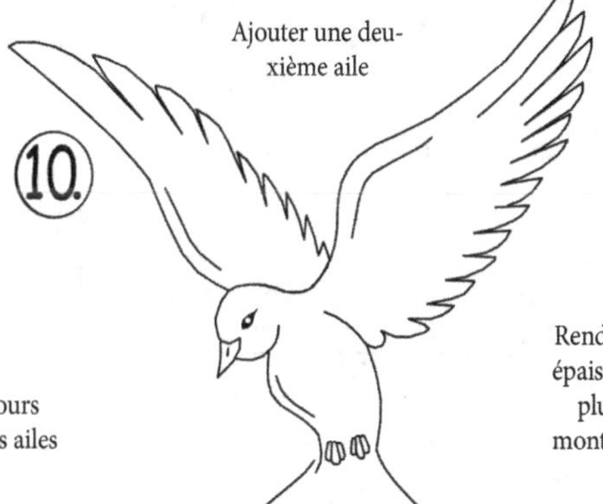

Ajouter une deu-
xième aile

11.

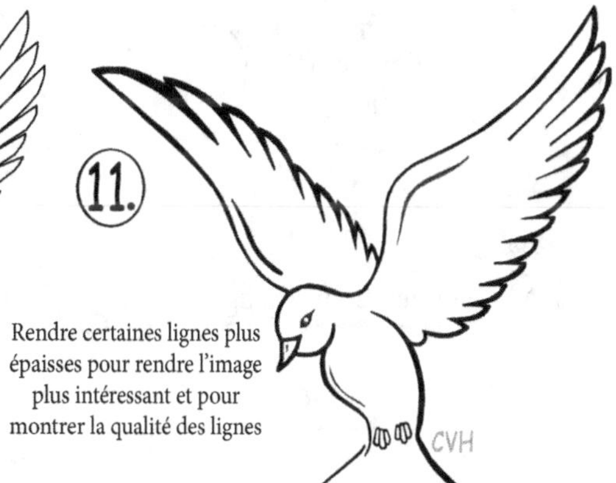

Rendre certaines lignes plus
épaisses pour rendre l'image
plus intéressant et pour
montrer la qualité des lignes

CVH

Ces objets n'ont pas de

Qualité des lignes

Pourlemoment

Choisir l'une des images suivantes ou créez votre propre dessin au trait. Ajouter une qualité de ligne.

Papillon

1.

2. Effacer les zones en pointillés. Ajouter des courbes

3. Ajouter des bords festonnés. Suivre le contour des bords de l'aile pour tracer les contours.

4. Ajouter des lignes de veines

5. Ajouter des formes en Y pour les lignes de veines

6. Ajouter les antennes et les queues. Ajouter une qualité de ligne.

Poisson

1. Commencer avec 4 ovales

Connecter ici

2. Ajouter des détails sur les nageoires

Ajouter des détails arrondis

3. 3) Ajouter des écailles, des yeux et des lignes de nageoires.

La voiture Mini de Ginny

1. Commencer avec 3 figures

Trapèze

Rectangle

Trapèze renversé

2. Ajouter des détails arrondis

Effacer les zones en pointillés

3. Ajouter des éléments supplémentaires

GINNY'S MINI

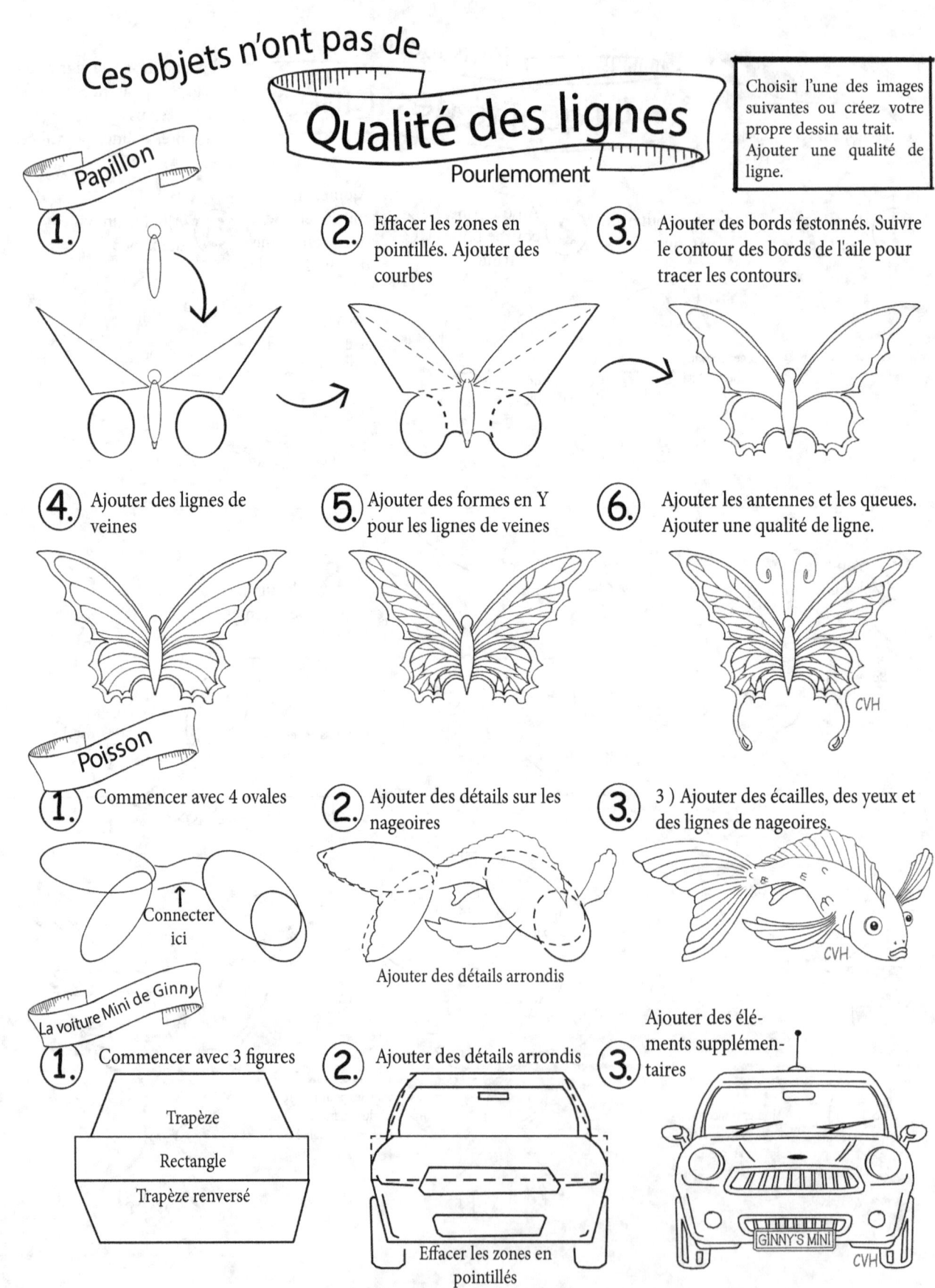

30

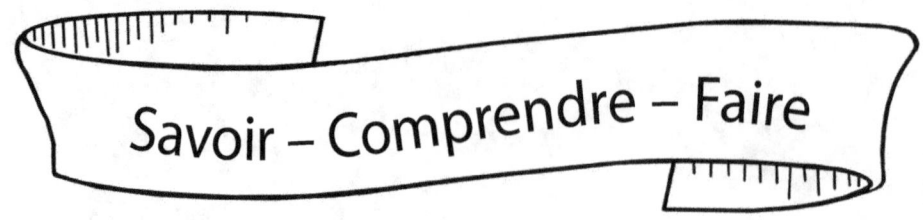

RACCOURCISSEMENT

SAVOIR :
- Des étapes simples pour transformer les figures en formes
- Comment créer l'illusion de la 3D

COMPRENDRE :
- Le raccourcissement est un moyen de représenter un objet de manière à donner l'illusion de la profondeur (3D).
- On parle de raccourcissement de l'image lorsqu'un objet semble avancer ou reculer dans l'espace

FAIRE :
- Pratiquer le raccourcissement en recréant les 7 mini dessins (5 au recto et 2 au verso) figurant sur la feuille de travail. Ne pas tracer. Faire de l'ombrage.
- Créer un dessin original d'une scène sur une autre feuille de papier qui montre au moins 5 exemples de raccourcissement.

VOCABULAIRE :
Raccourcissement - Une façon de représenter un objet de manière qu'il donne l'illusion de la profondeur, semblant s'avancer ou reculer dans l'espace.

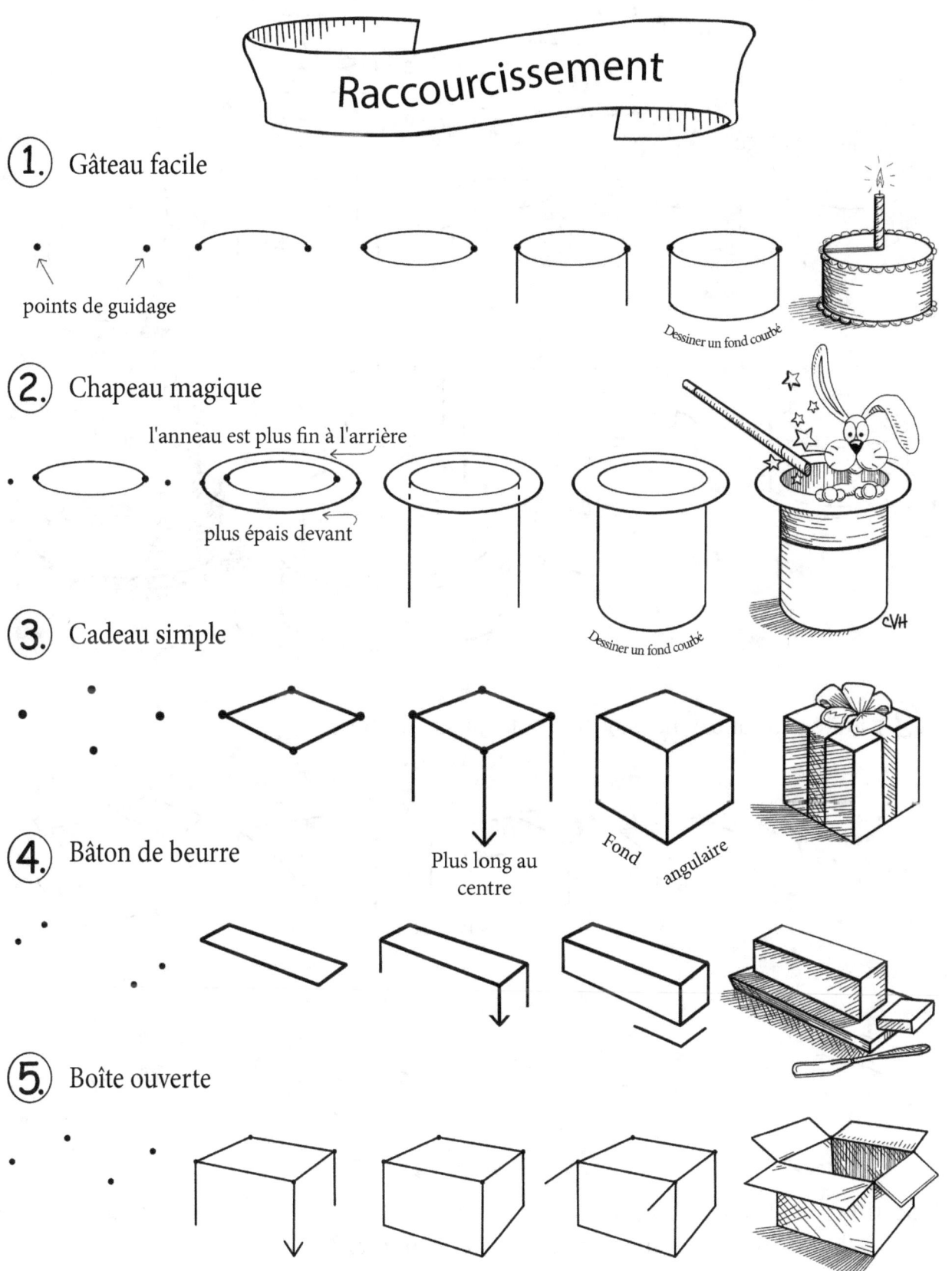

Raccourcissement

1. Gâteau facile

points de guidage

Dessiner un fond courbé

2. Chapeau magique

l'anneau est plus fin à l'arrière

plus épais devant

Dessiner un fond courbé

3. Cadeau simple

Plus long au centre

Fond angulaire

4. Bâton de beurre

5. Boîte ouverte

Racourcissement

1. Gâteau étagé

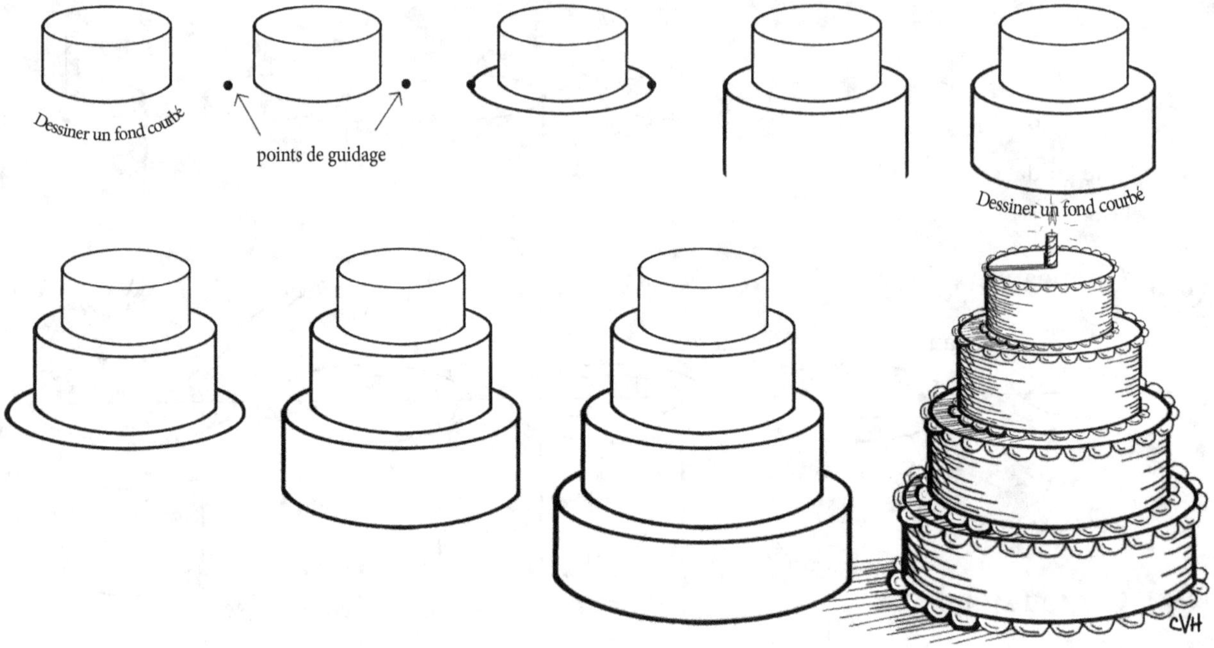

Dessiner un fond courbé

points de guidage

Dessiner un fond courbé

2. Boîte dans une boîte dans une boîte dans une boîte

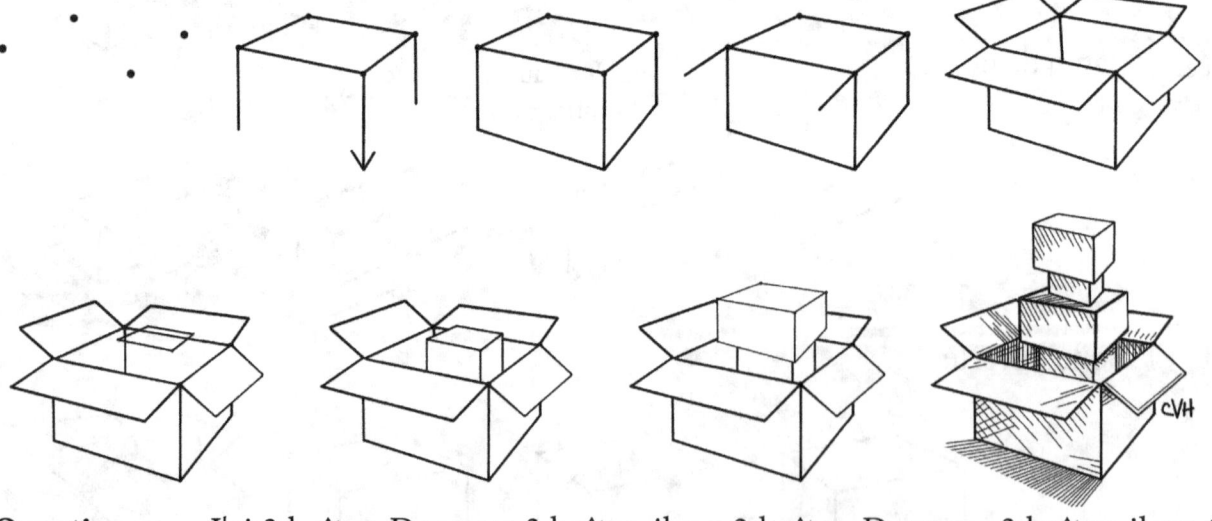

Question : J'ai 3 boîtes. Dans ces 3 boîtes, il y a 3 boîtes. Dans ces 3 boîtes, il y a 3 boîtes. Combien de boîtes ai-je en total ?

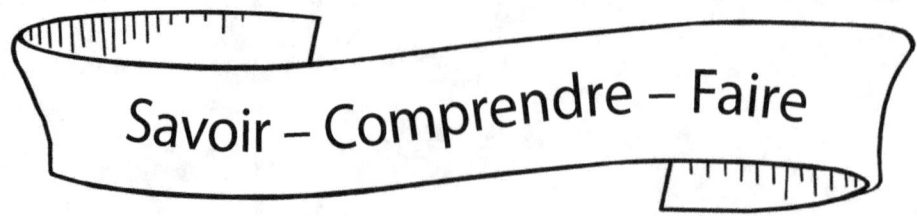

Savoir – Comprendre – Faire

PERSONNE RACCOURCIE

SAVOIR :
Point de vue

COMPRENDRE :
Perspective dans laquelle les tailles des parties proches et éloignées d'un sujet contrastent fortement. Les parties proches sont plus grandes et les parties plus éloignées sont beaucoup plus petites.

FAIRE :
Pratiquer le raccourcissement en créant une version de votre propre personnage raccourci vu d'en haut. Veillez à ce que la tête de votre personnage soit beaucoup plus grande que ses pieds afin de donner l'impression d'un raccourcissement. Ne pas tracer. Faire de l'ombrage.

VOCABULAIRE :
Raccourcissement - Façon de représenter un objet de manière qu'il donne l'illusion de la profondeur, semblant avancer ou reculer dans l'espace. Le succès du raccourcissement dépend souvent d'un point de vue ou d'une perspective dans lesquels les tailles des parties proches et éloignées d'un sujet sont très contrastées.
Perspective - Technique utilisée par les artistes pour projeter une illusion du monde tridimensionnel sur une surface bidimensionnelle. La perspective permet de créer une impression de profondeur ou d'espace en retrait.
Point de vue - Position ou angle à partir duquel quelque chose est observé ou considéré, et direction du regard de l'observateur

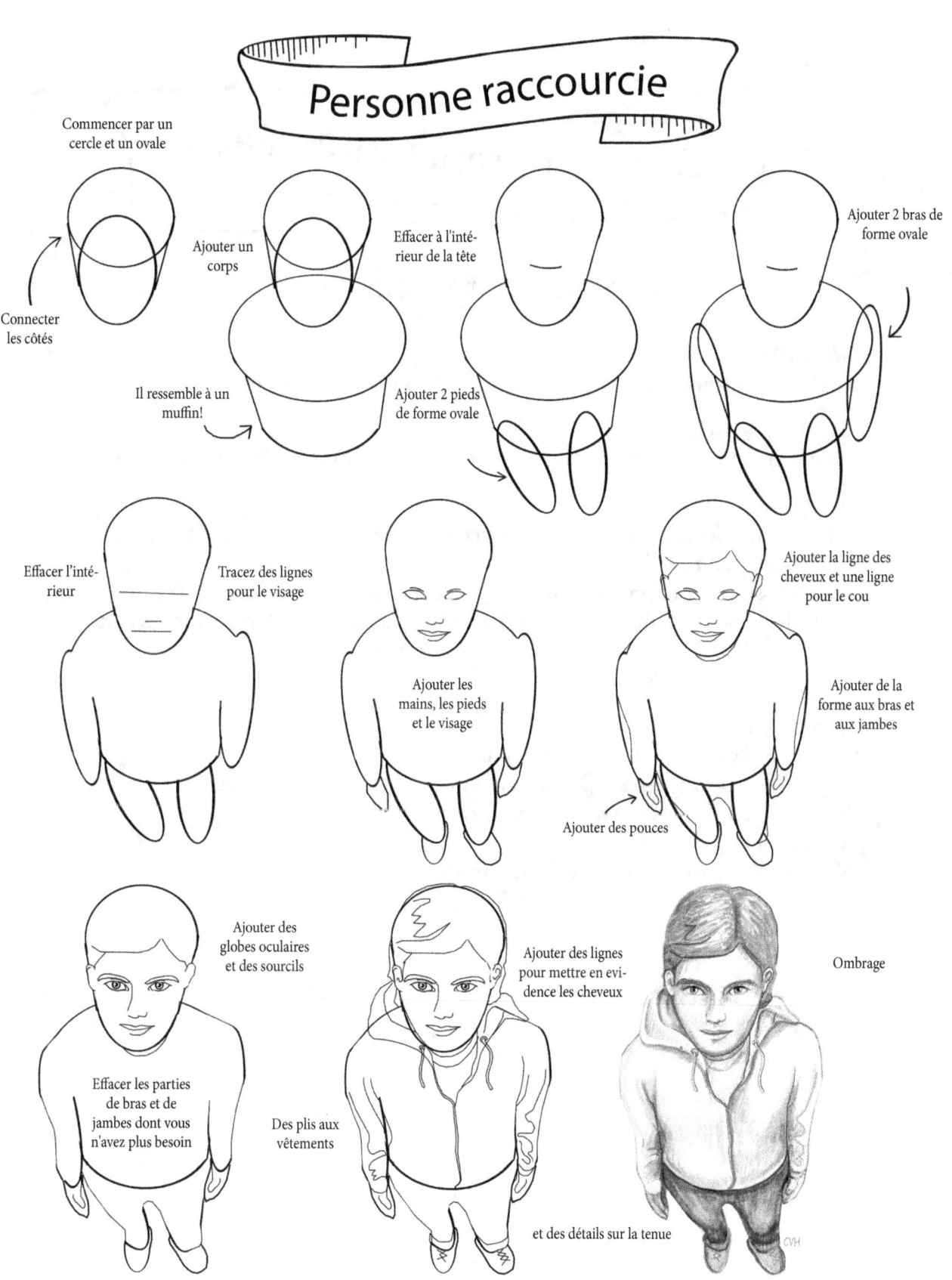

Personne raccourcie

Commencer par un cercle et un ovale

Connecter les côtés

Ajouter un corps

Il ressemble à un muffin!

Effacer à l'intérieur de la tête

Ajouter 2 pieds de forme ovale

Ajouter 2 bras de forme ovale

Effacer l'intérieur

Tracez des lignes pour le visage

Ajouter les mains, les pieds et le visage

Ajouter la ligne des cheveux et une ligne pour le cou

Ajouter de la forme aux bras et aux jambes

Ajouter des pouces

Ajouter des globes oculaires et des sourcils

Effacer les parties de bras et de jambes dont vous n'avez plus besoin

Des plis aux vêtements

Ajouter des lignes pour mettre en evidence les cheveux

Ombrage

et des détails sur la tenue

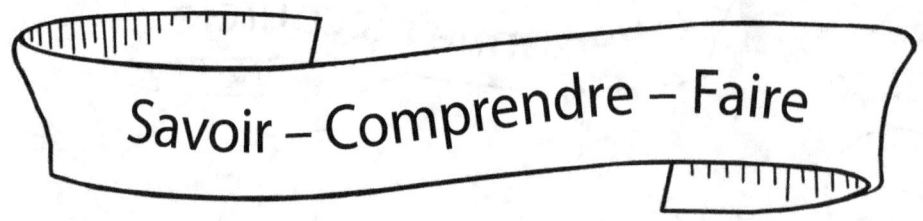

LIGNES DE CONTOUR ET TUBES

SAVOIR :

Les lignes de contour entourent et définissent les bords d'un objet

COMPRENDRE :

L'ajout de lignes à l'intérieur d'un objet délimité lui donne une forme et un volume

FAIRE :

- Sur une feuille de papier distincte, complétez les 5 mini-dessins figurant sur la feuille de travaille.
- Dessiner votre propre œuvre originale en vous concentrant sur l'utilisation des lignes de contour. Inclure : Au moins 5 tubes pliés, 4 formes rondes empilées, 3 cubes, 2 objets « poilus » et un élément suppléantaire.
- Ne pas oublier les ombres !

VOCABULAIRE :

Contour - Le contour et les autres bords visibles d'un objet.

Lignes de contour – Des lignes qui entourent et définissent les bords d'un sujet en lui donnant de la forme et du volume.

Tube - Un cylindre creux

Volume - L'espace à l'intérieur d'une forme

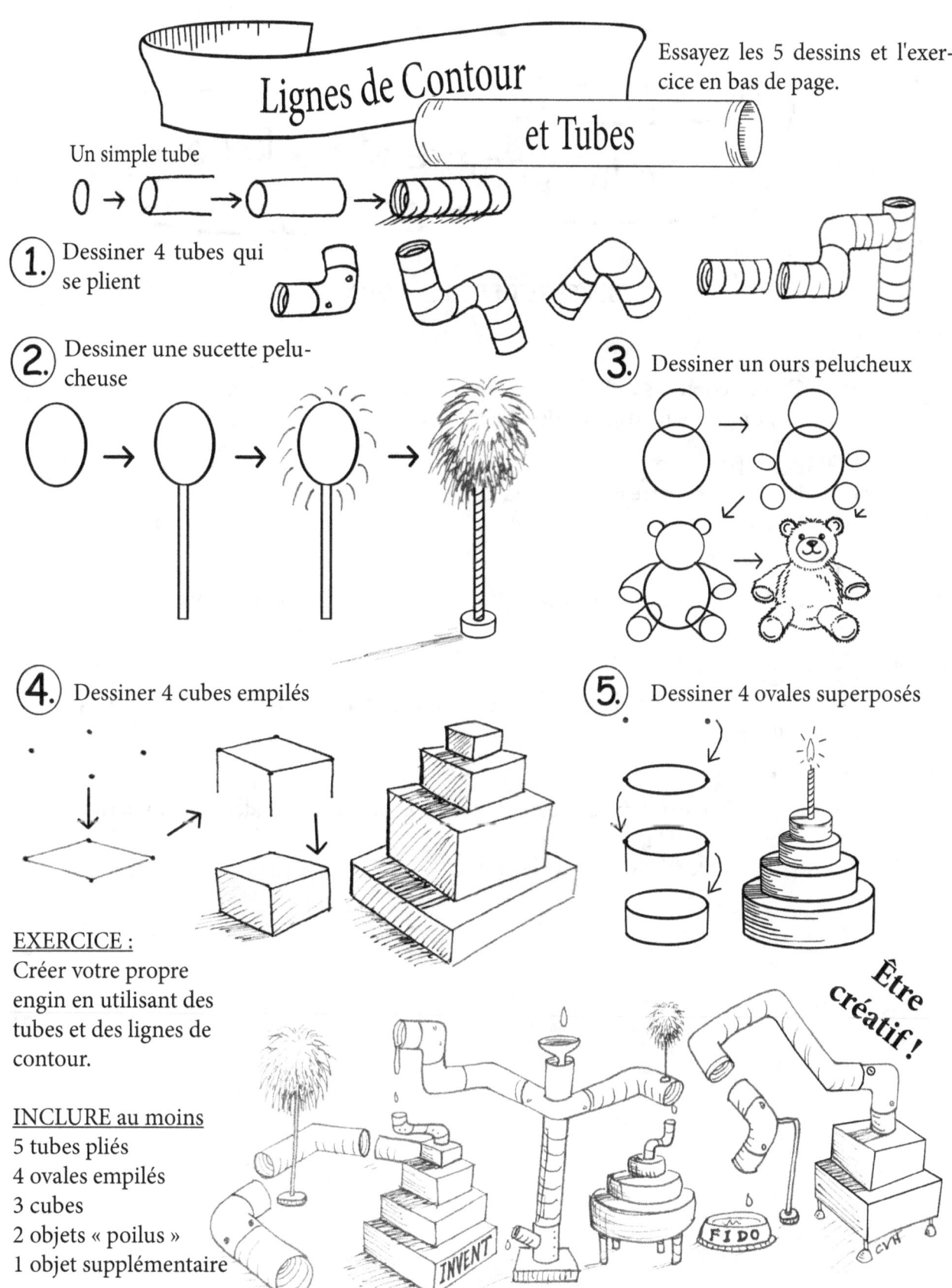

Lignes de Contour et Tubes

Essayez les 5 dessins et l'exercice en bas de page.

Un simple tube

1. Dessiner 4 tubes qui se plient

2. Dessiner une sucette pelucheuse

3. Dessiner un ours pelucheux

4. Dessiner 4 cubes empilés

5. Dessiner 4 ovales superposés

EXERCICE :
Créer votre propre engin en utilisant des tubes et des lignes de contour.

INCLURE au moins
5 tubes pliés
4 ovales empilés
3 cubes
2 objets « poilus »
1 objet supplémentaire

Être créatif !

INVENT

FIDO

CVH

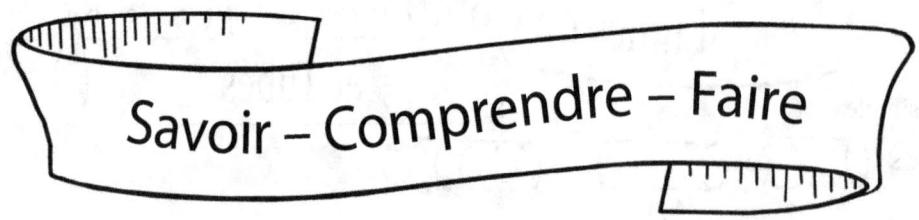

DES FIGURES AUX FORMES

SAVOIR :
- Construction des cylindres de base en dessin
- La forme et le fond sont 2 des 7 éléments de l'art.

COMPRENDRE :
- La différence entre la figure et la forme
- Volume

FAIRE :
Regarder les images 2D des formes proposées et utiliser les techniques apprises pour les redessiner en 3D.

DEVOIR :
Dessiner un verre de liquide clair avec des glaçons et une paille. Ne pas oublier : les glaçons flottent !

VOCABULAIRE :
Forme - Une forme tridimensionnelle (hauteur, largeur et profondeur) qui renferme un volume Figure - Un espace clos
Volume - L'espace à l'intérieur d'une forme

2D au 3D

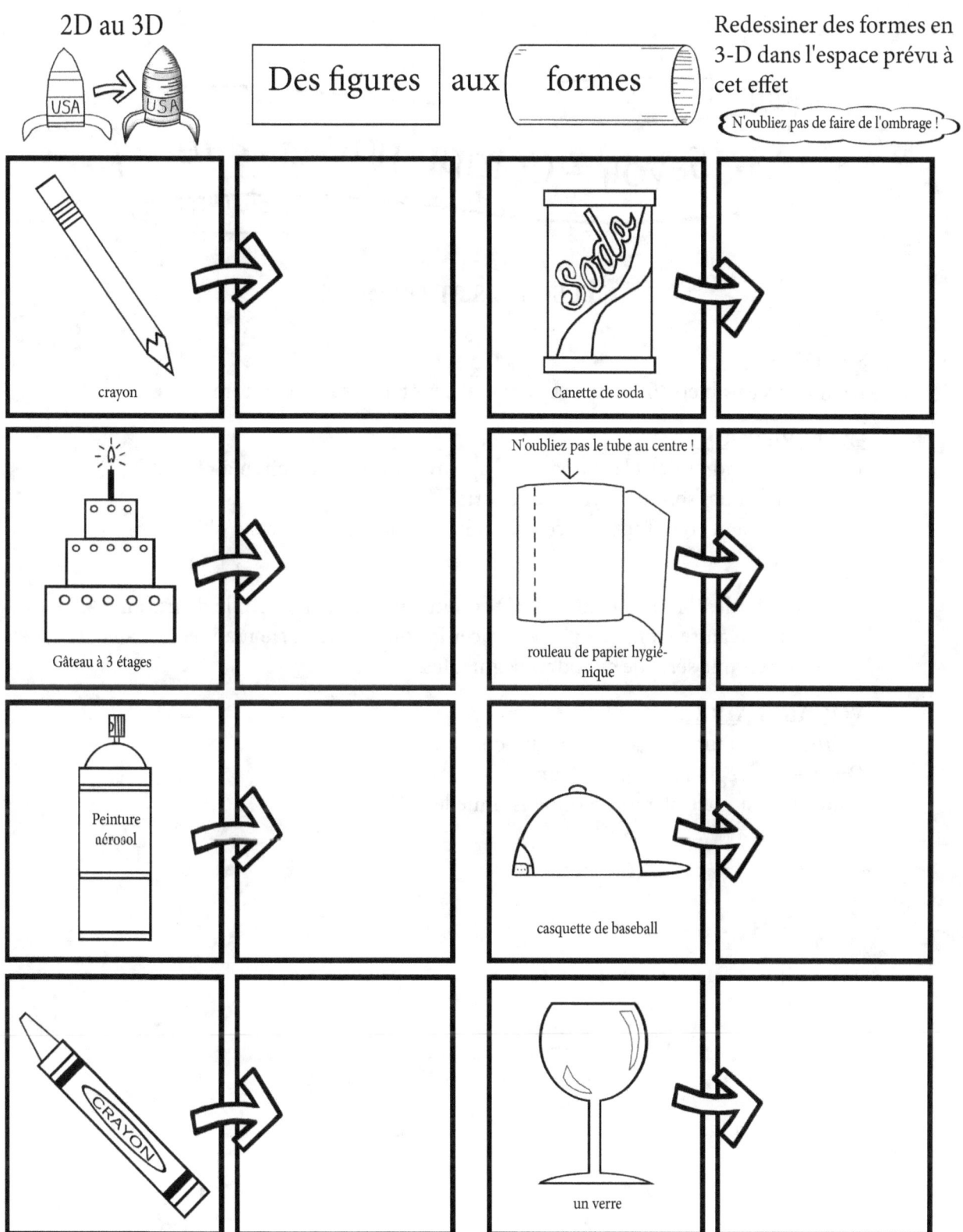

Des figures aux formes

Redessiner des formes en 3-D dans l'espace prévu à cet effet

N'oubliez pas de faire de l'ombrage !

crayon

Canette de soda

Gâteau à 3 étages

N'oubliez pas le tube au centre !

rouleau de papier hygié-nique

Peinture aérosol

casquette de baseball

CRAYON

un verre

Devoir : Sur une feuille de papier séparée, dessiner un verre d'eau avec des glaçons et une paille. Ne pas oublier : les glaçons flottent !

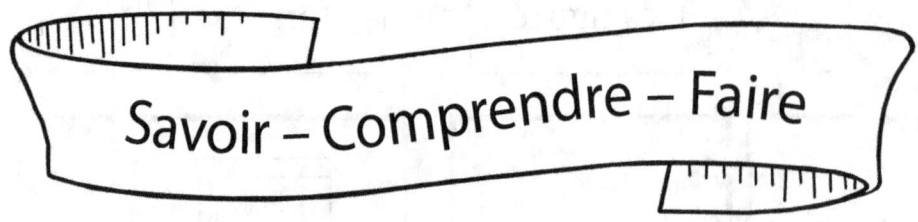

CYLINDRES ET DISQUES

SAVOIR :
De nombreux objets (humains et naturels) sont basés sur le cylindre

COMPRENDRE :
- Les cylindres dans l'art donnent l'apparence d'un tube circulaire en 3D
- Les disques sont des cylindres courts
- Comment créer l'apparence d'un tube 3D dans une variété d'objets

FAIRE :
- Recréer les 7 mini-dessins en 3D comme indiqué sur la feuille de travaille
- Sur une autre feuille de papier, tracer le contour de votre main et le transformer en une série de cylindres segmentés.

VOCABULAIRE :
Cylindre - Un tube qui semble tridimensionnel.
Disque - La région d'un plan délimitée par un cercle.
Plan - Une surface plane et bidimensionnelle.

Pratique   Dessiner des cylindres   et des *disques*   Dessinez les objets en 3D ci-dessous

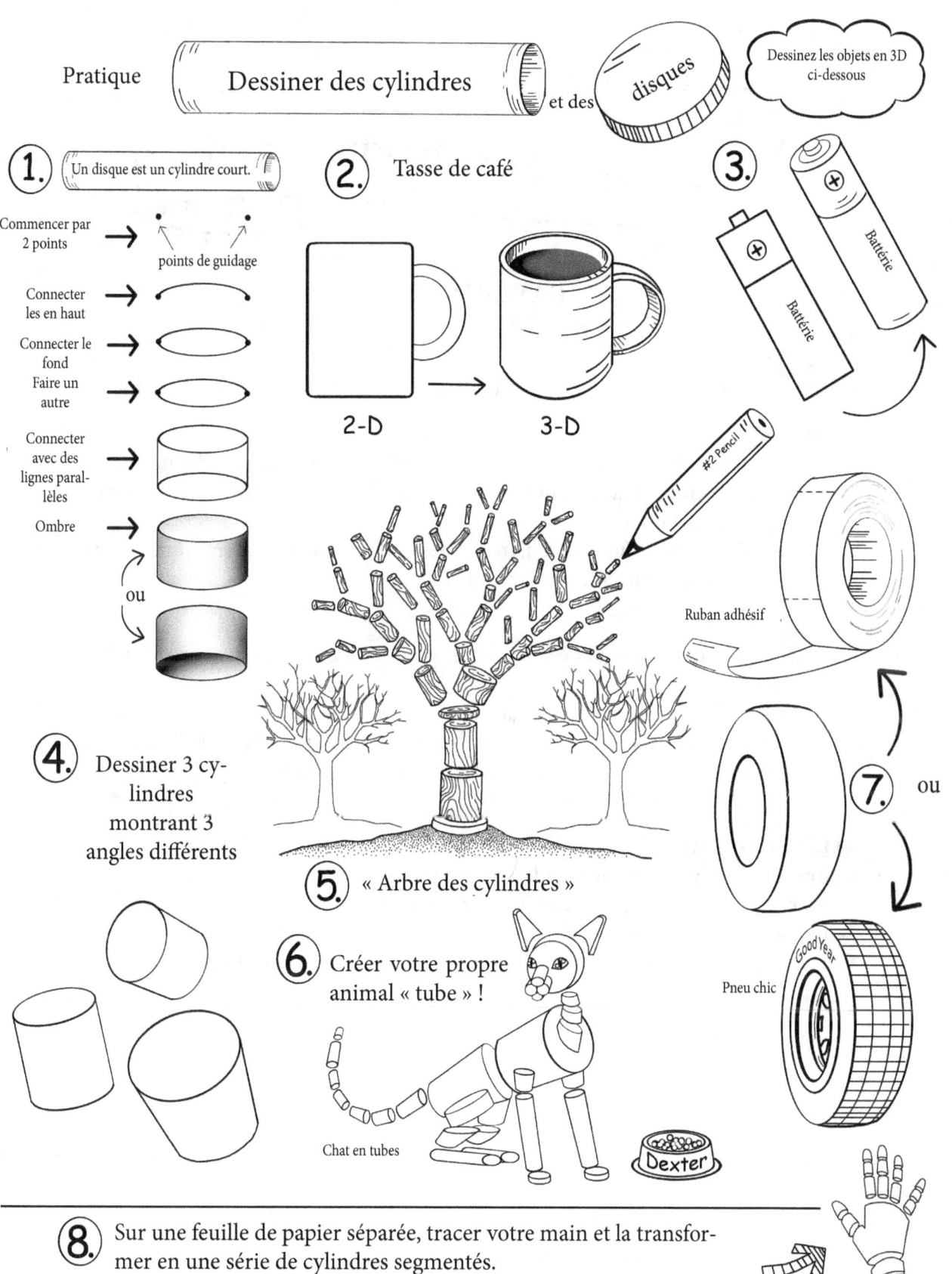

1. Un disque est un cylindre court.

Commencer par 2 points → points de guidage

Connecter les en haut →

Connecter le fond →

Faire un autre →

Connecter avec des lignes paral-lèles →

Ombre →

ou

2. Tasse de café

2-D → 3-D

3.

Batterie

Batterie

#2 Pencil

Ruban adhésif

4. Dessiner 3 cy-lindres montrant 3 angles différents

5. « Arbre des cylindres »

6. Créer votre propre animal « tube » !

Chat en tubes

Dexter

7. ou

Pneu chic

GoodYear

8. Sur une feuille de papier séparée, tracer votre main et la transfor-mer en une série de cylindres segmentés.

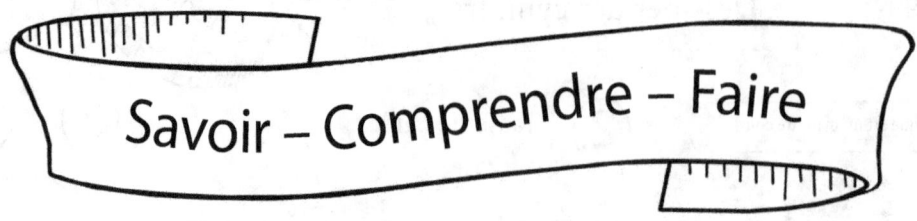

GÂTEAU ÉTAGÉ

SAVOIR :

L'empilement et la superposition de cylindres peuvent créer une structure unique

COMPRENDRE :

- Indiquant à la fois l'ellipse supérieure et l'ellipse inférieure sur un dessin de tube (puis effaçant la zone qui n'est pas visible) peut vous aider à créer un cylindre proportionné.
- Les cylindres sont l'une des quatre formes de base qui permettent à une œuvre d'art d'avoir un aspect tridimensionnel

FAIRE :

- Commencer par le haut de votre feuille et entraînez-vous à créer des cylindres courts superposés
- Essayer d'empiler autant de « gâteaux » que vous le pouvez jusqu'à ce que la page soit remplie. Ajouter des décorations différentes pour chaque couche afin de la rendre unique. Voici quelques idées : bougies, bonbons, glaçage tourbillonnant, fleurs, etc.

VOCABULAIRE :

Cylindre - Un tube qui semble tridimensionnel.
Disque - La région d'un plan délimitée par un cercle
Ellipse - Un cercle vu sous un angle (dessiné comme un ovale)
Couche - Un élément qui se trouve au-dessus ou au-dessous d'un autre élément.

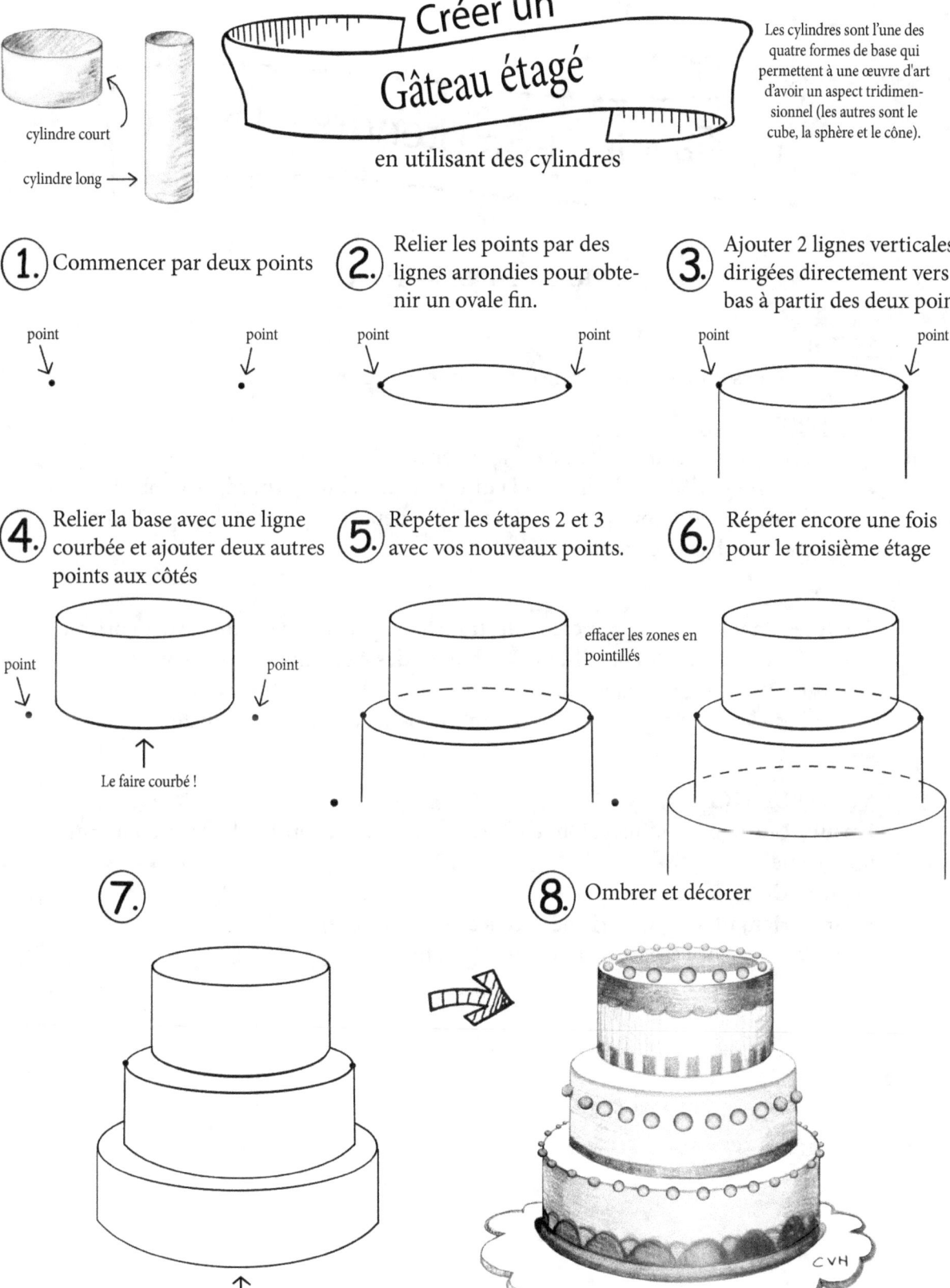

Créer un Gâteau étagé

en utilisant des cylindres

cylindre court

cylindre long →

Les cylindres sont l'une des quatre formes de base qui permettent à une œuvre d'art d'avoir un aspect tridimensionnel (les autres sont le cube, la sphère et le cône).

1. Commencer par deux points

point

point

2. Relier les points par des lignes arrondies pour obtenir un ovale fin.

point

point

3. Ajouter 2 lignes verticales dirigées directement vers le bas à partir des deux points

point

point

4. Relier la base avec une ligne courbée et ajouter deux autres points aux côtés

point

point

Le faire courbé !

5. Répéter les étapes 2 et 3 avec vos nouveaux points.

effacer les zones en pointillés

6. Répéter encore une fois pour le troisième étage

7.

Le faire courbé !

8. Ombrer et décorer

CVH

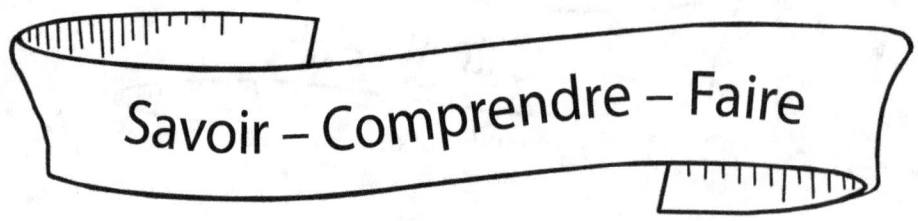

Savoir – Comprendre – Faire

TRANCHE DE GÂTEAU

SAVOIR :
Les techniques utilisées pour transformer une figure en un forme

COMPRENDRE :
*   La différence entre la forme et l'apparence
*   Les lignes parallèles indiquent la direction ainsi que les bords d'un objet.
*   Les petites additions peuvent devenir des détails importants lorsque l'on dessine des objets de manière réaliste.

FAIRE :
Suivre les étapes ci-après pour créer une tranche de gâteau sous la forme d'un prisme triangulaire. Ajouter des détails, des ombres et des éléments supplémentaires pour créer une œuvre d'art unique.

Note : Les éléments supplémentaires sont de petits détails que l'artiste imagine et crée.

VOCABULAIRE :
Forme - Une figure tridimensionnelle (hauteur, largeur et profondeur) qui renferme un volume
Figure - Un espace fermé
Prisme triangulaire - Un prisme à trois côtés (polyèdre)
Volume - Désigne l'espace à l'intérieur d'une forme

Tranche de gâteau

1. Commencer par 2 lignes diagonales

2. Les fermer avec 2 lignes angulaires

angle vers le bas

3.

On dirait une rampe !

4. Ajouter une ligne verticale

le fermer pour faire une tranche.

5. Aligner la "rampe" avec une tête en bas/en arrière.

Forme en « L »

6.

rayure au centre

7. Dessiner un ovale pour l'assiette.

La zone pointillée est juste un guide - vous n'avez pas besoin de la dessiner.

8.

L'ovale intérieur pour l'aile de l'assiette.

9. Ombrer et ajouter beaucoup d'éléments supplémentaires

Faire une fourchette à dessert

1.

2.

3.

4.

Les fourchettes à dessert ont 3 dents

CVH

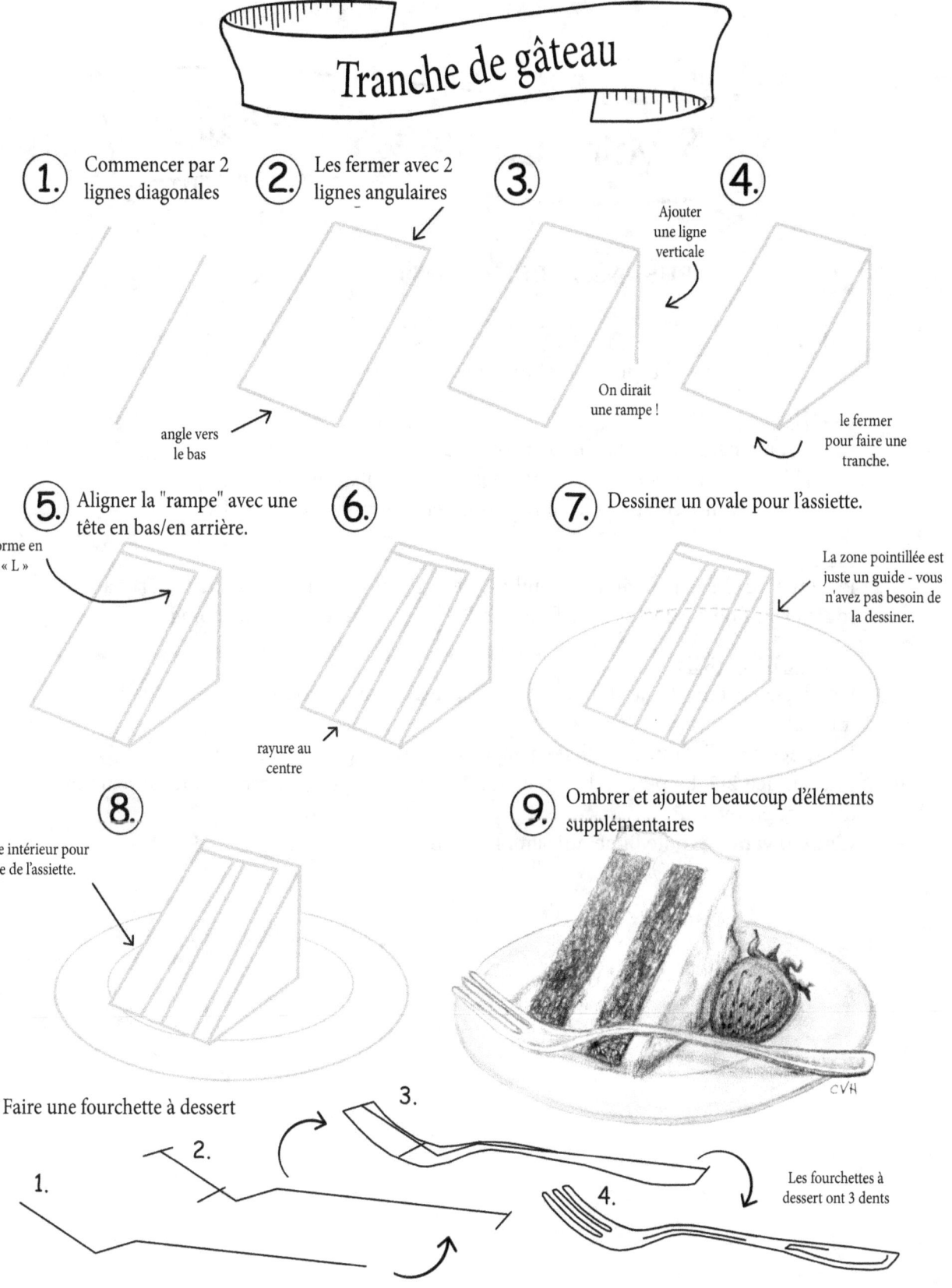

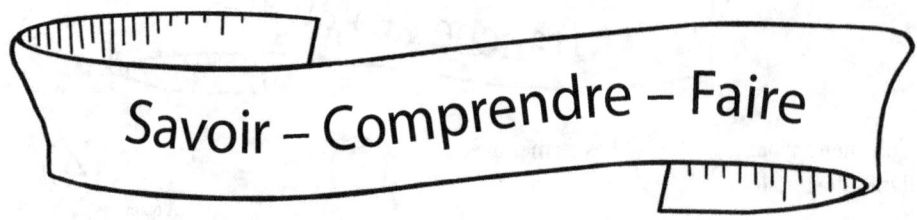

RUBANS, PARCHEMINS ET BANNIÈRES

SAVOIR :
Ce sont des lignes chevauchées et fuyantes

COMPRENDRE :
- Transmettre une illusion de profondeur
- Varier les tailles et les emplacements sur un plan fuyant.
- Le chevauchement et l'ombrage donnent l'apparence de la 3D.

FAIRE :
Pratiquer le chevauchement et l'ombrage en créant votre propre bannière, ruban ou rouleau à l'aide des techniques fournies. Ne pas tracer. Faire de l'ombrage.

VOCABULAIRE :
Chevauchement - Quand une chose se trouve au-dessus ou recouvre partiellement une autre.
Perspective - Technique utilisée par les artistes pour projeter l'illusion du 3D sur une surface 2D. La perspective permet de créer une impression de profondeur ou d'espace en retrait.
Ligne fuyante - Toute ligne qui semble s'enfoncer dans l'espace.

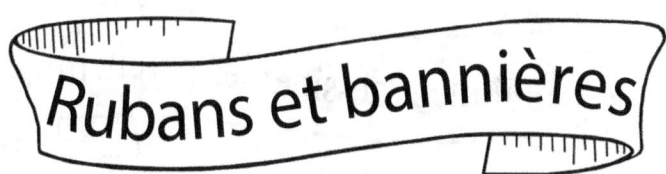

Rubans et bannières

1. Commencer par 2 lignes parallèles légèrement courbées

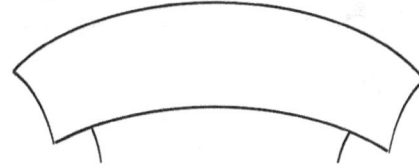

2. Ajouter 4 lignes verticales angulaires comme indiqué ci-dessous

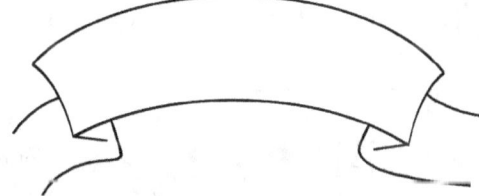

3. Ajouter le bord inférieur du ruban

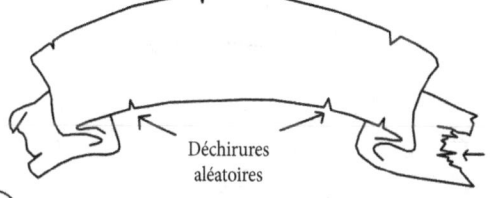

4. Fermer les extrémités des rubans et ajouter des « déchirures » pour une apparence vieillie

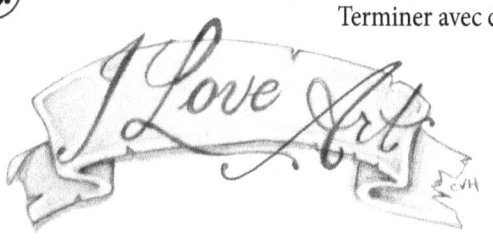

Déchirures aléatoires

Bord déchiré

1. Commencer par une ligne longue et sinueuse.

2. Ajouter une courte ligne verticale descendant de chaque bord incurvé

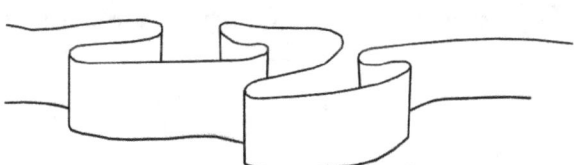

3. Fermer le bas du ruban avec des lignes courbés

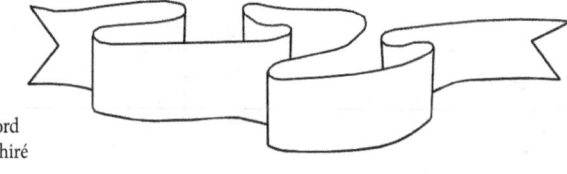

4. Fermer les deux extrémités du ruban avec une figure de « A »

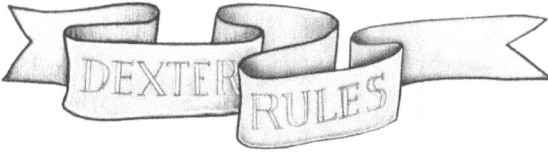

5. Terminer avec des mots et des ombres

Comment dessiner les parchemins

1. Commencer par une ligne courbée comme celle-ci

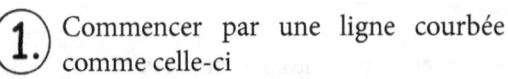

2. Ajouter des tourbillons à chaque extrémité

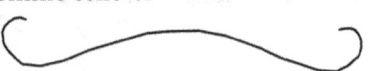

3. Ajouter 4 lignes verticales. Ce seront les extrémités du parchemin

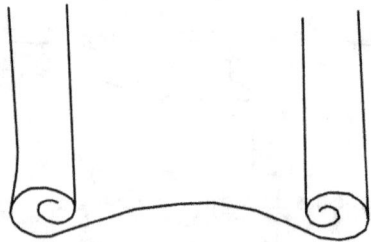

4. Relier les sommets avec 3 lignes arrondies

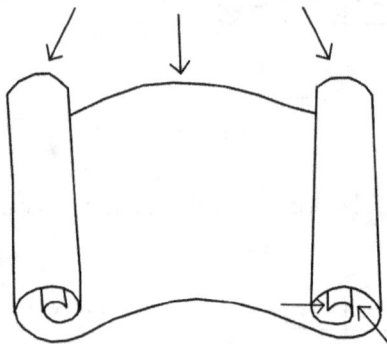

Ajouter 2 lignes sur chaque parchemin pour connecter les courbes

5. Ombrer

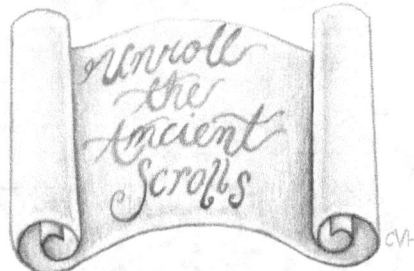

Plus sombre sur les bords, là où se trouvent les tourbillons il s'enroule

1. Commencer par un S à l'envers

2. Ajouter des tourbillons à chaque extrémité

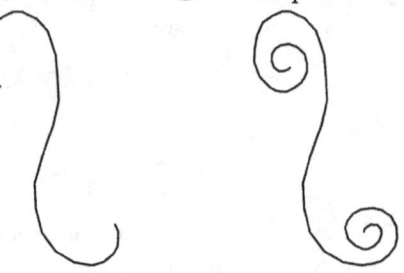

3. Ajouter trois lignes horizontales

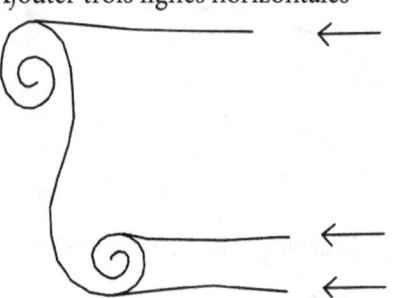

4. Relier les tourbillons avec des lignes verticales

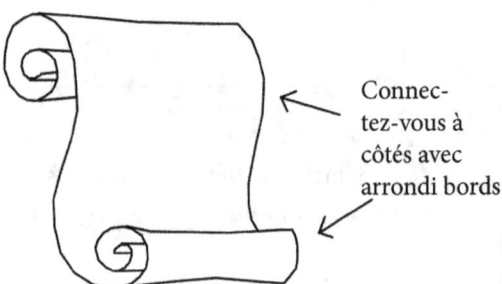

Connectez-vous à côtés avec arrondi bords

5.

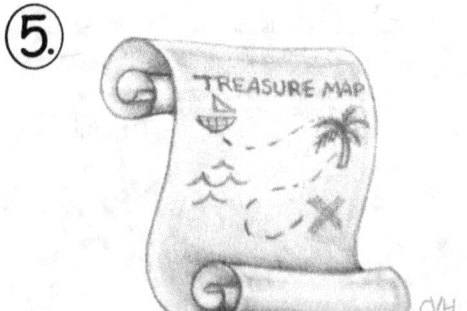

Parchemins roulants

Double rouleau

1. Commencer par 2 lignes parallèles légè-rement courbées

2. Ajouter 2 lignes verticales à chaque extrémité (qui se rapprochent au centre et qui s'éloignent aux fins)

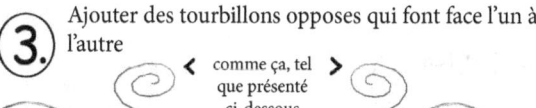

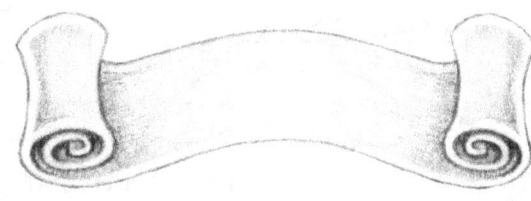

3. Ajouter des tourbillons opposes qui font face l'un à l'autre

< comme ça, tel que présenté ci-dessous >

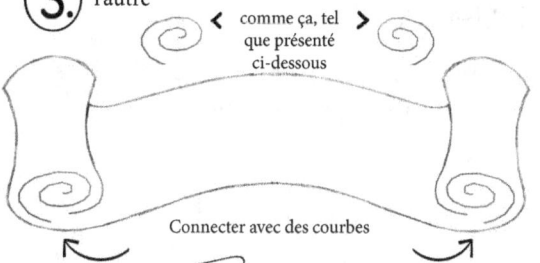

Connecter avec des courbes

4. Plus foncé au niveau du chevauchement / aux zones pliées

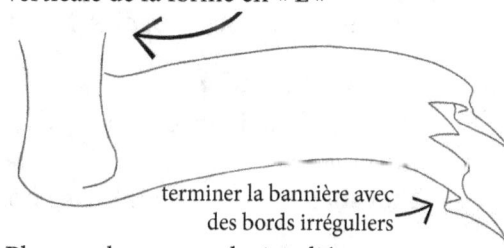

Rouleau simple

1. Commencer par 2 lignes parallèles légèrement courbées. Le fond est plus long et a une forme de « L »

Bord arrondi

2. Créer une image miroir de la partie verticale de la forme en « L »

terminer la bannière avec des bords irréguliers

3. Ajouter le tourbillon comme indiqué ci-dessous. Connecter à la partie « en-roulée » avec une tête arrondie

Ajouter des détails sur le « pli »

4. Plus sombre aux endroits pliés

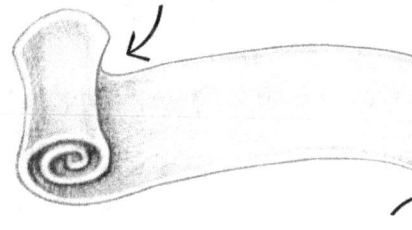

Rouleau opposé

1.

2.

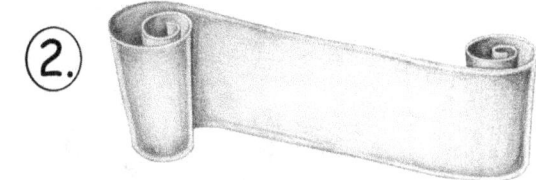

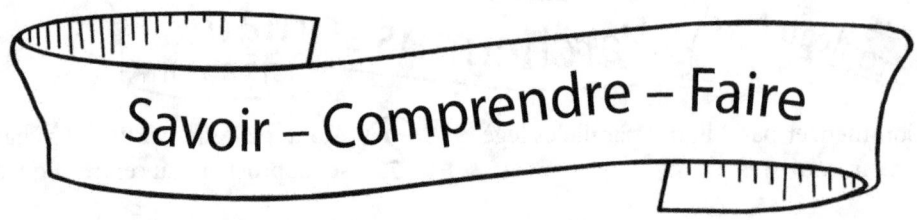

Savoir – Comprendre – Faire

BANNIÈRES ONDULANTES

SAVOIR :
Courbe, chevauchement, perspective, lignes fuyantes

COMPRENDRE :
- Toute forme 3D (bannière) peut être créée en utilisant une simple ligne comme guide.
- Donner une illusion de profondeur
- Le chevauchement et l'ombrage donnent l'apparence de la 3D.

FAIRE :
- Dessiner votre propre bannière/ruban/parchemin en utilisant les techniques proposées.
- Ajouter au moins 2 plis pour créer de la dimension et de l'intérêt.
- Remplir tout le papier. Ne pas tracer. Ombrer.

VOCABULAIRE :
Courbe - Une ligne ou un bord qui s'écarte de la ligne droite de façon régulière et continue.

Chevauchement - Quand une chose se trouve au-dessus ou recouvre partiellement une autre.

Perspective - Technique utilisée par les artistes pour projeter l'illusion de la 3D sur une surface en 2D. La perspective permet de créer une impression de profondeur ou d'espace en retrait.

Ligne en recul - Toute ligne qui semble s'enfoncer dans l'espace.

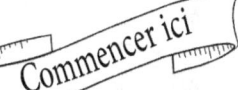

Bannières ondulantes

1. Commencer par une figure en « S » à l'envers. (Dessiner légèrement car cette ligne sera effacée à la fin)

2. Entourer le haut et le bas de la figure en « S » vers l'arrière avec des lignes.

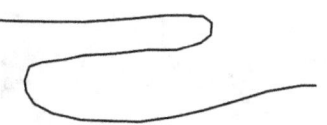

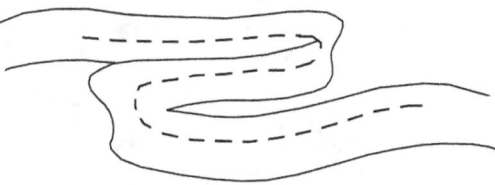

3. Ajouter des détails aux plis et aux extrémités

effacer les zones en pointillés

4. Ombrer et ajouter de texte

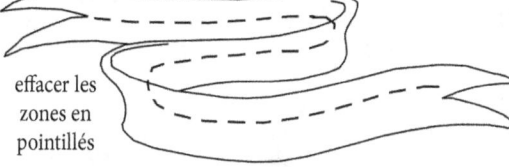

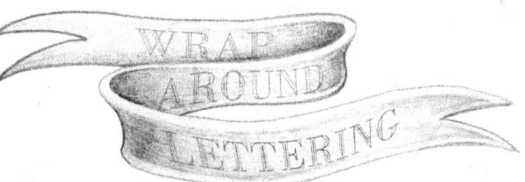

Essayer une autre

1. La figure en « S » à l'envers légèrement enroulée

2. Tracer des lignes sur les deux côtés. Effacez le centre

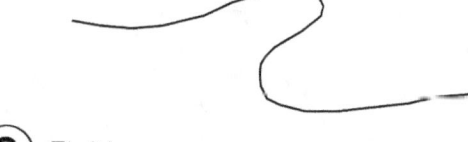

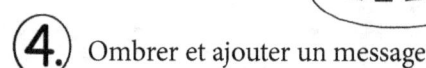

3. Finitions

montrer le « pli » au niveau de la bannière ici

ajouter de l'épaisseur

4. Ombrer et ajouter un message

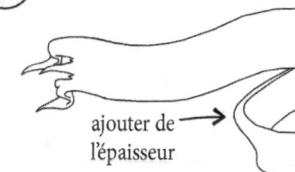

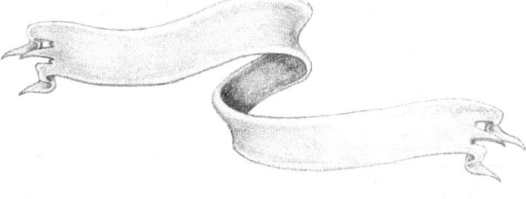

Une bannière simple

1. Dessiner 2 lignes courbes

2. Fermer chaque extrémité avec des lignes dentelées.

Essayer d'ajouter du texte qui dépasse les bords de la bannière.

Ajouter des déchirures aléatoires pour indiquer le vieillissement

Davantage de bannières ondulantes

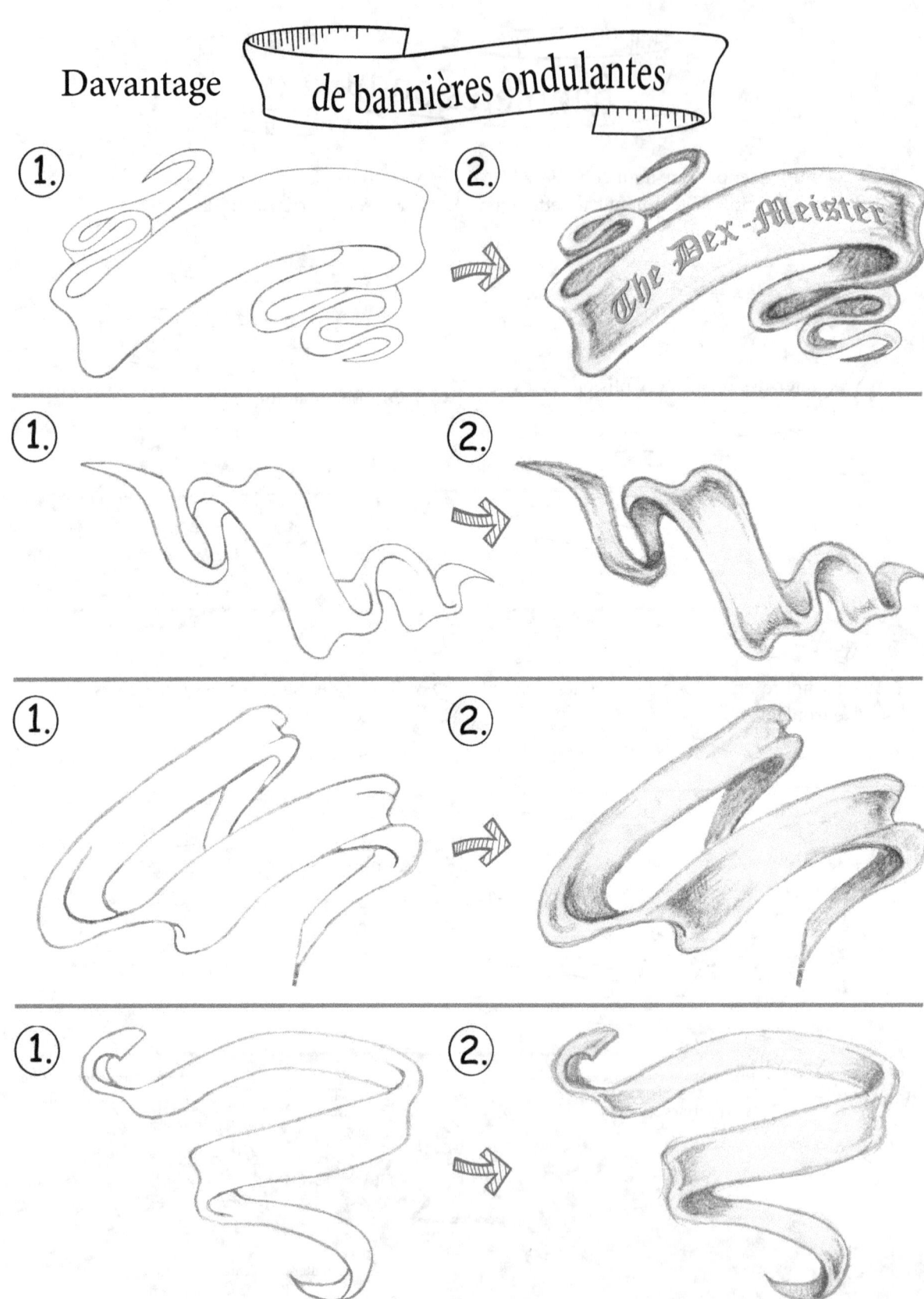

The Dex-Meister

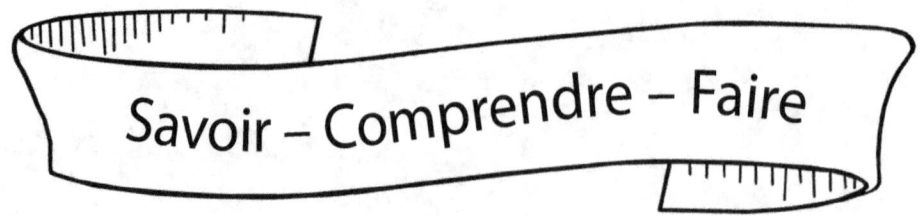

DRAPEAU DES ÉTATS-UNIS D'AMÉRIQUE

SAVOIR :

Une simple répétition de figures superposées peut donner l'apparence d'un drapeau ondulant.

COMPRENDRE :

- Montrer une illusion de plis
- L'enroulement de rayures ou de motifs autour des courbes d'une surface permet d'indiquer le réalisme et la profondeur.

FAIRE :

- Créer une version ondulante du drapeau des États-Unis en utilisant les techniques présentées ci-après.
- Ajouter 13 rayures pour représenter les 13 colonies originales.
- Ajouter 50 étoiles pour représenter les 50 États.
- Ne pas tracer. Faire de l'ombrage.

VOCABULAIRE :

Chevauchement - Quand une chose se trouve au-dessus ou recouvre partiellement une autre.

Répétition - Dessiner à nouveau la même forme.

Envelopper - Dessiner sur un objet en utilisant des lignes de contour pour montrer la forme.

Le drapeau des États-Unis d'Amérique

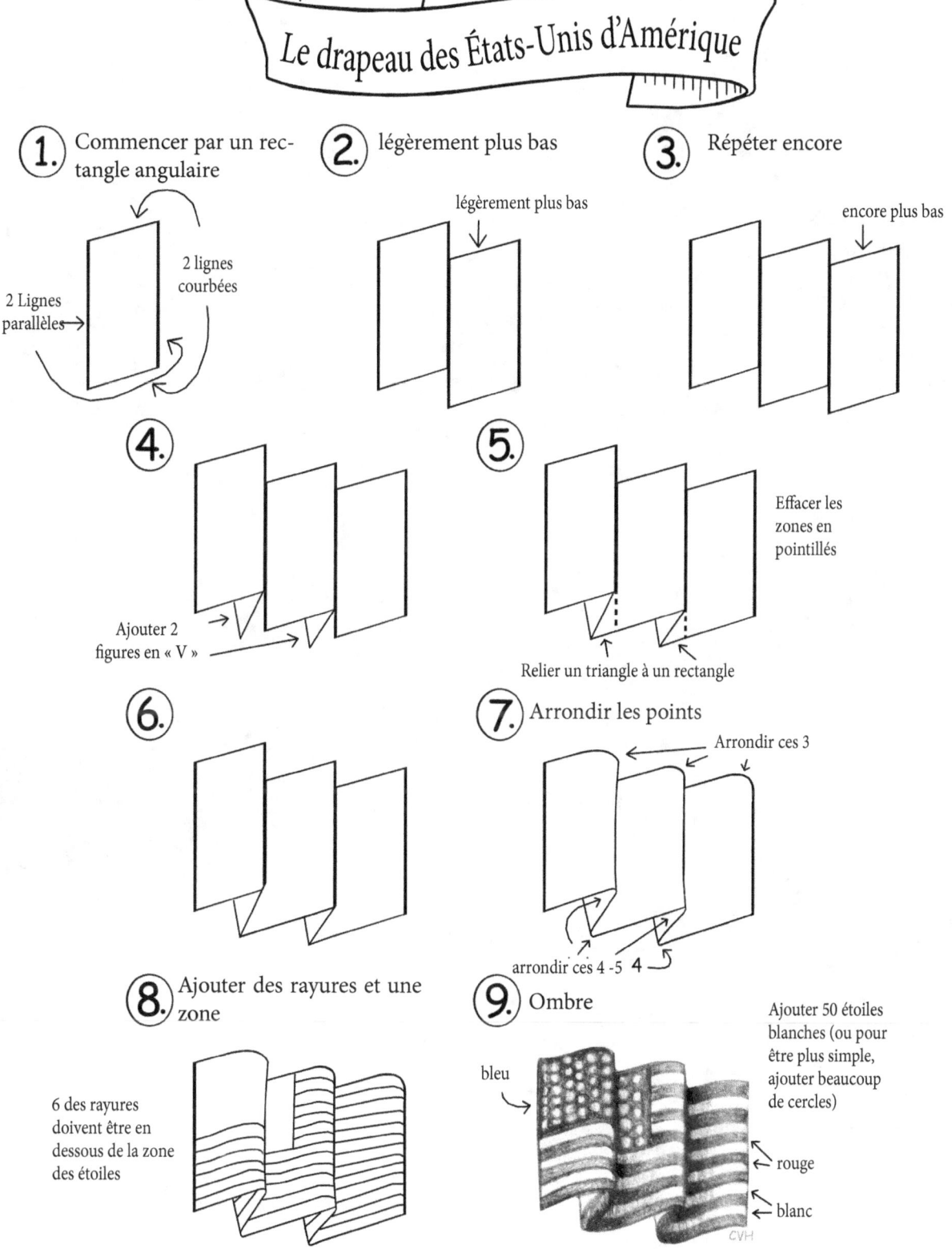

1. Commencer par un rectangle angulaire

2 Lignes parallèles →

2 lignes courbées

2. légèrement plus bas

légèrement plus bas

3. Répéter encore

encore plus bas

4.

Ajouter 2 figures en « V »

5.

Effacer les zones en pointillés

Relier un triangle à un rectangle

6.

7. Arrondir les points

Arrondir ces 3

arrondir ces 4 -5   4

8. Ajouter des rayures et une zone

6 des rayures doivent être en dessous de la zone des étoiles

9. Ombre

bleu

Ajouter 50 étoiles blanches (ou pour être plus simple, ajouter beaucoup de cercles)

rouge

blanc

CVH

Ajouter un total de 13 rayures pour représenter les 13 colonies originales

57

Chapitre 2

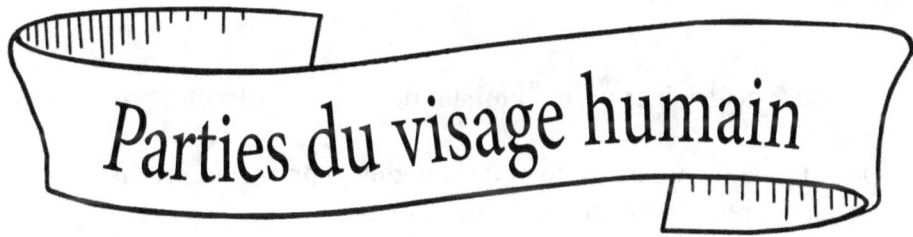

Parties du visage humain

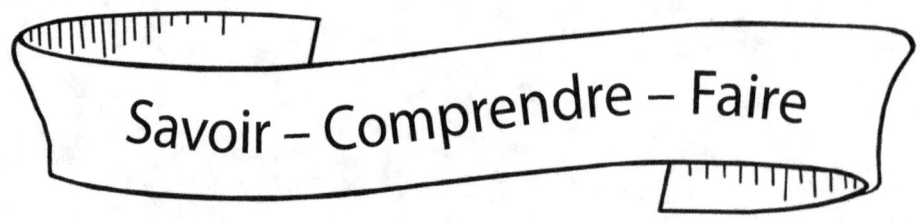

L'OEIL HUMAIN

SAVOIR :
Parties visibles de l'œil (iris, pupille, sclérotique)

COMPRENDRE :
- L'œil humain moyen peut être créé en utilisant des lignes directrices/mesures standards
- L'œil humain est une sphère
- L'œil humain moyen est aussi large que la distance entre les yeux (une largeur d'œil)

FAIRE :
- Pratiquer de dessiner un œil humain de base en utilisant les techniques proposées.
- Dessiner des lignes qui partent de la pupille (comme les rayons d'une roue de bicyclette) pour indiquer les nombreux détails.
- Ajouter les sourcils et les cils en dernier
- Faire de l'ombrage. Gommez une petite zone à l'intérieur de l'iris pour la mettre en valeur.

VOCABULAIRE :
Iris - Partie colorée de l'œil
Pupille - Zone la plus sombre de l'œil, située au centre de l'iris
Sclérotique - Partie blanche du globe oculaire
Sphère - Une forme de boule en trois dimensions, et non un cercle plat

Dessiner un œil humain

1. Commencer par un cercle. Ce sera l'iris.

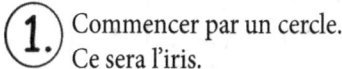

2. Ajouter un petit cercle au centre.

Ici se trouve la pupille.

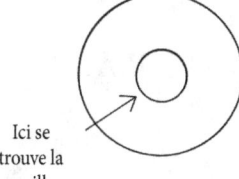

3. Dessiner un arc sur le cercle plus large.

Noter le chevauchement ici

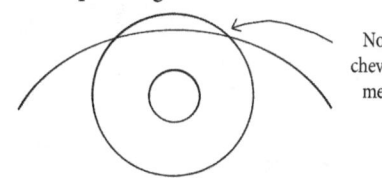

4. Ajouter la partie inférieure de la paupière

effacer les points

forme de triangle arrondi

le globe oculaire touche le couvercle inférieur

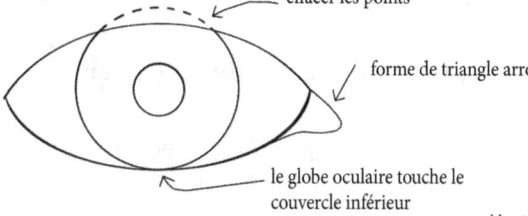

5.

Ajouter une arche ici

Ajouter de l'épaisseur dessous la paupière

Ligne sous l'œil

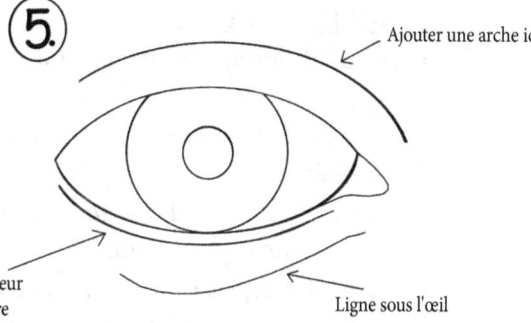

6. Ajouter quelques cils autour de la paupière supérieure.

Les faire légèrement plus longs au centre

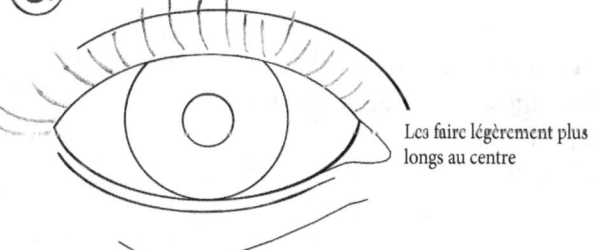

7. Dessinez des « rayons » autour de la pupille

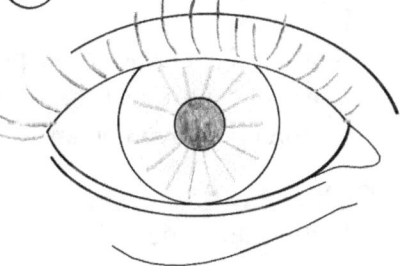

8. Assombrir les plis

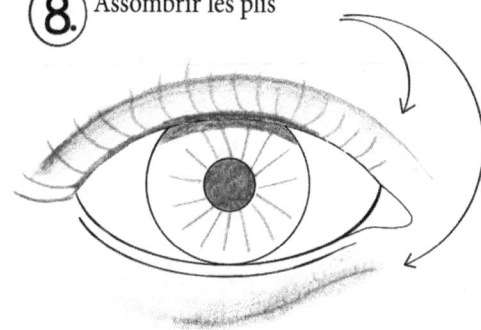

9. Teinte. Ajouter des cils supplémentaires en haut et des cils plus courts en bas.

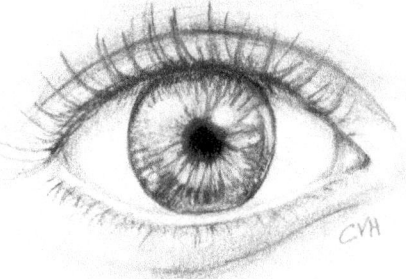

Effacer quelques points dans l'iris pour faire ressortir la brillance. Ajouter plus de rayons venant de la pupille

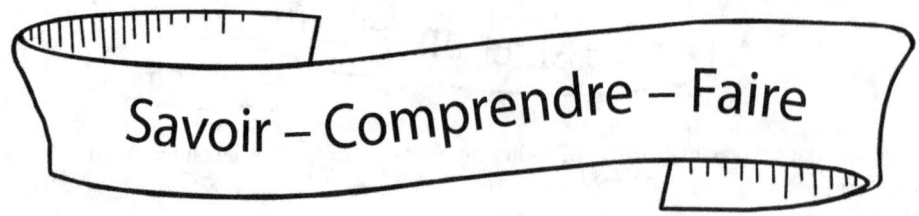

GLOBE OCULAIRE

SAVOIR :

Iris, Pupille, Sclérotique, Sphère, Superposition

COMPRENDRE :

*   La différence entre la figure (longueur et largeur) et la forme (ajouter de la profondeur)
*   L'utilisation des proportions et de l'observation pour créer un globe oculaire réaliste
*   La connexion d'une série de formes géométriques simples peut créer un objet complexe (organique).
*   La superposition et les différences de taille des objets dans une scène contribuent à créer l'illusion de la profondeur
*   L'ombrage à fort contraste donne l'apparence d'une forme et de la 3D

FAIRE

*   Suivre les étapes fournies pour créer un dessin original de globe oculaire en vous concentrant sur l'équilibre, l'ombrage et le mélange des tons.
*   Ombrer au crayon ou au crayon de couleur

VOCABULAIRE :

Iris - Partie colorée de l'œil

Pupille - Zone la plus sombre de l'œil, située au centre de l'iris

Sclérotique - Partie blanche du globe oculaire.

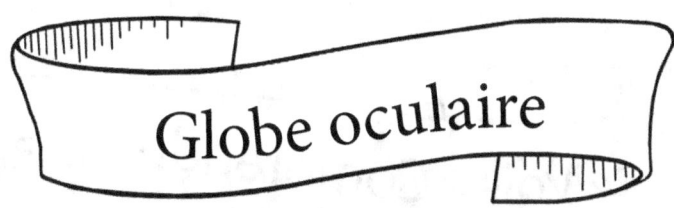

Globe oculaire

1. Commencer par un cercle

CONSEIL : essayer de trouver un cercle que tu peux tracer

2. Ajouter un petit cercle au centre. Ce sera l'iris.

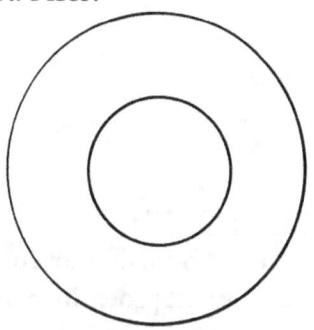

3. Ajouter le dernier petit cercle au centre de l'iris.

Ajouter plus de rayons".

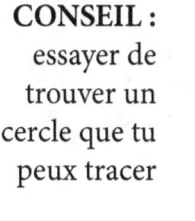

4. Ombrer la pupille en noir. Dessinez des lignes autour de la pupille.

5. Assombrir les bords de l'iris

Brouiller / ombrer la ligne extérieur du globe oculaire pour l'assombrir

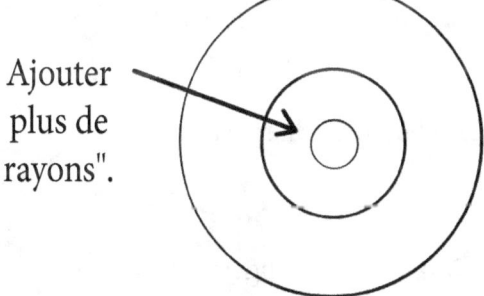

6. Ombrer l'ensemble de l'iris. Ajouter plus de rayons au besoin

Effacer certaines zones dans l'iris pour le faire « briller ».

Ajouter quelques lignes fines pour les veines.

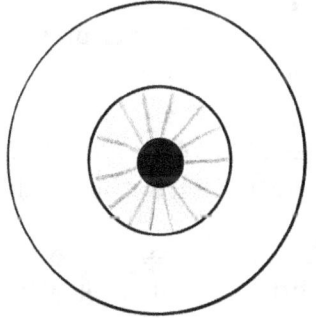

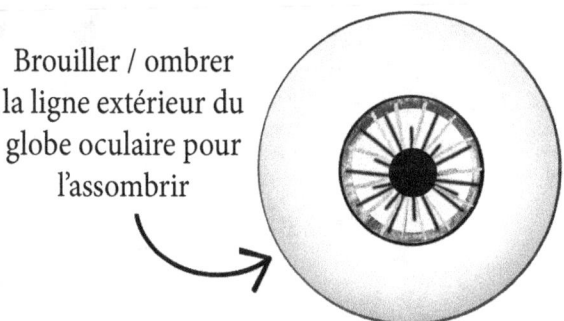

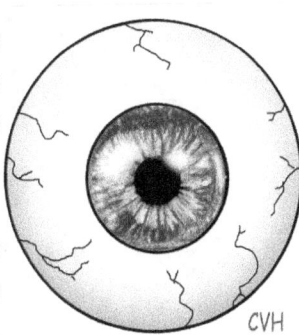

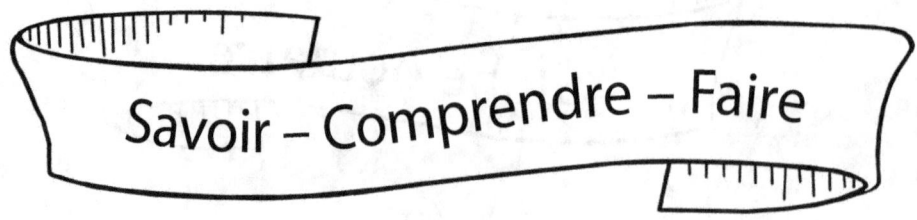

LE NEZ HUMAIN

SAVOIR :
Le nez humain moyen peut être créé en utilisant des lignes directrices/mesures standards

COMPRENDRE :
- Le nez humain moyen est aussi large que la distance entre les yeux.
- Le nez est proéminent et est généralement plus clair au centre et plus foncé sur les côtés (selon la source de lumière).
- Le nez humain est fin au point situé entre les yeux et s'élargit en descendant le long du visage.

FAIRE :
S'entraîner à dessiner un nez humain de base en utilisant les techniques proposées. Ombrer au crayon et concentrez-vous sur l'ombrage, les ombres et le mélange des tons.

Conseil : Ne rendre pas les narines trop sombres car elles attireraient l'attention sur le reste du visage et auraient l'air trop « porcin ».

VOCABULAIRE :
Ombrage - Le mélange d'une valeur à une autre. Montrer le changement du clair au foncé ou du foncé au clair dans une œuvre d'art en assombrissant les zones qui seraient ombragées et en laissant les autres zones claires. L'ombrage est utilisé pour produire des illusions de dimension et de profondeur.

Dessiner un nez humain

1. Commencer avec une figure en « U. »

2. Ajouter deux petits U aux côtés

3. Dessiner légère-ment les bords du nez

4. Ombrer un bord plus que l'autre

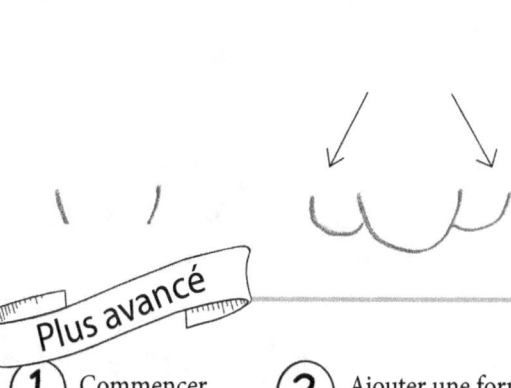
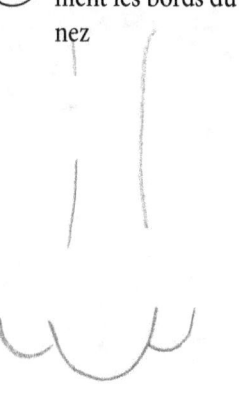
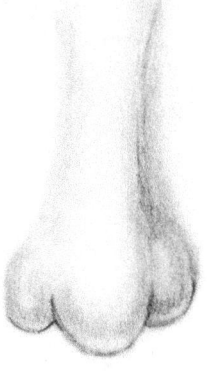

le nez est toujours plus mince en haut et plus large à la base

Plus avancé

1. Commencer par une U large et courber les extrémités

2. Ajouter une forme de « parenthèses » aux bords

3. Dessiner légèrement les bords du nez

4. Ombrer un bord plus que l'autre

( )

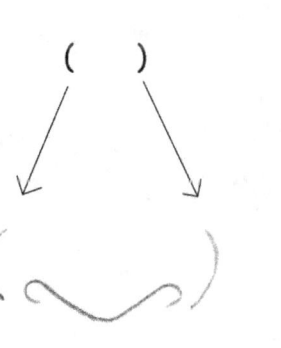
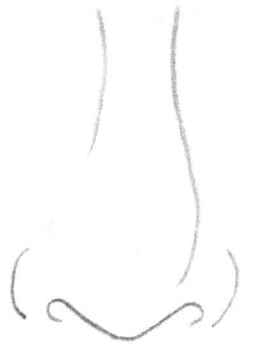
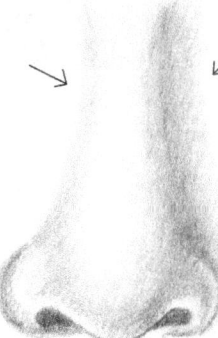

CONSEIL : les côtés du nez ne sont pas de lignes – ils sont ombrés

Un autre

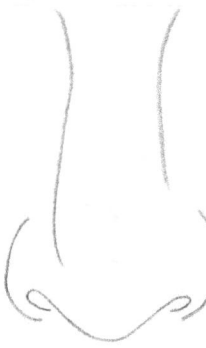

CONSEIL :

Choisir un côté pour être dans les ombres.

L'autre côté est plus léger

Effacer certaines zones pour les mettre en lumière

CVH

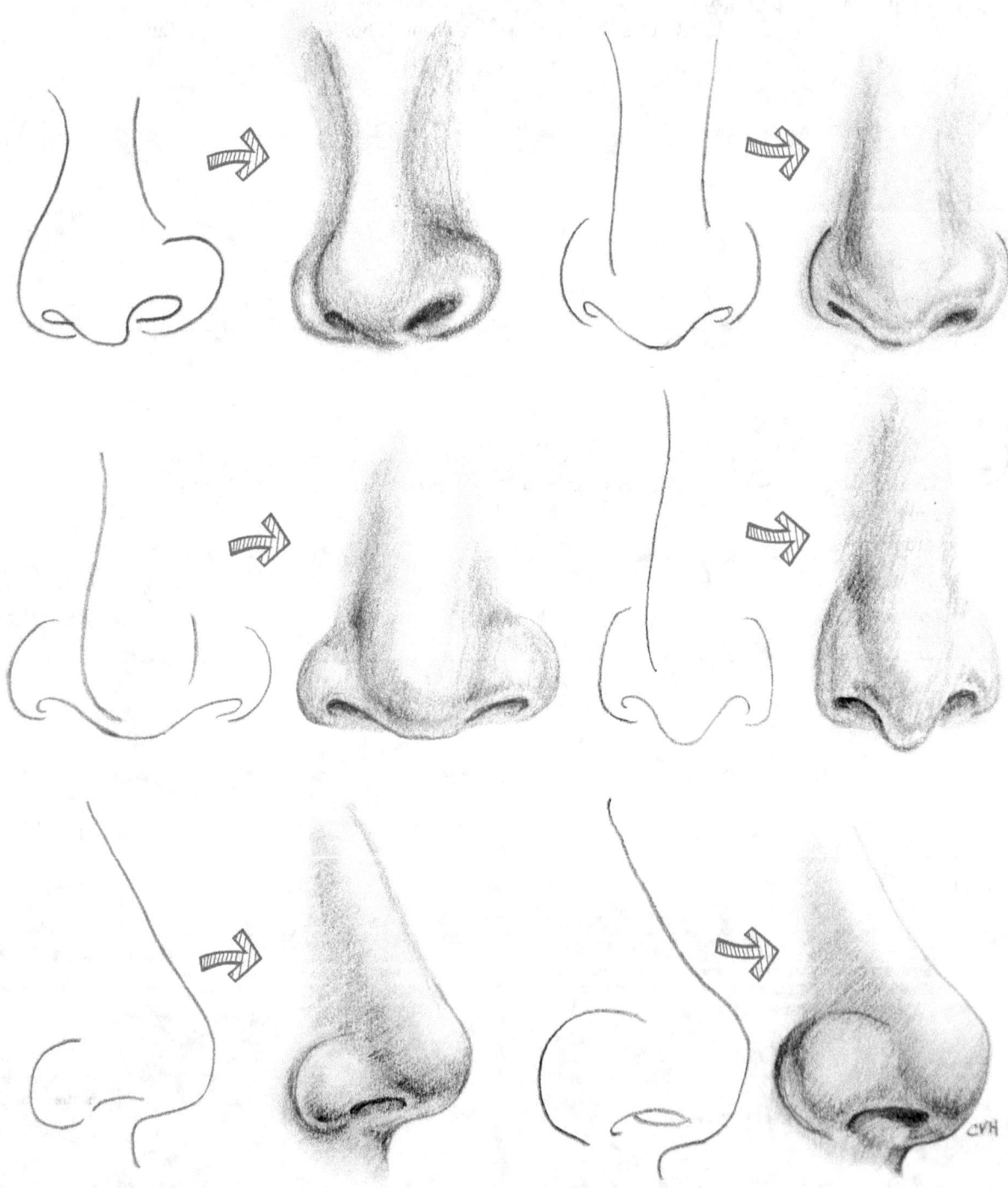

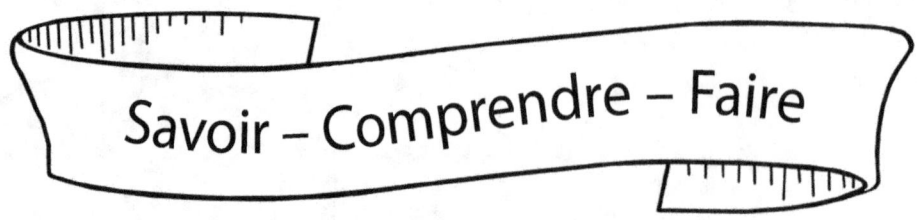

LA BOUCHE HUMAINE

SAVOIR :

La bouche humaine moyenne peut être dessinée de manière réaliste en utilisant des directives/mesures standard. (Lorsque vous dessinez un visage, mesurez la largeur à partir des pupilles vers le bas).

COMPRENDRE :

- La lèvre inférieure d'un être humain est en moyenne plus pleine et plus grande que la lèvre supérieure (chez la plupart des gens !)
- L'ombrage dans la direction des plans de la lèvre crée la forme, les lignes courbes créent le contour.

FAIRE :

- S'entraîner à dessiner une bouche humaine de base en utilisant les techniques proposées.
- Ajouter de l'ombrage
- Appliquer la valeur la plus foncée sur la ligne où les lèvres se rejoignent. Effacer quelques points au centre de la lèvre inférieure pour créer un effet de brillance naturelle.

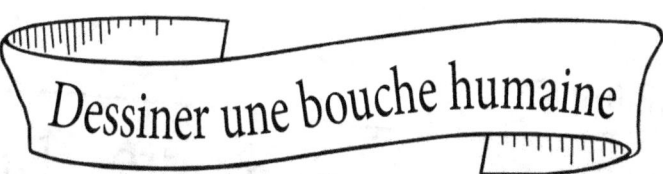

Dessiner une bouche humaine

1. Commencer par une forme de « coucher de soleil ».

2. Faire un retrait arrondi au centre

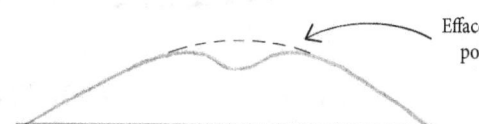

Effacer la zone pointillée

3. Faire 2 autres retraits arrondis (cette fois-ci en bas).

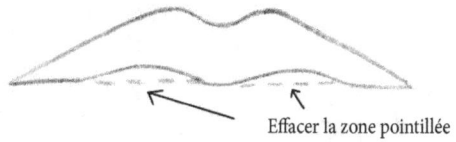

Effacer la zone pointillée

4. Ajouter une courte ligne pour indiquer l'emplacement de la lèvre inférieure.

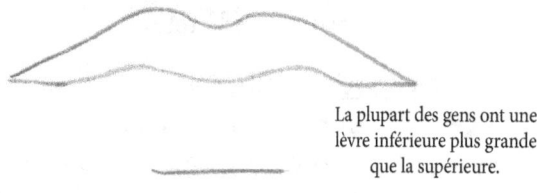

La plupart des gens ont une lèvre inférieure plus grande que la supérieure.

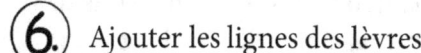

5. Relier la lèvre inférieure par des lignes courbées

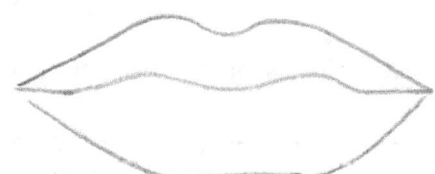

6. Ajouter les lignes des lèvres

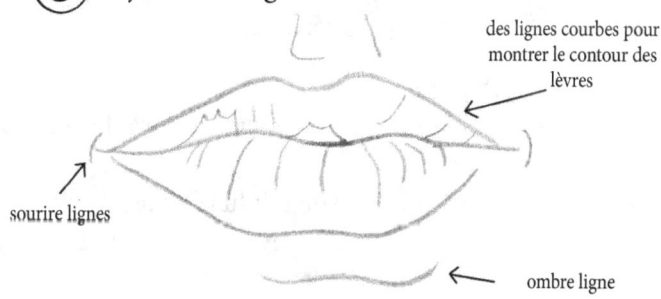

des lignes courbes pour montrer le contour des lèvres

sourire lignes

ombre ligne

7. Ombre

CONSEIL :

Ne pas essayer de rendre les deux côtés parfaits. Les visages humains ne sont pas exactement symétriques !

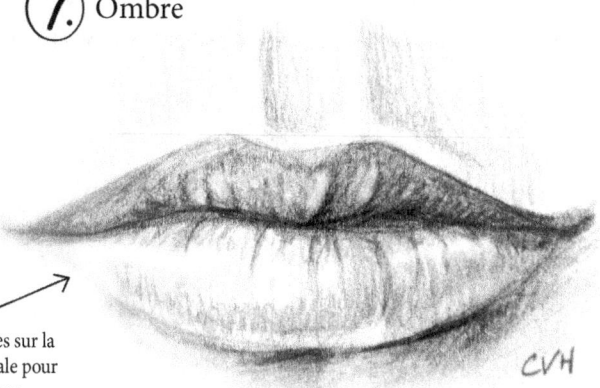

effacer certaines zones sur la lèvre inférieure centrale pour les hautes lumières

CVH

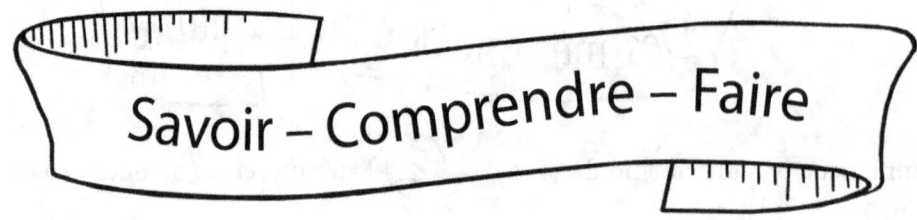

L'OREILLE HUMAINE

SAVOIR :
- L'oreille est l'organe du corps humain qui détecte les sons et aide à l'équilibre et à la position du corps.
- Les oreilles humaines sont placées de manière assez symétrique sur les côtés opposés de la tête

COMPRENDRE :
- L'oreille humaine moyenne peut être dessinée de manière réaliste en utilisant les directives/mesures standard (mesurez du bord de la ligne des yeux au bas de la ligne du nez lorsque vous dessinez les oreilles sur une tête).
- L'ombrage en utilisant les tons de l'échelle de valeur permettra d'obtenir un dessin plus réaliste.

FAIRE :
- S'exercer à dessiner une oreille humaine de base en utilisant les techniques proposées
- Faire la valeur la plus foncée à l'intérieur du « cercle » et sous la zone supérieure arrondie. Effacez quelques points sur le lobe pour créer un effet de brillance naturelle.

VOCABULAIRE :
Symétrie - Identique des deux côtés ; proportions équilibrées.

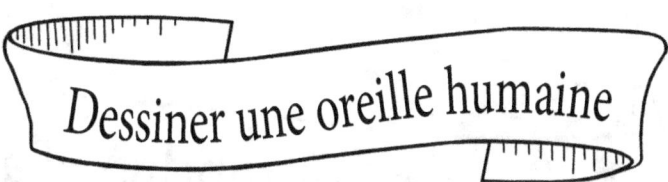

Dessiner une oreille humaine

1. Commencer avec deux cercles sur une diagonale

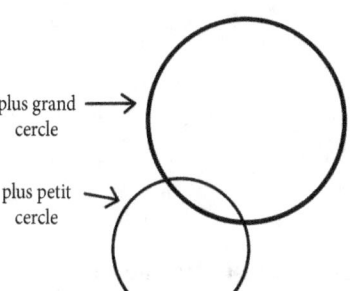

plus grand cercle →

plus petit cercle →

2. Effacer les parties représentées avec des lignes de tirets

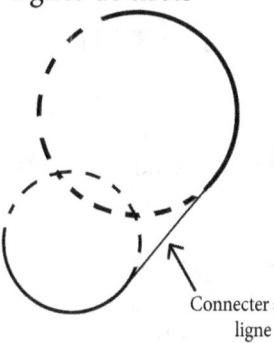

Connecter avec une ligne ici

3. Dessiner la partie supérieure d'un point d'interrogation

"?"

Sans le point inférieur →

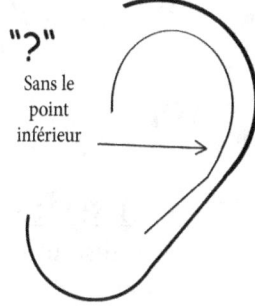

4. Ajouter un petit cercle

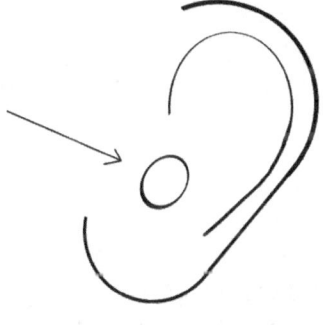

5. Ajouter les parties tels que vu ci-dessous

Ajouter un petit triangle →

Une autre ligne courbée →

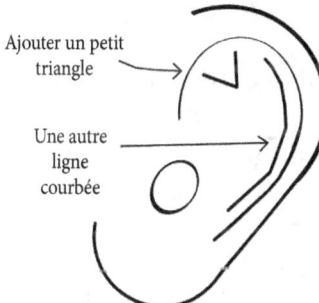

6. Ajouter plus de détails

Ajouter 2 lignes supplémentaires ici →

Courber cette ligne vers le haut et vers l'intérieur →

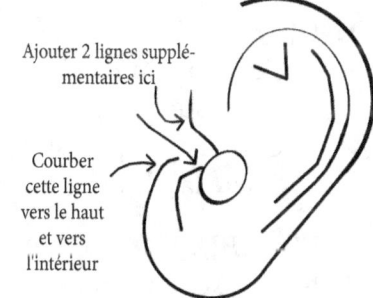

7. Faire ces 2 formes et les ombrer

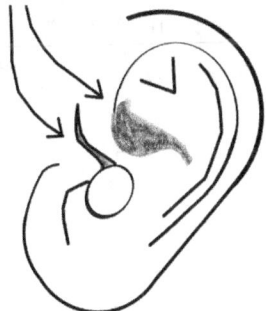

8. Remplir les zones comme ci-dessous

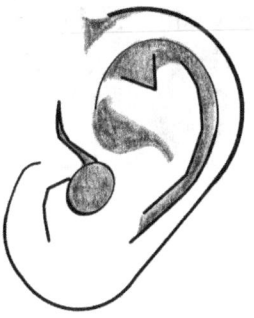

9. Ombrer

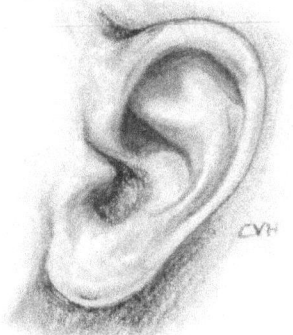

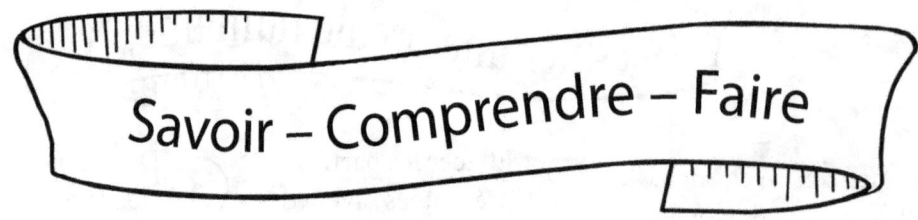

LA TÊTE HUMAINE

SAVOIR :
Les étapes simples pour créer un visage humain

COMPRENDRE :
- L'utilisation des proportions pour créer une tête et des caractéristiques génériques
- Les différences subtiles dans la forme et la taille de certains traits spécifiques nous rendent uniques.
- Les objets en saillie (nez, lèvres, etc.) créent des ombres.
- La tête humaine peut être mesurée/créée sur une grille.

FAIRE :
- S'entraîner à dessiner un visage/une tête humaine générique en utilisant les techniques proposées.
- Commencer par des lignes de guidage, placez les éléments, nuancez...
- Suivre la « liste de contrôle du visage ».

PLUS TARD...
Autoportraits - Commencez par une grille de base pour un visage puis utilisez un miroir pour voir la forme et la taille de vos traits individuels. Concentrez-vous sur l'identité et l'individualité - ce sont ces petites déviations par rapport à un visage générique qui nous rendent uniques !

VOCABULAIRE :
Proportion - La comparaison des tailles et de l'emplacement d'une partie par rapport à une autre.

LISTE DE CONTRÔLE DU VISAGE

TETE :
Ombrer les sourcils, le cou, le nez, la lèvre inférieure, le menton et éventuellement les pommettes (la source de lumière)

LÈVRES :
- Chez la plupart des gens, la lèvre supérieure est plus petite (et légèrement plus foncée) que la lèvre inférieure.
- Effacer une tache sur la lèvre inférieure pour créer un effet de « brillance »
- Dessiner des lignes de contour arrondies pour indiquer la forme.

LES YEUX :
- Colorer la pupille en noir, l'iris en plus clair.
- Dessiner les « rayons » qui partent de la pupille pour plus de détails.
- Laisser un surlignage blanc quelque part dans l'iris
- La partie supérieure de l'œil (ligne des cils) doit être plus foncée que la partie inférieure.
- Les cils sont plus courts car ils poussent vers le centre du visage.

NEZ :
- Côté du nez ombragé (pas de contour)
- Attention au nez « porcin ».

DERNIER POINT, MAIS PAS LE MOINDRE IMPORTANT...
- Effacer les directives
- Créer des sourcils, des cils et une coiffure

NOTE : Les cheveux sont généralement plus foncés que la peau sur la plupart des gens. Les ombres les plus foncées sur votre feuille doivent être : les cheveux, les globes oculaires (iris/pupilles) et les sourcils. Ceci est valable pour la plupart des visages, mais il y a quelques exceptions.

CONSEIL : Lorsque vous dessinez votre propre visage, tenir le miroir directement en face de vous. Certains élèves regardent le miroir de haut en bas et obtiennent une vue directement sur leur nez ! Cela donne un autoportrait peu flatteur.

Un visage humain de base

1.

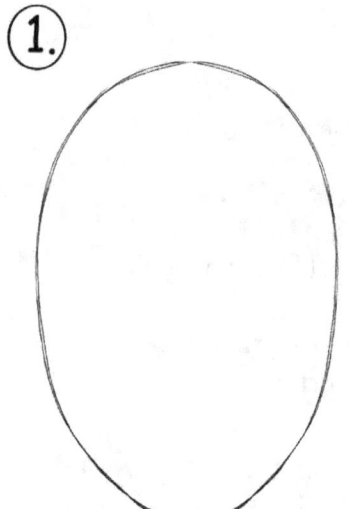

Commencer par un ovale ou une forme d'œuf renversé. La partie supérieure devrait être légèrement plus pleine.

2.

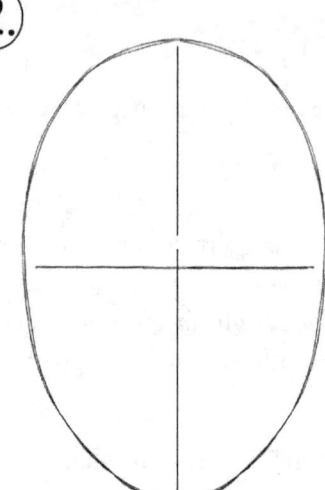

Faire une lettre minuscule « t » au centre du visage.

3.

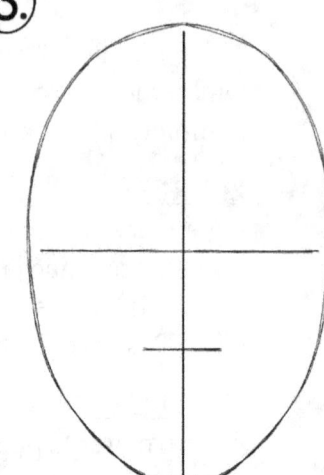

Mettre votre doigt au centre de la t et l'autre doigt sur le menton. Trouver le centre et tracer une ligne à cet endroit. Ce sera le bas du nez.

4.

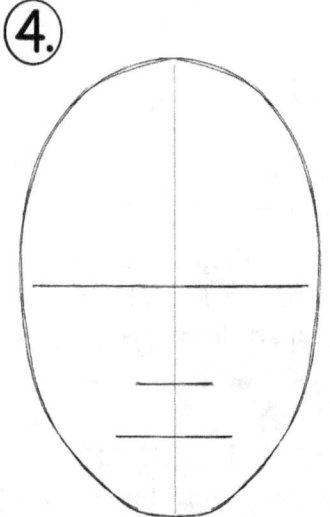

Mettre votre doigt au centre de la ligne que vous venez de faire et votre autre doigt sur le menton.
Trouver le milieu et faire une dernière ligne. Ce sera la bouche.

5.

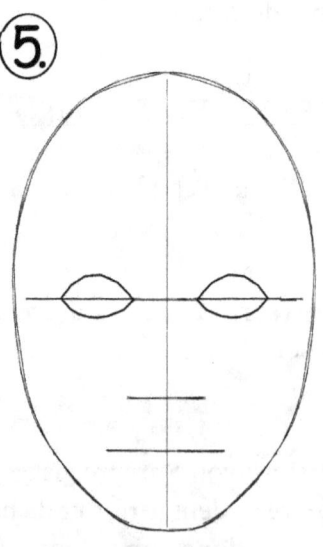

Sur la ligne supérieure, dessiner 2 formes d'amande/de ballon de football américain pour les yeux.
CONSEIL : La distance entre vos deux yeux correspond à peu près à la largeur d'un œil.

6.

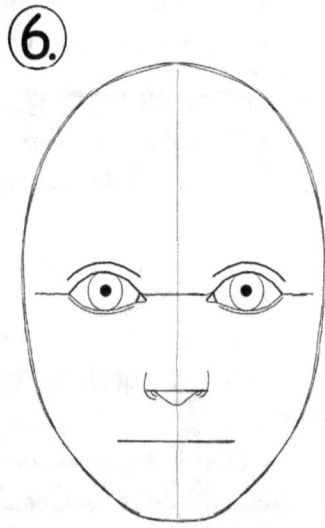

Ajouter l'iris, la pupille, les paupières, etc. Sur la deuxième ligne, dessiner le bas du nez.
ASTUCE : La largeur de la base du nez est à peu près la même que la largeur entre les yeux.

7.

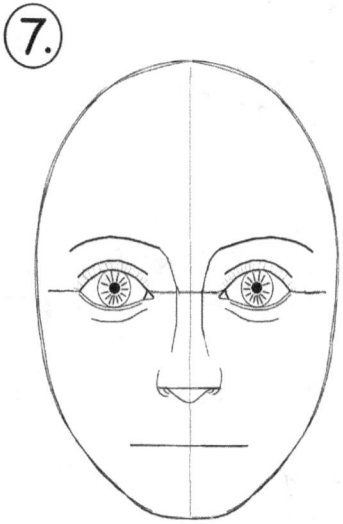

Ajouter des « rayons » dans l'iris et des lignes pour les sourcils et les côtés du nez. CONSEIL n°1 : Les côtés de votre nez sont reliés à vos sourcils !
CONSEIL n° 2 : La partie la plus grosse du nez est la base, la partie la plus fine se trouve entre les sourcils (pensez à la forme d'un triangle).

8.

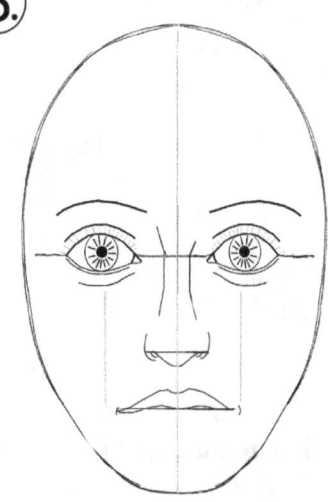

Commencer par les lèvres. La bouche est généralement aussi large que la distance entre les pupilles.
ASTUCE : Ne pas oublier d'ajouter « l'arc de Cupidon » : la petite divination au sommet de la lèvre supérieure.

9.

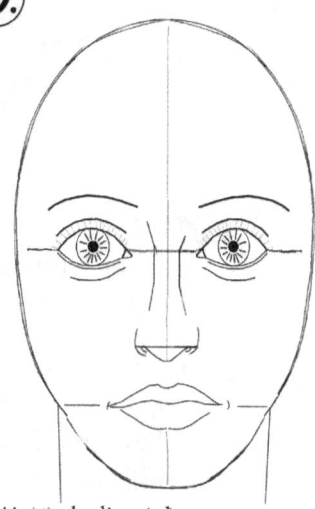

Ajouter les lignes de cou.
ASTUCE : Le cou est à peu près aussi large que les bords des lignes de la bouche.
Ajouter la lèvre inférieure.
CONSEIL : Le bas est généralement plus volumineux que le haut chez la plupart des gens.

10

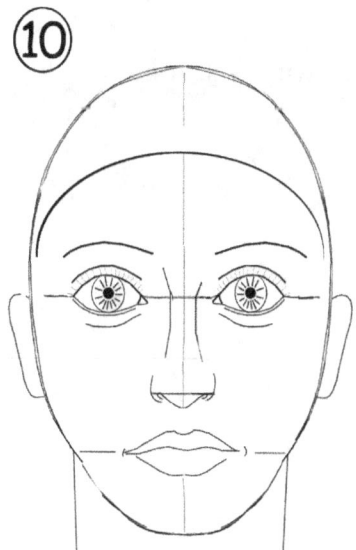

Ajouter la ligne des cheveux (ressemble à un bonnet de bain). Ajouter les oreilles.
CONSEIL : Le haut de l'oreille est aligné avec la ligne des yeux, le bas de l'oreille est aligné avec le bas du nez.

11

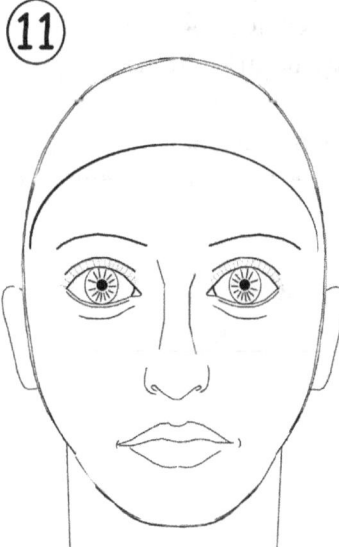

Effacer les lignes de guidage.

12

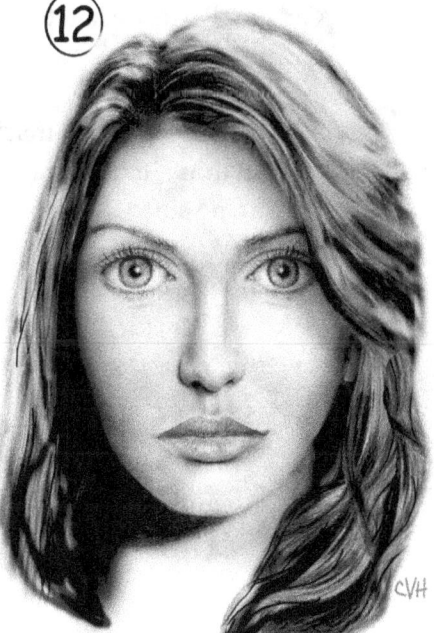

Ajouter des cheveux et de l'ombre.

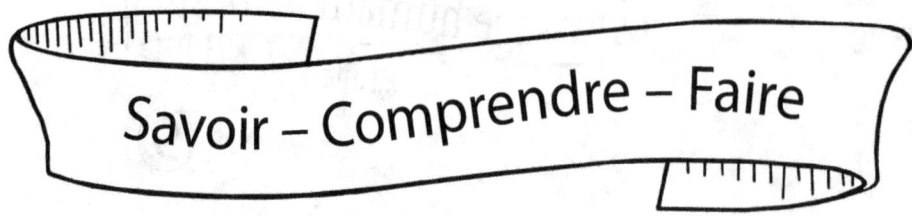

LE CRÂNE HUMAIN

SAVOIR :
- Étapes simples pour créer un crâne humain
- Les principaux os de la tête

COMPRENDRE :
- Les bases de la proportion pour créer un crâne
- Les caractéristiques de la tête humaine peuvent être mesurées/créées sur une grille

FAIRE :
- S'entraîner à dessiner un visage/une tête humaine générique en utilisant les techniques proposées.
- Commencer par des lignes de guidage, placer les éléments, ombrer...

VOCABULAIRE :
Crâne - Partie de la tête qui renferme la boîte crânienne.
Crâne humain - Soutient les structures du visage et forme une cavité pour le cerveau
Mandibule - Os de la mâchoire inférieure
Proportion - La comparaison des tailles et de l'emplacement d'une partie par rapport à une autre.

Dessiner un crâne humain

①. Commencer par un cercle

②. Ajouter un rectangle

Effacer la zone pointillée

③. Ajouter une ligne de mâchoire

Ajouter des lignes aux points

④.

Effacer les zones en pointillés

Ajouter deux lignes légèrement courbées pour les dents

⑤.

ajouter des yeux

Nez de style « maison »

sourire

⑥.

Effacer les zones en pointillés

Ajouter des points « flèches »

ajouter 2 légèrement courbé lignes de dents

⑦.

Courber les parties supérieures des dents

Crêtes du front

Détails de l'intérieur du nez

ajouter des dents

⑧.

Ombrer

CVH

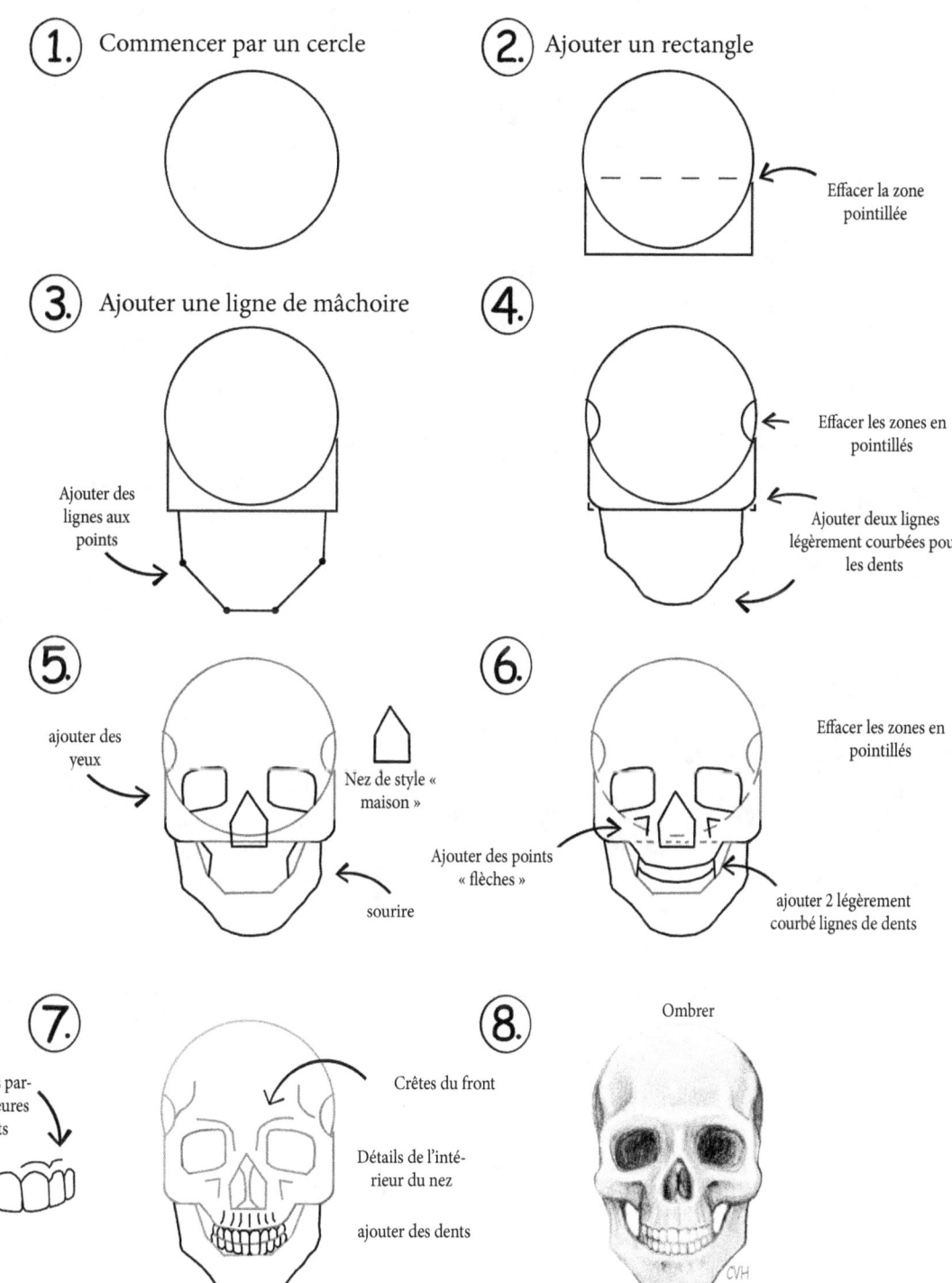

Chapitre 3

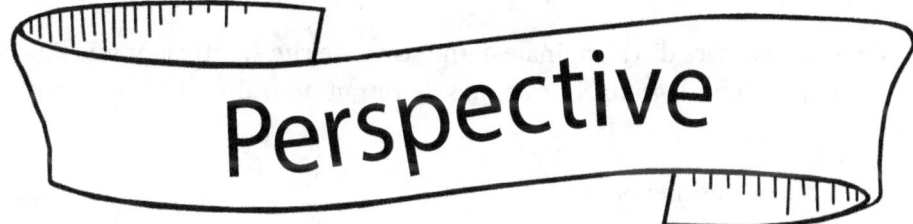

Perspective

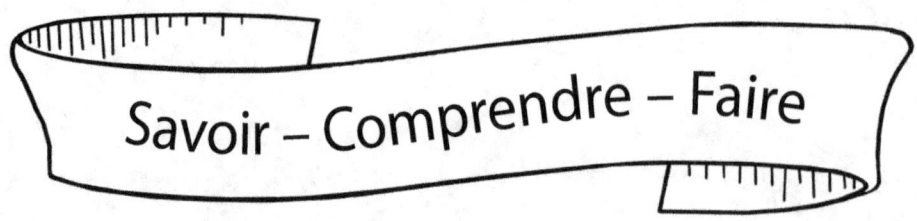

POINT DE VUE UNIQUE

SAVOIR :
Une perspective en un point

COMPRENDRE :
- En perspective linéaire, toutes les lignes semblent se rejoindre en un seul point de l'horizon.
- Les lignes qui s'effacent créent des bords droits qui semblent retourner dans l'espace.

FAIRE :
- Créer une œuvre d'art originale d'une scène de rue en utilisant une ligne d'horizon, un point de fuite et des lignes de retrait pour donner l'illusion du 3D.

INCLURE :
- Au moins 6 bâtiments
- Une route
- Les détails comme les fenêtres, les briques et les portes.
- Des éléments supplémentaires comme une voiture, des panneaux de signalisation ou des panneaux d'affichage.

VOCABULAIRE :
Ligne d'horizon – La ligne où l'eau ou la terre semble se terminer et où le ciel commence.
Perspective à un point - Forme de perspective linéaire dans laquelle toutes les lignes semblent se rejoindre en un seul point à l'horizon.
Lignes en recul – Des lignes qui s'éloignent ou reculent du premier plan.
Point de fuite - Un point sur la ligne d'horizon où les lignes entre le proche et le lointain sont séparées par des lignes de fuite.

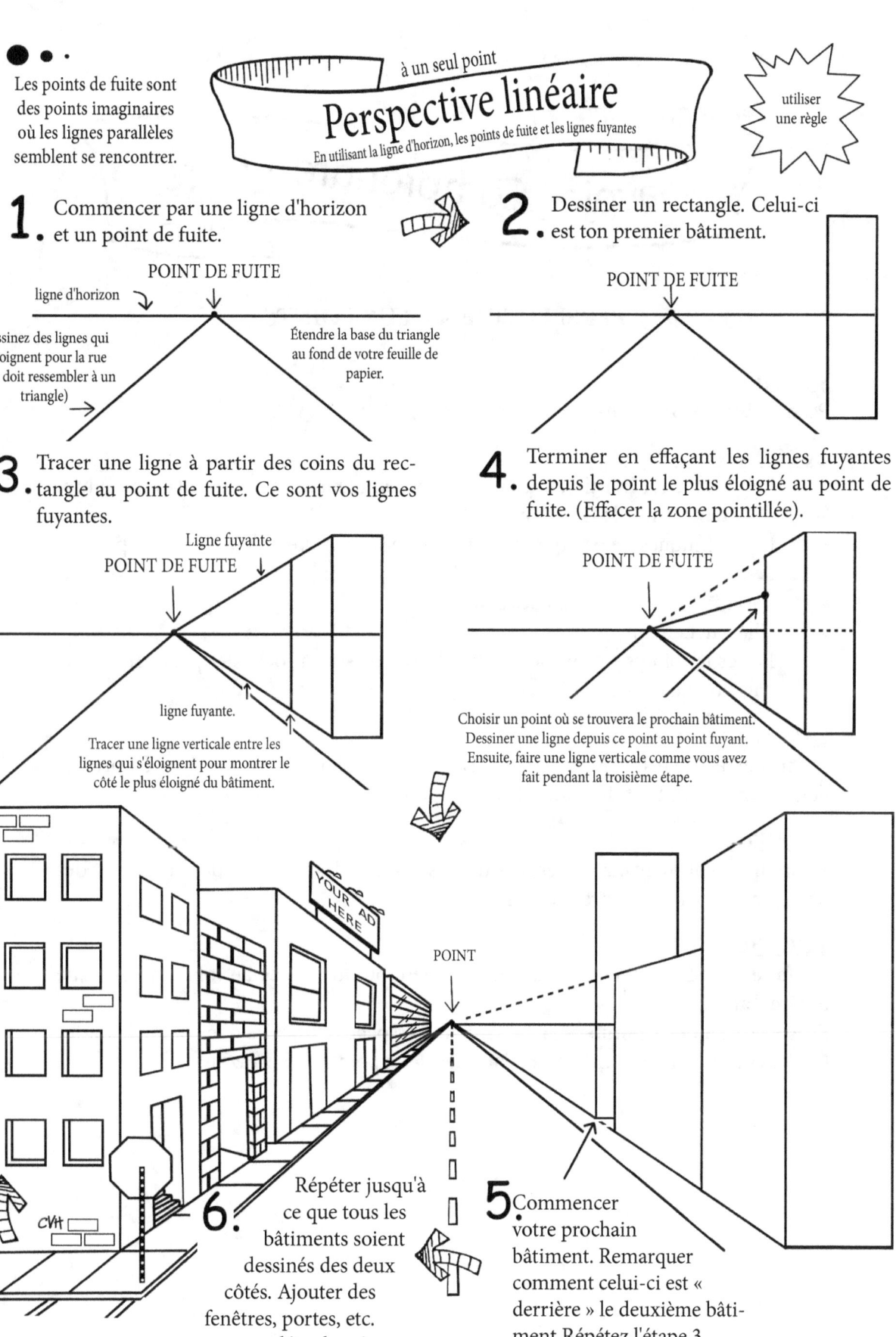

Les points de fuite sont des points imaginaires où les lignes parallèles semblent se rencontrer.

à un seul point

Perspective linéaire

En utilisant la ligne d'horizon, les points de fuite et les lignes fuyantes

utiliser une règle

1. Commencer par une ligne d'horizon et un point de fuite.

POINT DE FUITE

ligne d'horizon

Dessinez des lignes qui s'éloignent pour la rue (cela doit ressembler à un triangle)

Étendre la base du triangle au fond de votre feuille de papier.

2. Dessiner un rectangle. Celui-ci est ton premier bâtiment.

POINT DE FUITE

3. Tracer une ligne à partir des coins du rectangle au point de fuite. Ce sont vos lignes fuyantes.

Ligne fuyante
POINT DE FUITE

ligne fuyante.

Tracer une ligne verticale entre les lignes qui s'éloignent pour montrer le côté le plus éloigné du bâtiment.

4. Terminer en effaçant les lignes fuyantes depuis le point le plus éloigné au point de fuite. (Effacer la zone pointillée).

POINT DE FUITE

Choisir un point où se trouvera le prochain bâtiment. Dessiner une ligne depuis ce point au point fuyant. Ensuite, faire une ligne verticale comme vous avez fait pendant la troisième étape.

YOUR AD HERE

POINT

6. Répéter jusqu'à ce que tous les bâtiments soient dessinés des deux côtés. Ajouter des fenêtres, portes, etc. pour compléter la scène

5. Commencer votre prochain bâtiment. Remarquer comment celui-ci est « derrière » le deuxième bâtiment Répétez l'étape 3.

81

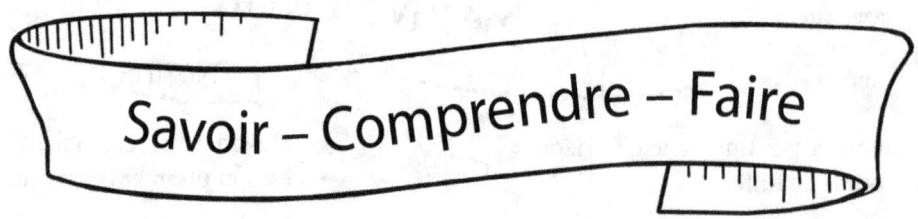

Savoir – Comprendre – Faire

PERSPECTIVE À DEUX POINTS

SAVOIR :
Perspective à deux points

COMPRENDRE :
- En perspective linéaire, toutes les lignes semblent se rejoindre à l'un ou l'autre des **deux** points de l'horizon.
- Les techniques de perspective sont utilisées pour créer l'illusion de la profondeur.
- Variation entre les tailles des sujets
- Chevauchement
- Placer les objets sur le sol plus bas lorsqu'ils sont proches et plus haut sur la page lorsqu'ils sont éloignés.

FAIRE :
Créer une œuvre d'art originale d'une scène de rue en utilisant une ligne d'horizon, deux points de fuite et des lignes fuyantes pour donner l'illusion de la 3D.

INCLURE :
Au moins 7 bâtiments, 2 routes, des détails comme des fenêtres, des briques et des portes, et beaucoup d'autres éléments.

VOCABULAIRE :
Profondeur - La distance de l'avant à l'arrière ou du proche au lointain dans une œuvre d'art.
Perspective à deux points - Une forme de perspective linéaire dans laquelle toutes les lignes semblent se rencontrer à l'un des deux points de l'horizon

Les bâtiments que vous dessinez peuvent s'étendre au-dessus ou en-dessous de la ligne de l'horizon

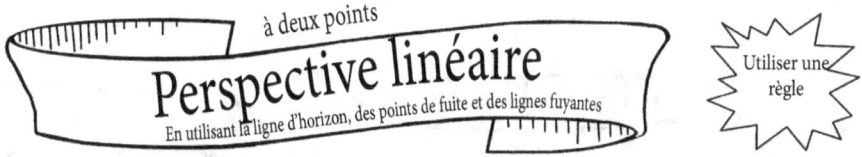

à deux points

Perspective linéaire

En utilisant la ligne d'horizon, des points de fuite et des lignes fuyantes

Utiliser une règle

1. Commencer avec une ligne d'horizon et DEUX points fuyants ainsi qu'une ligne verticale pour votre premier bâtiment.

POINT FUYANT

POINT FUYANT

2. Ensuite, dessiner des lignes fuyantes qui commencent à votre ligne verticale centrale et qui s'étendent jusqu'aux DEUX points fuyants.

POINT FUYANT

POINT FUYANT

3. Dessiner deux lignes additionnelles sur chaque côté de la ligne verticale centrale. Cela sera ton premier bâtiment.

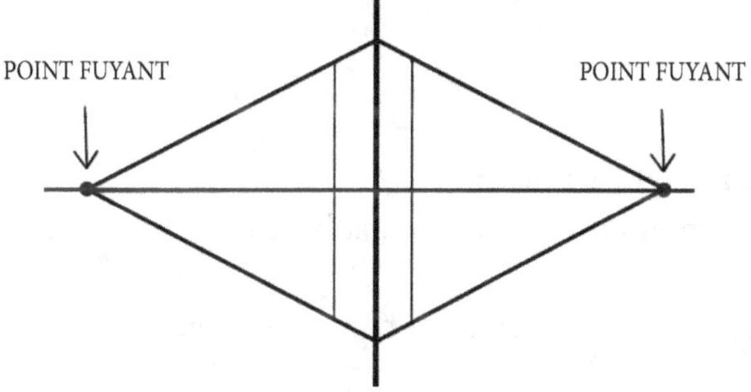

POINT FUYANT

POINT FUYANT

4. Ensuite, créer un autre bâtiment plus petit. Veuillez noter que la toiture de ce nouveau bâtiment et EN-DESSOUS de la ligne d'horizon.

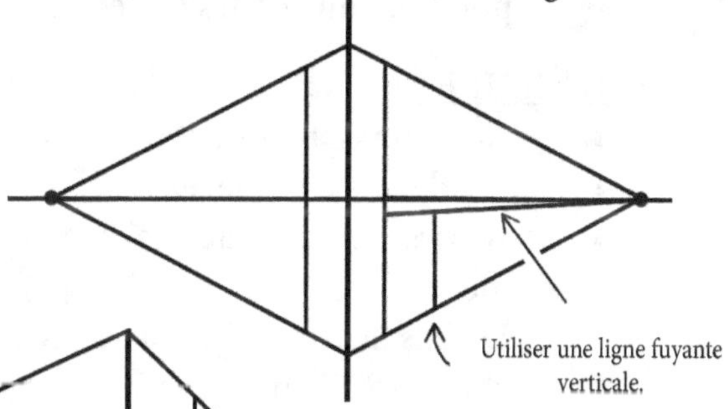

Utiliser une ligne fuyante verticale.

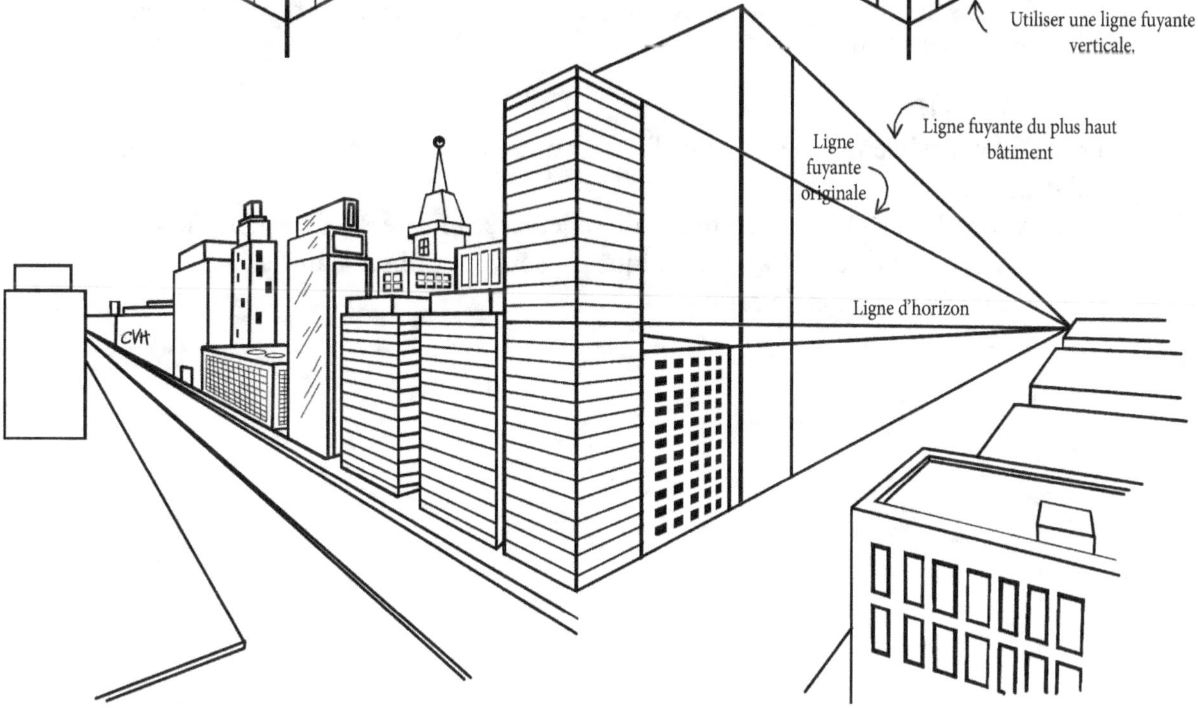

Ligne fuyante du plus haut bâtiment

Ligne fuyante originale

Ligne d'horizon

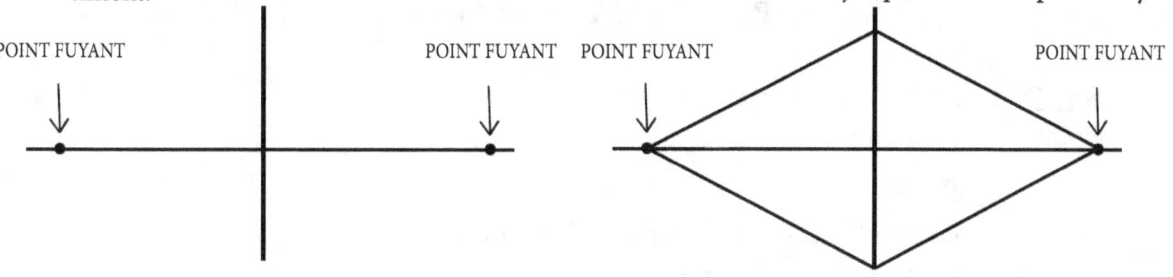

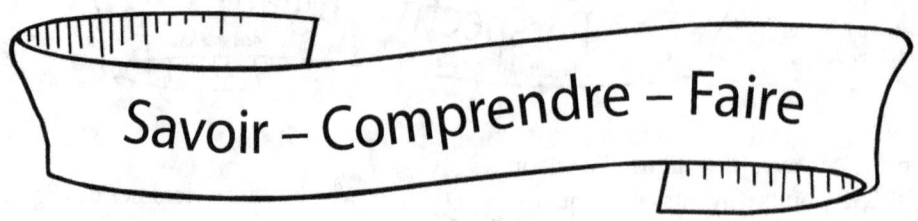

POINT DE VUE AÉRIEN

SAVOIR :
Point de vue aérien

COMPRENDRE :
- Techniques utilisées pour créer une vue « à vol d'oiseau ».
- Utilisation des lignes fuyantes

FAIRE :
- Créer une vue originale à vol d'oiseau d'une scène urbaine en utilisant un point de fuite et des lignes de fuite.

INCLURE :
- Au moins 8 bâtiments
- Les détails comme les fenêtres, les briques et les portes.
- Arbres, routes et autres éléments supplémentaires autour de la base des bâtiments.
- Détails des toits : Ventilateurs, piscines, bouches d'aération, héliports et autres choses que l'on trouve sur un toit.

VOCABULAIRE :
Point de vue aérien - Vue à partir d'une grande hauteur, également appelée vue à vol d'oiseau.
Vue à vol d'oiseau - Vue en hauteur d'un objet, avec une perspective comme si l'observateur était un oiseau. Cette technique est souvent utilisée dans la réalisation de bleus, de plans d'étage et de cartes.

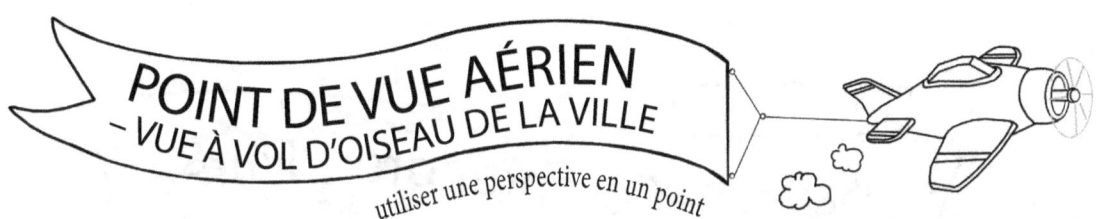

POINT DE VUE AÉRIEN
– VUE À VOL D'OISEAU DE LA VILLE

utiliser une perspective en un point

1. D'abord, dessiner plusieurs formes carrées autour d'un point fuyant central Ce seront les toits de vos bâtiments !

2. Ensuite, dessiner des lignes fuyantes de chaque coin. (sans traversant les formes) au point de fuite

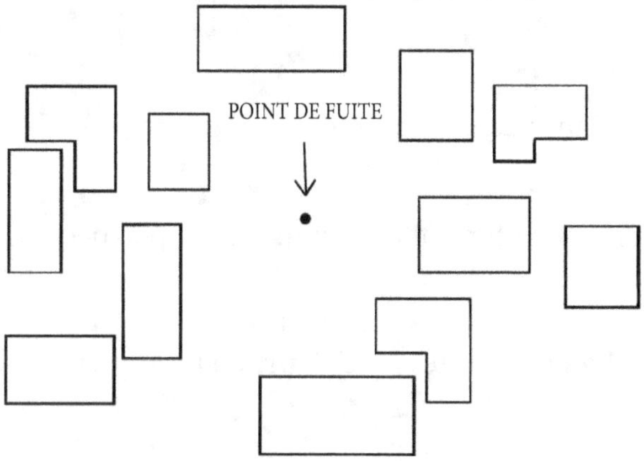

POINT DE FUITE

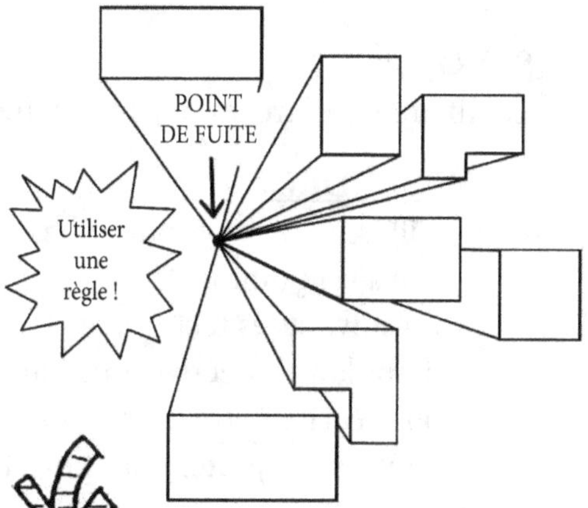

POINT DE FUITE

Utiliser une règle !

6. Terminer en ajoutant des arbres, des rues et des éléments supplémentaires autour de la base de chaque bâtiment.

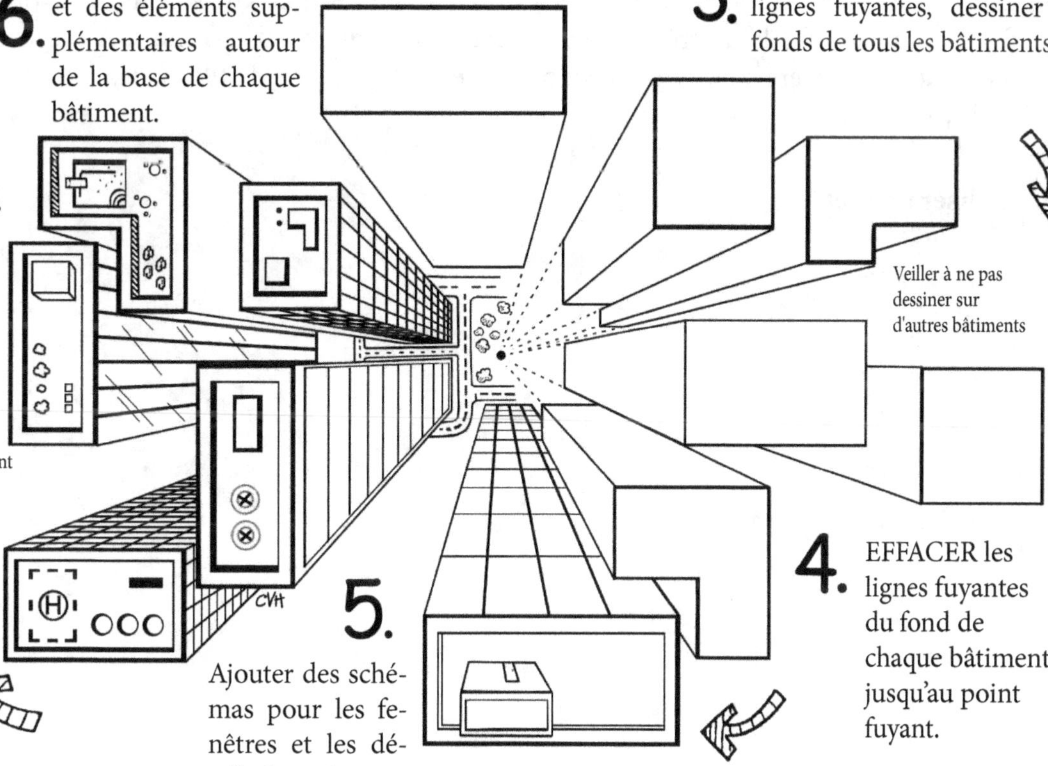

3. Après avoir dessiné toutes les lignes fuyantes, dessiner les fonds de tous les bâtiments.

Veiller à ne pas dessiner sur d'autres bâtiments

CONSEIL :
Les lignes des fenêtres recèdent jusqu'au point fuyant également !

CVH

5. Ajouter des schémas pour les fenêtres et les détails des toits

4. EFFACER les lignes fuyantes du fond de chaque bâtiment jusqu'au point fuyant.

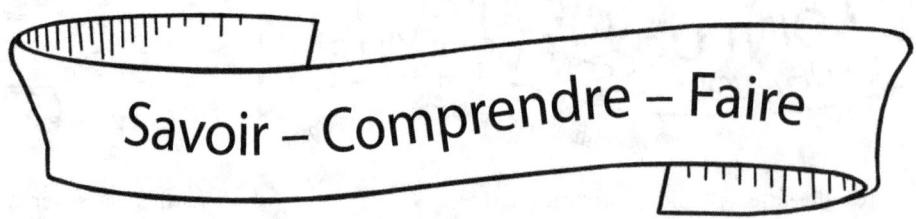

LA PERSPECTIVE DES LETTRES EN BLOC

SAVOIR :
La différence entre les objets proches et éloignés dans une scène

COMPRENDRE :
- L'illusion de profondeur peut être créée en utilisant les techniques de perspective à un point FAIRE :
- En suivant les techniques fournies, créer l'illusion d'un lettrage en 3D en utilisant la perspective à un point, les lignes fuyantes et les lettres d'imprimerie pour écrire votre nom.
- Ombrer et ajouter d'un bord biseauté

CONSEIL :
Essayer de créer des coins nets sur vos lettres afin que les bords ne soient pas arrondis. Il est plus difficile de créer une perspective avec des bords arrondis. À mesure que vous vous exercez et que vous vous améliorez, essayer d'utiliser des lettres à bulles arrondies.

Utiliser une règle !

LETTRES EN BLOC – Dessiner votre nom en utilisant de la perspective

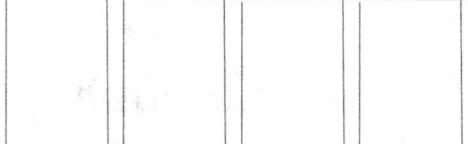

1. Premièrement, dessiner une boîte pour chaque lettre de votre nom. S'assurer de laisser un peu d'espace entre chaque boîte.

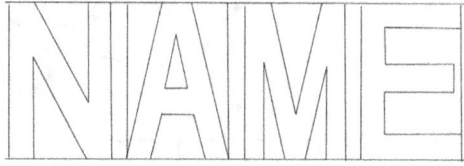

2. Ensuite, faire sortir les lettres de chaque boîte. Utiliser les côtés de chaque boîte comme une partie de chaque lettre au besoin.

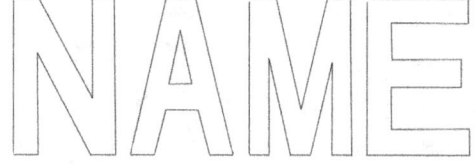

3. Effacer les lignes que vous n'avez pas besoin. Créer un point centré en-dessous de vos lettres. Cela sera votre point fuyant.

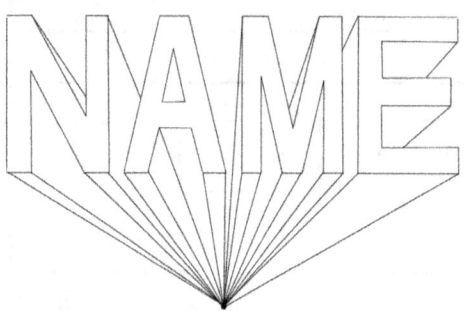

4. Avec une règle, aligner le coin de chaque lettre jusqu'au point fuyant et dessiner une ligne. Arrêter votre ligne lorsqu'elle touche une autre lettre. C'est mieux de faire la partie inférieure de chaque lettre d'abord.

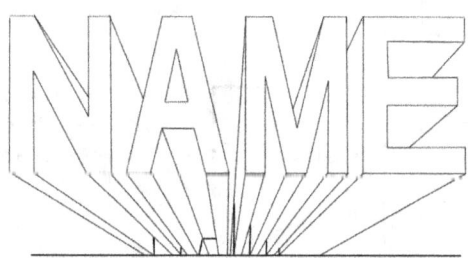

5. Ensuite, dessiner une lettre juste au-dessus de votre point de base et effacer les lignes qui se trouvent en-dessous d'elle. Ensuite, dessiner une ligne pour correspondre à l'extrémité de la lettre.

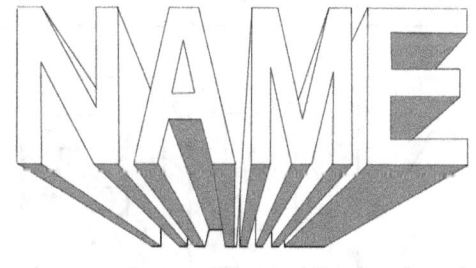

6. Effacer les lignes que vous n'avez pas besoin. Ombrer la partie inférieure de la section fuyante de chaque lettre une teinte sombre.

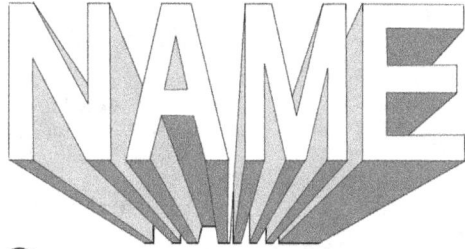

7. Ensuite, colorer le reste des sections fuyantes une teinte plus claire.

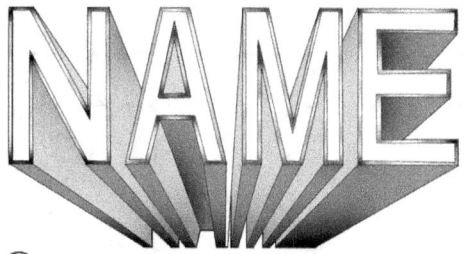

8. Terminer avec un bord biseauté à l'intérieur de chaque lettre. Vous pouvez ajouter de l'ombrage pour le donner un air « sculpté »

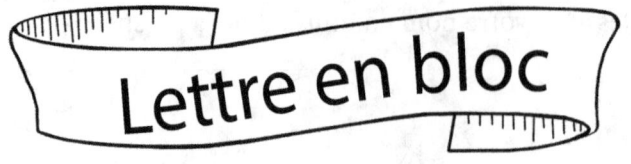

Fiche de référence de l'alphabet

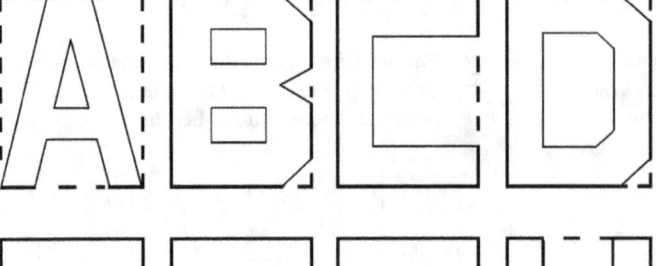

A B C D
E F G H I
J K L M
N O P Q R
S T U V
W X Y Z

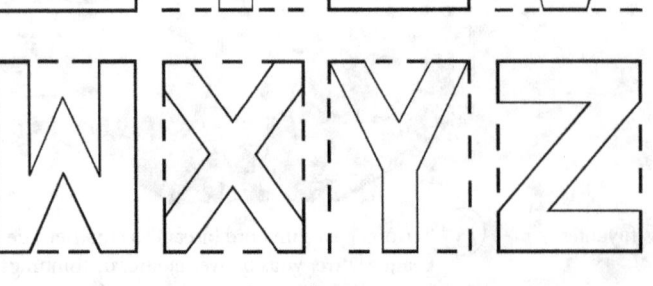

Vous ne savez pas comment faire une lettre en bloc?

1. Commencez par un bloc

2. Dessiner la lettre à l'intérieur de en utilisant les bords du bloc

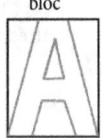

3. Effacer les bords qui ne font pas partie de la lettre

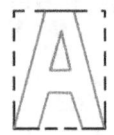

4. C'est tout - vous avez terminé !

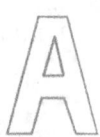

CONSEILS :
Dessiner d'abord tous vos blocs, puis dessiner les lettres à l'intérieur.

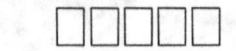

Lorsque vous dessinez un mot, ne pas oublier de laisser un petit espace entre chaque bloc.

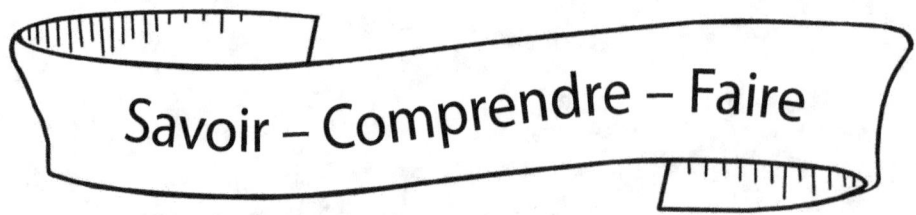

Savoir – Comprendre – Faire

DESSINER UN ICEBERG

SAVOIR :
Comment créer un sentiment de profondeur dans une œuvre d'art

COMPRENDRE :
- Le chevauchement et les différences de taille des objets dans une scène contribuent à créer l'illusion de la profondeur.
- Les objets dessinés qui semblent proches de nous sont grands et généralement proches du bas de la page. Les objets qui apparaissent plus loin de nous dans un dessin sont généralement petits et plus haut sur la page.

FAIRE :
Créer une œuvre d'art originale avec du chevauchement et de la profondeur en incluant au moins 3 icebergs de tailles différentes, des rides d'eau et une ligne d'horizon

VOCABULAIRE :
Ligne d'horizon - Ligne où l'eau ou la terre semble se terminer et où le ciel commence
Forme organique - Forme irrégulière que l'on peut trouver dans la nature
Perspective - Technique utilisée pour créer l'illusion du 3D sur une surface 2D. La perspective permet de créer une impression de profondeur ou d'espace en retrait.

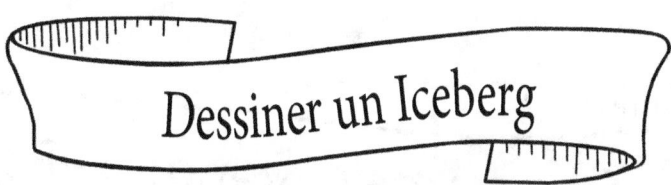

Dessiner un Iceberg

1. Commencer avec une forme organique

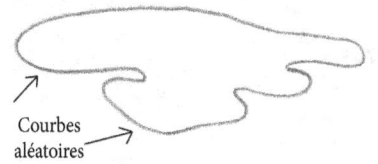

Courbes aléatoires

2. Ajouter des lignes verticales à chaque courbe descendante

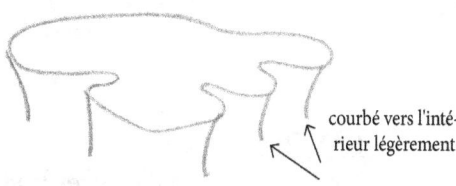

courbé vers l'intérieur légèrement

3. Connecter les lignes verticales que vous venez de faire avec une base courbée.

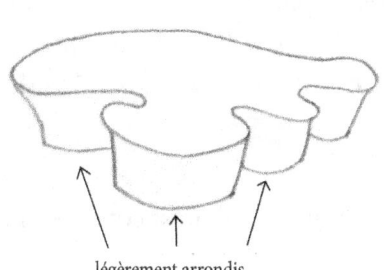

légèrement arrondis

4. Ajouter d'autres plus petites formes organiques plus haut sur la page

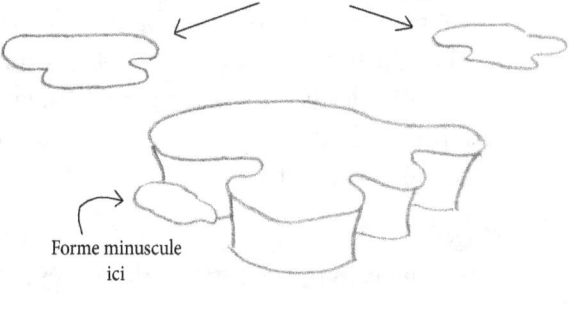

Forme minuscule ici

5. Relier les petites formes avec des lignes verticales

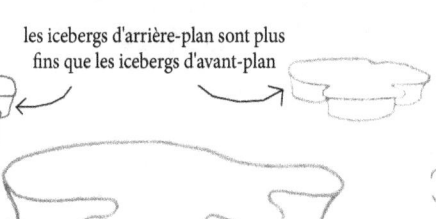

les icebergs d'arrière-plan sont plus fins que les icebergs d'avant-plan

6. Ombrer

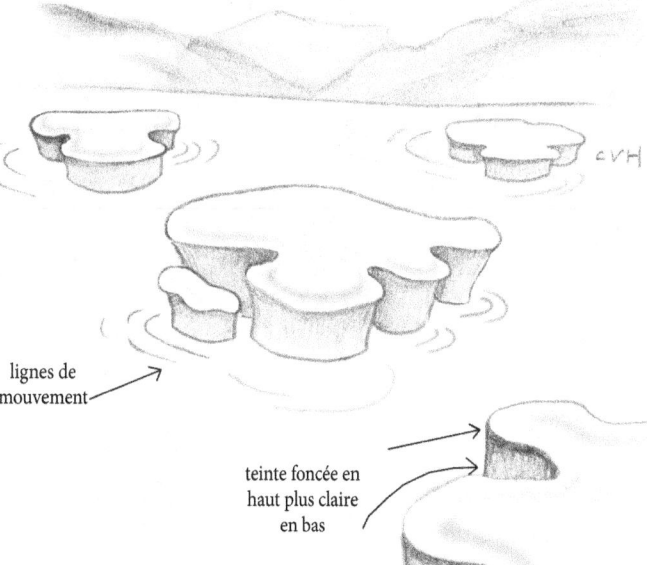

lignes de mouvement

teinte foncée en haut plus claire en bas

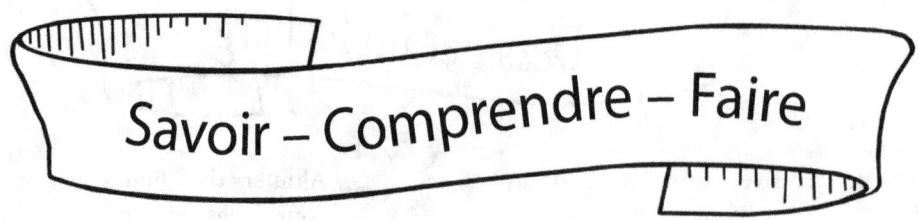

DESSINER 2 PLATINES

SAVOIR :
Une autre façon d'utiliser les lignes fuyantes et de créer un sentiment de profondeur dans une œuvre d'art

COMPRENDRE :
Les objets dessinés qui semblent être près de nous sont grands et généralement proches du bas de la page. Les objets qui apparaissent plus loin de nous dans un dessin sont petits et plus haut sur la page. Même des objets isolés peuvent montrer de la profondeur lorsque les parties « proches » sont dessinées en grand et les parties « éloignées » en petit.

FAIRE :
Créer une œuvre d'art originale représentant deux tables tournantes, comme indiqué dans le document

VOCABULAIRE :
Perspective - Technique utilisée pour créer l'illusion du 3D sur une surface 2D. La perspective permet de créer une impression de profondeur ou d'espace en retrait.

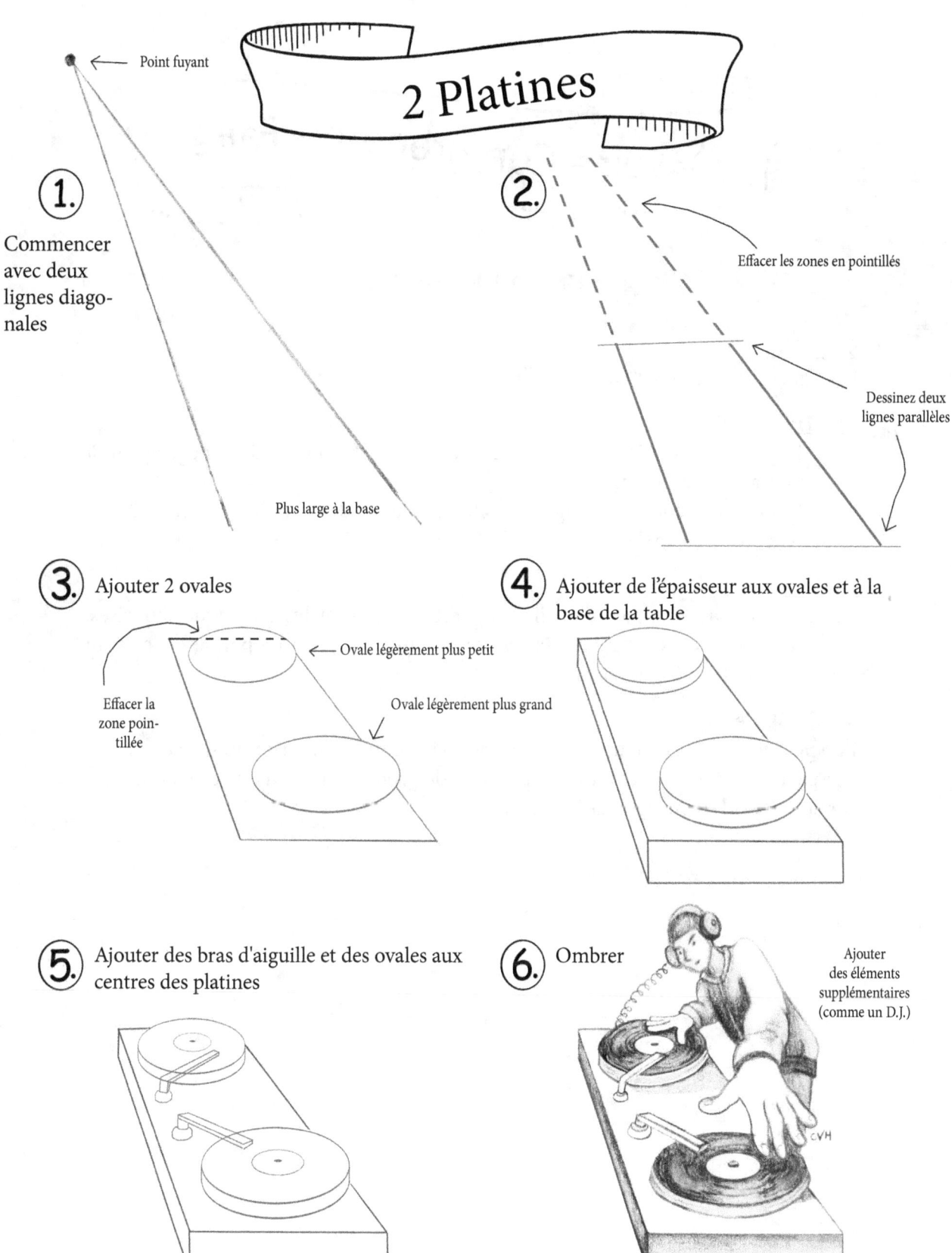

Point fuyant

2 Platines

1. Commencer avec deux lignes diagonales

Plus large à la base

2.

Effacer les zones en pointillés

Dessinez deux lignes parallèles

3. Ajouter 2 ovales

Effacer la zone pointillée

Ovale légèrement plus petit

Ovale légèrement plus grand

4. Ajouter de l'épaisseur aux ovales et à la base de la table

5. Ajouter des bras d'aiguille et des ovales aux centres des platines

6. Ombrer

Ajouter des éléments supplémentaires (comme un D.J.)

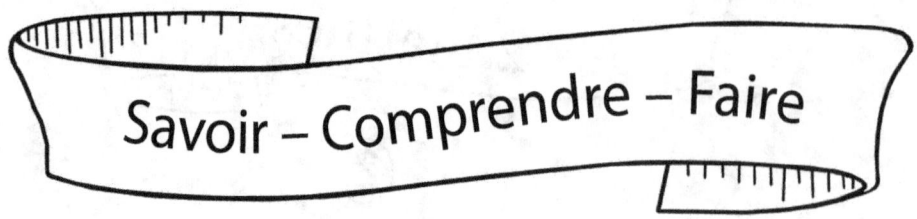

UN LIVRE OUVERT

SAVOIR :

Les lignes fuyantes aident à créer l'illusion de la profondeur

COMPRENDRE :

• La partie d'un objet dessiné qui est la plus proche du bas de la page apparaît plus grande que le reste.

• L'ajout d'une courbe aux lignes droites d'un objet dans un dessin crée de l'intérêt et du réalisme

FAIRE :

Créer une œuvre originale d'un livre ouvert en utilisant les techniques apprises. Ajouter des éléments supplémentaires comme une bougie, une plume d'oie et un encrier ou du texte sur les pages.

VOCABULAIRE :

Perspective - Technique utilisée pour créer l'illusion du 3D sur une surface 2D. La perspective permet de créer une impression de profondeur ou d'espace en retrait.
Ligne de recul - Une ligne qui recule dans l'espace

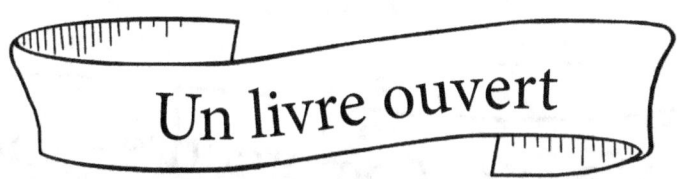

Un livre ouvert

1. Dessiner une ligne courbée avec une forme « d'oiseau volant » sur sa tête comme indiqué.

Plus long sur le côté

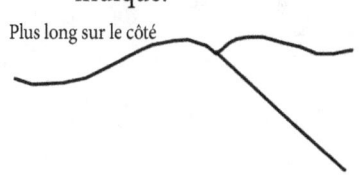

2. Ajouter une ligne légèrement diagonale à l'aile gauche.

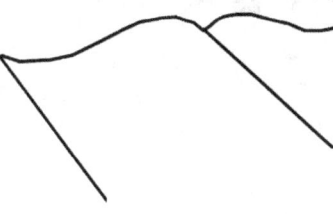

3. Transformer la ligne que vous venez de dessiner en rectangle. Noter que les lignes courtes de cette forme sont à un angle.

Le dessiner à un angle

4. Faire 2 courbes et une ligne pour indiquer le « coté éloigné » du livre. Ajouter une forme « d'oiseau volant » au bas de la forme comme vous l'avez fait à l'étape 2.

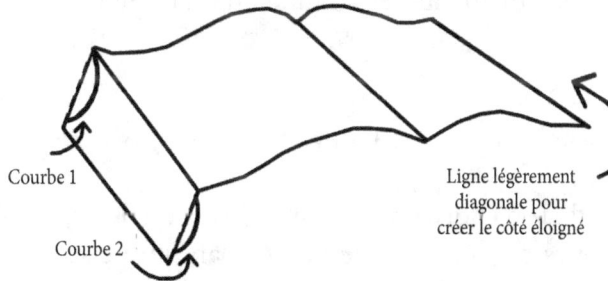

Courbe 1

Courbe 2

Ligne légèrement diagonale pour créer le côté éloigné

5. Ajouter une courbe au « côté éloigné » du livre et une ligne bossée à la base comme indiquée. Effacer la zone pointillée.

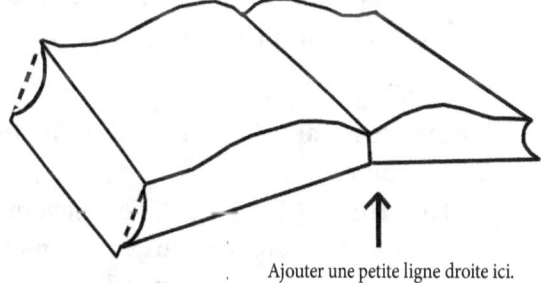

Ajouter une petite ligne droite ici.

6. Ajouter une couverture de livre à la partie inférieure du livre.

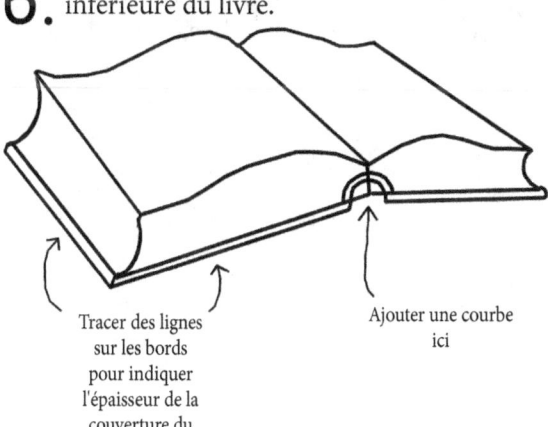

Tracer des lignes sur les bords pour indiquer l'épaisseur de la couverture du livre

Ajouter une courbe ici

7. Finalement, ajouter des lignes pour les pages. Ajouter des éléments supplémentaires pour le rendre plus intéressant.

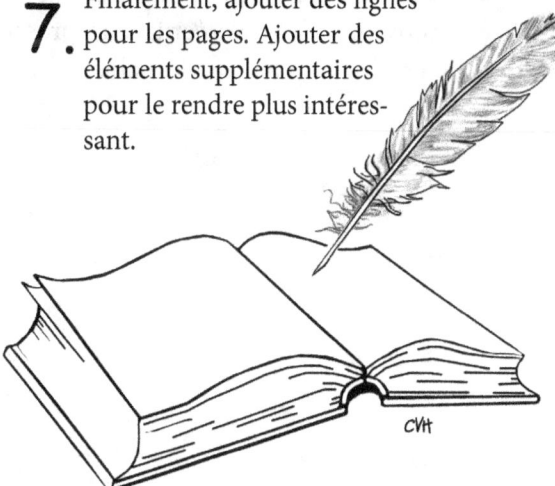

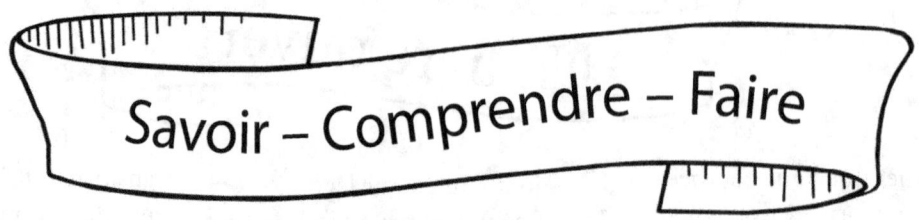

PORTES OUVERTES

SAVOIR :
Lignes verticales, Lignes parallèles

COMPRENDRE :
Dans la plupart des dessins d'architecture, les lignes verticales sont toutes parallèles ou les horizontales sont toutes parallèles. Il est rare que les deux types de lignes soient parfaitement parallèles et droites dans le même dessin. Dans ce cas, toutes les lignes verticales sont parfaitement droites et parallèles, mais pas les horizontales.

FAIRE :
Créer une œuvre d'art originale représentant des portes ouvertes en utilisant les techniques apprises. Ajouter des éléments supplémentaires comme un motif de volutes, des barres, des briques, etc.

VOCABULAIRE :
Dessins d'architecture - Dessins qui représentent des bâtiments construits par l'homme
Horizontal - Droit et plat en travers, parallèle à l'horizon. Le contraire est vertical.
Parallèle - Deux ou plusieurs lignes droites ou arêtes sur le même plan qui ne se croisent pas. Les lignes parallèles ont la même direction.
Perspective - Technique utilisée pour créer l'illusion du 3D sur une surface 2D. La perspective permet de créer une impression de profondeur ou d'espace en retrait.
Ligne verticale - La direction allant directement vers le haut et vers le bas.

Portails ouverts Raffinés
ou non

Utiliser une règle !

1. Commencer par un rectangle droit comme celui-ci

Coudé vers le bas ici

Coudé vers le haut ici

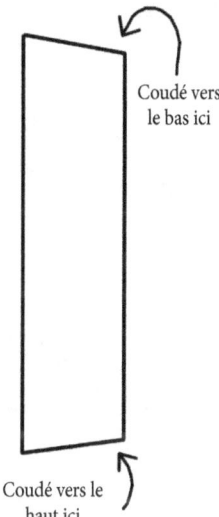

2. Répéter cette forme, mais cette fois-ci la faire une image miroir

Coudé vers le bas ici

Coudé vers le haut et le centre

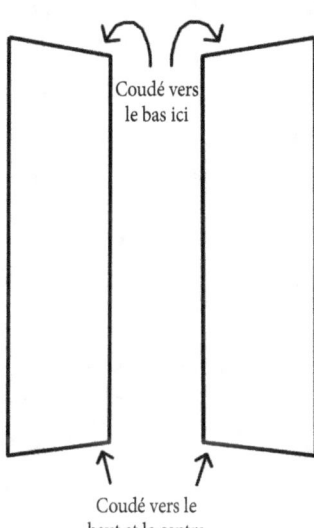

3. Ajouter un rectangle fin sur chaque côté et deux lignes à l'intérieur de chaque côté du portail (coudé vers le haut)

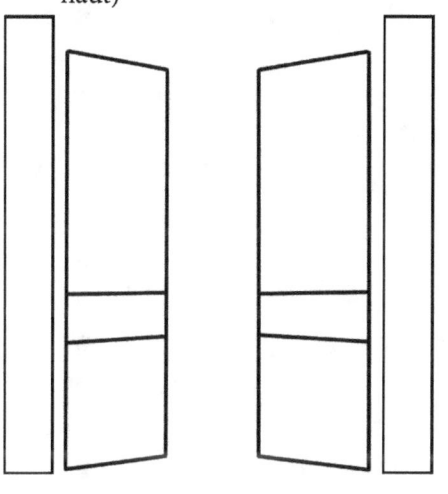

4. Ajouter des lignes parallèles qui sont proches les unes des autres à l'intérieur du portail.

Effacer l'intérieur ici

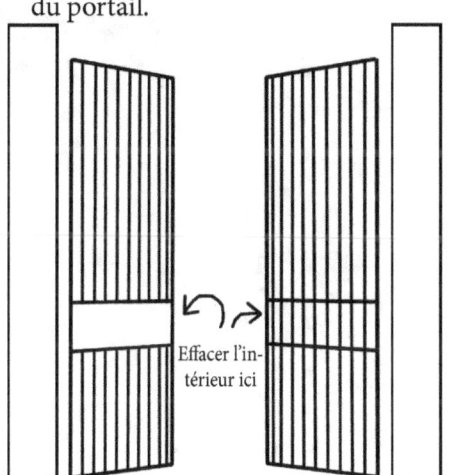

5. Ajouter des parchemins raffinés à l'intérieur du portail et au-dessus si vous voulez.

Utiliser votre imagination !

Ajouter quelques rectangles pour faire des briques à l'intérieur du pilier

Prolonger la clôture sur les deux côtés si vous avez de l'espace

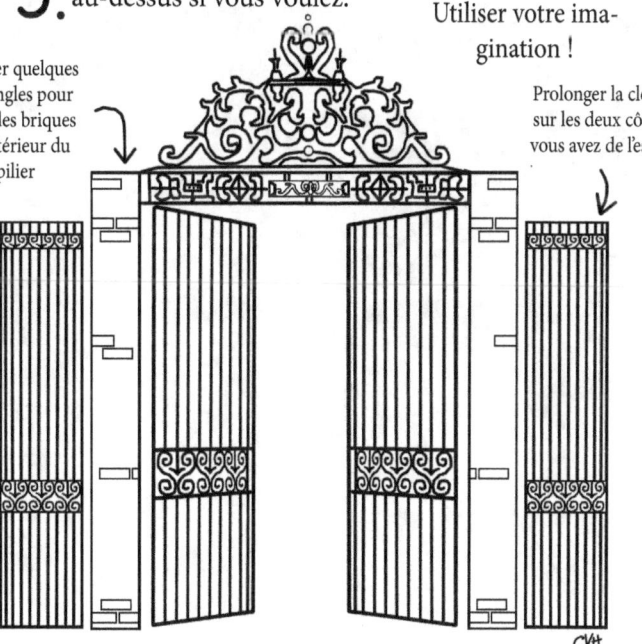

CVH

Chapitre 4

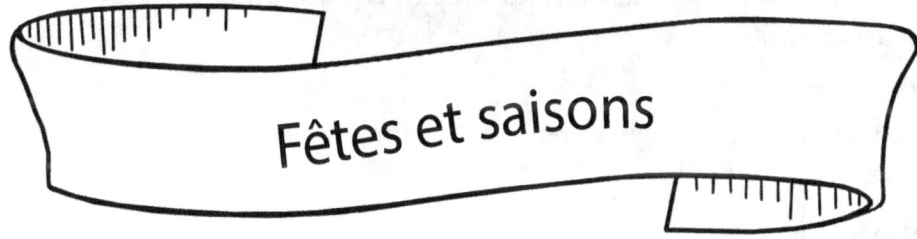

Fêtes et saisons

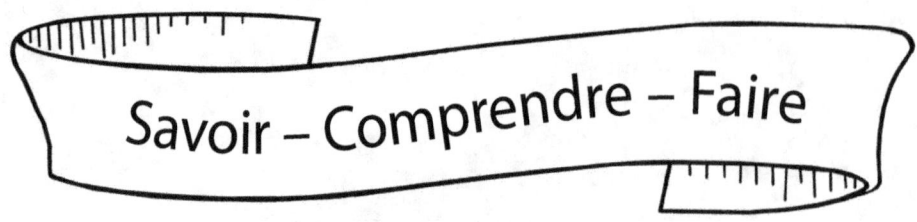

Savoir – Comprendre – Faire

VALENTINE
Cadenas en forme de cœur avec clé

SAVOIR :

Dessiner des objets vus sous différents angles peut rendre une œuvre plus intéressante.

COMPRENDRE :

- Comment ajouter de la profondeur à un objet dessiné et le rendre plus intéressant ?
- Comment prendre des formes simples et les transformer en éléments plus complexes ?

FAIRE :

Créer une œuvre d'art originale représentant une serrure en forme de cœur avec une clé au style archaïque.

VOCABULAIRE :

Profondeur - La troisième dimension. La distance apparente de l'avant à l'arrière ou du proche au lointain dans une œuvre d'art.

Perspective - Technique utilisée pour créer l'illusion du 3D sur une surface 2D. La perspective permet de créer une impression de profondeur ou d'espace en retrait.

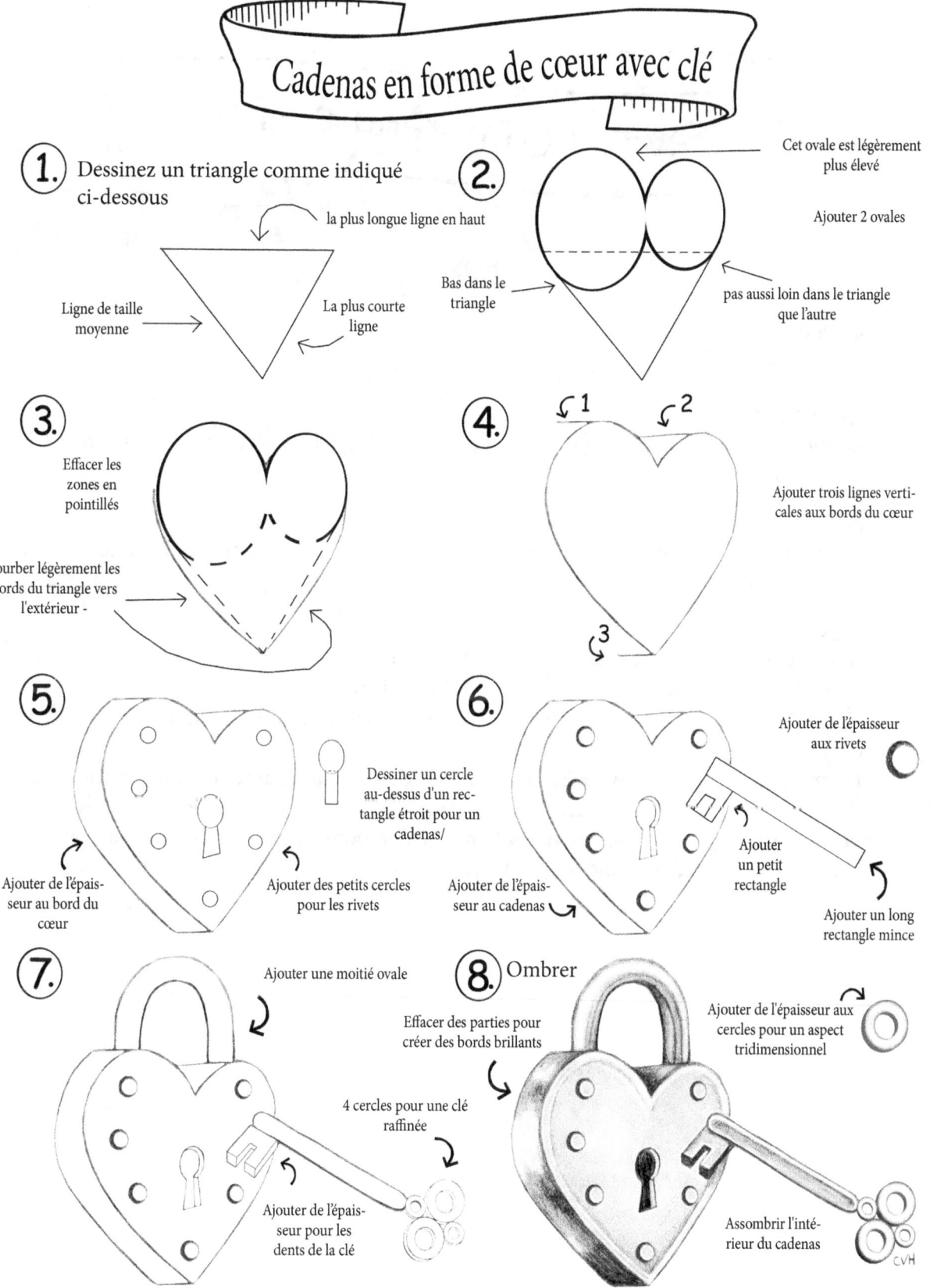

Cadenas en forme de cœur avec clé

1. Dessinez un triangle comme indiqué ci-dessous

la plus longue ligne en haut

Ligne de taille moyenne

La plus courte ligne

2.

Cet ovale est légèrement plus élevé

Ajouter 2 ovales

Bas dans le triangle

pas aussi loin dans le triangle que l'autre

3. Effacer les zones en pointillés

courber légèrement les bords du triangle vers l'extérieur -

4.

1

2

3

Ajouter trois lignes verticales aux bords du cœur

5.

Dessiner un cercle au-dessus d'un rectangle étroit pour un cadenas/

Ajouter de l'épaisseur au bord du cœur

Ajouter des petits cercles pour les rivets

6.

Ajouter de l'épaisseur aux rivets

Ajouter de l'épaisseur au cadenas

Ajouter un petit rectangle

Ajouter un long rectangle mince

7.

Ajouter une moitié ovale

Ajouter de l'épaisseur pour les dents de la clé

8. Ombrer

Effacer des parties pour créer des bords brillants

4 cercles pour une clé raffinée

Ajouter de l'épaisseur aux cercles pour un aspect tridimensionnel

Assombrir l'intérieur du cadenas

CVH

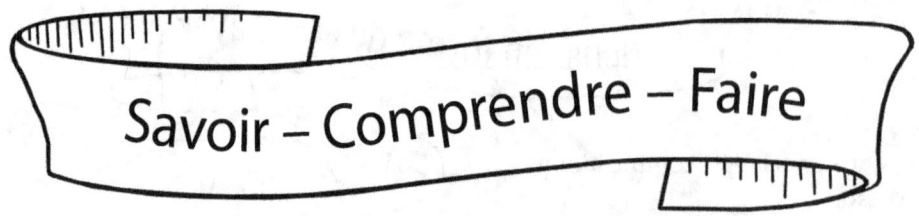

Savoir – Comprendre – Faire

ROSE

SAVOIR :
La différence entre les formes géométriques et organiques

COMPRENDRE :
La connexion d'une série de formes géométriques simples peut créer un objet complexe organique

FAIRE :
Créer une œuvre d'art originale représentant une rose en utilisant les techniques décrites

VOCABULAIRE :
Asymétrie - Un objet qui est différent des deux côtés.
Équilibre - Principe de conception, l'équilibre fait référence à la manière dont les éléments artistiques sont disposés pour créer un sentiment de stabilité dans une œuvre.
Forme géométrique - Toute forme ayant un dessin plus mathématique qu'organique. Les dessins géométriques sont généralement réalisés avec des lignes droites.
Forme organique - Une forme irrégulière que l'on pourrait trouver dans la nature, plutôt qu'une forme mécanique ou angulaire.

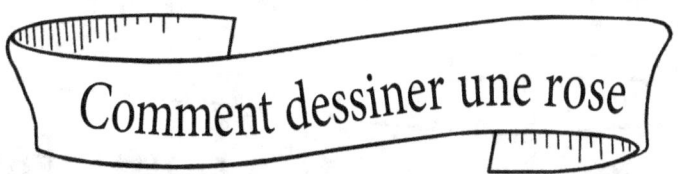

Comment dessiner une rose

1. Dessiner légèrement un petit ovale au-dessus d'un grand cercle.

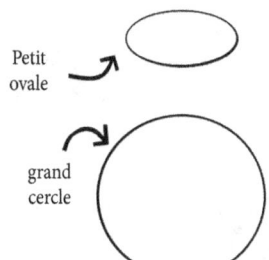

Petit ovale

grand cercle

2. Relier les formes avec 2 lignes angulaires

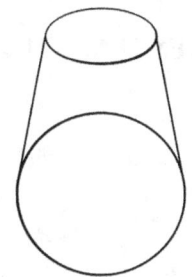

3. Ajouter une ligne diagonale/ courbée comme indiquée ci-dessous

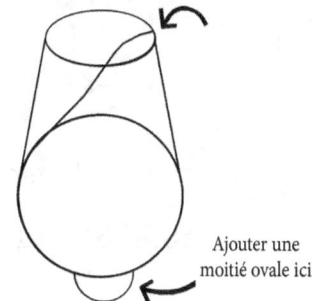

Ajouter une moitié ovale ici

4. Effacer les zones pointillés

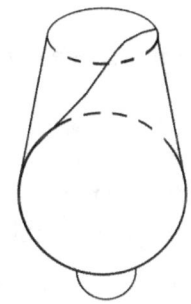

5. Ajouter une courbe

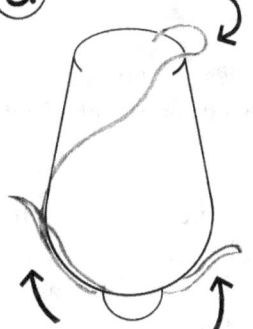

Ajouter 2 feuilles de base

6. Connecter la courbe avec 2 lignes

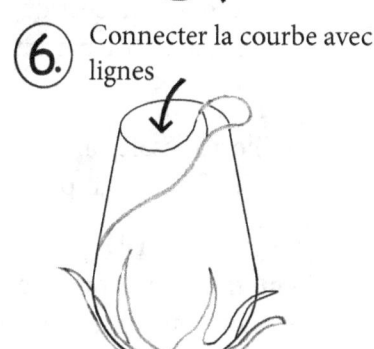

Ajouter 3 autres feuilles de base

7. Ajouter un petit ovale ici

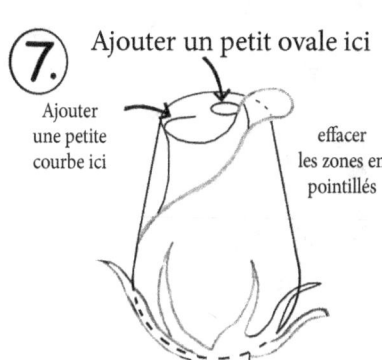

Ajouter une petite courbe ici

effacer les zones en pointillés

8. Ajouter une autre pétale

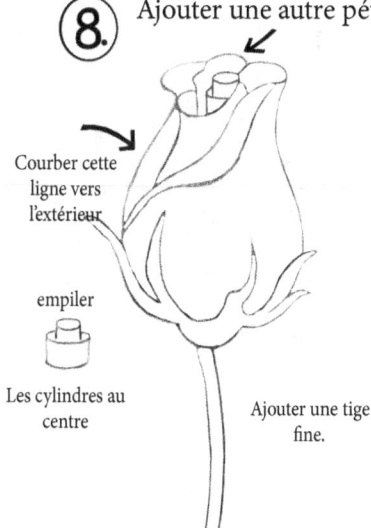

Courber cette ligne vers l'extérieur

empiler

Les cylindres au centre

Ajouter une tige fine.

9. Ombrer

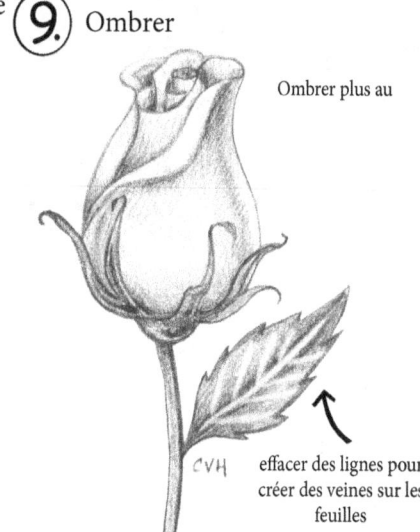

Ombrer plus au

CVH

effacer des lignes pour créer des veines sur les feuilles

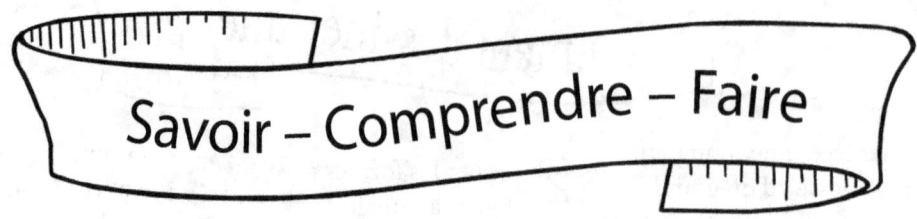

CYGNES D'AMOUR

SAVOIR :
•   Symétrie miroir

COMPRENDRE :
•   On parle de symétrie en miroir lorsque les parties d'une image ou d'un objet sont organisées de telle sorte qu'un côté duplique (reflète) l'autre.
•   La symétrie parfaite est rarement présente dans la nature.

FAIRE :
Les élèves essaieront de créer un dessin symétrique de « cygnes d'amour » en utilisant des formes simples et les conseils et astuces fournis.

VOCABULAIRE :
Symétrie du miroir - Les parties d'une image ou d'un objet organisées de manière à ce qu'un côté duplique, ou reflète, l'autre. Également connue sous le nom d'équilibre formel, son opposé est l'asymétrie ou l'équilibre asymétrique.
La symétrie fait partie des dix classes de motifs.

Quoi que vous fassiez d'un côté, essayer de le répliquer de l'autre côté.

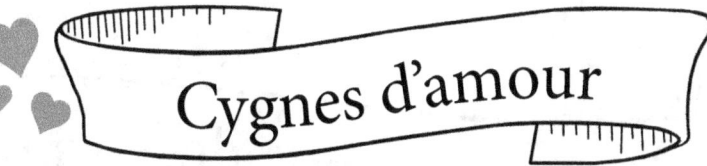

Cygnes d'amour

Avec la symétrie en miroir

1. Commencer avec deux ovales qui se touchent presque complètement

2. À peu près 2/3 de la longueur, dessiner une ligne qui traverse les ovales

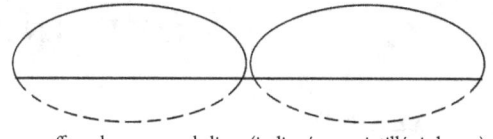

effacer la zone sous la ligne (indiquée en pointillé ci-dessus)

3. Ajouter des queues de triangle aux deux côtés

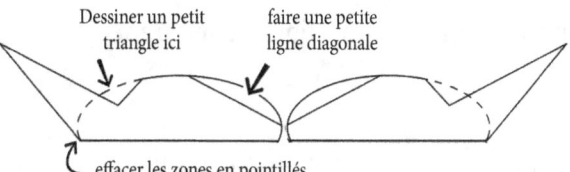

Dessiner un petit triangle ici

faire une petite ligne diagonale

effacer les zones en pointillés

4. Dessiner un cercle touchant les diagonales

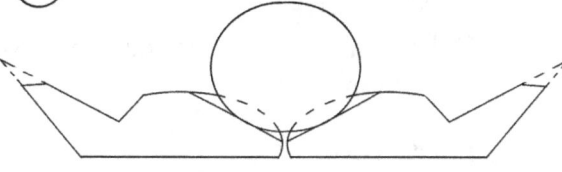

effacer les zones en pointillés

5.

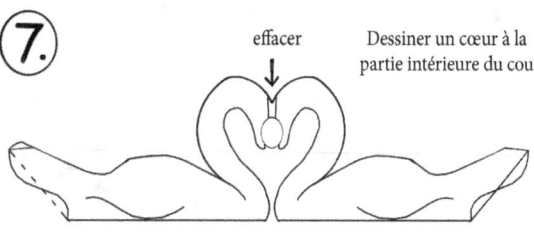

Dessiner une forme de mouette

Arrondir ce triangle

effacer les zones en pointillés

6. Ajouter un petit ovale et un rectangle au centre

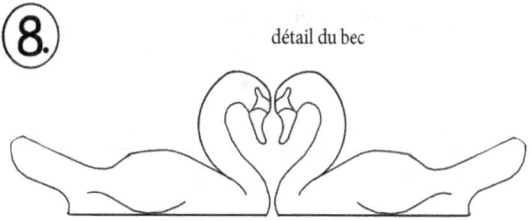

Dessiner une forme de « S » allongée

Ajouter une aile

7.

effacer

Dessiner un cœur à la partie intérieure du cou

8.

détail du bec

9. Ombrer

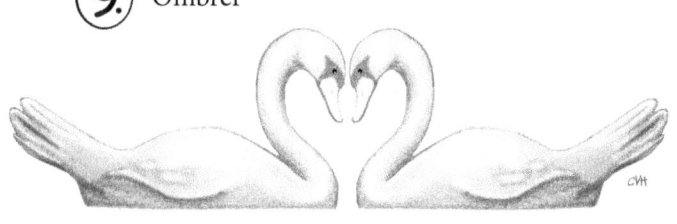

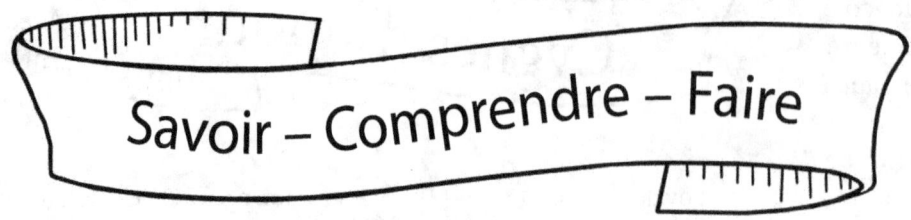

COEUR EN FIL DE FER BARBELE

SAVOIR :

En reliant quelques formes géométriques simples, on peut créer un objet plus complexe

COMPRENDRE :

Utilisation de techniques de superposition pour donner à une figure l'apparence d'une forme

FAIRE :

Créer un dessin original de cœur enveloppé dans du fil barbelé. Utiliser des lignes courbées et superposées sur le dessus du cœur pour donner l'illusion d'un « enveloppement » et d'une profondeur.

VOCABULAIRE :

Forme - Un élément de l'art qui est tridimensionnel (hauteur, largeur et profondeur) et qui renferme un volume.

Chevauchement - Lorsqu'une chose se trouve au-dessus d'une autre, la recouvre partiellement. La représentation de ce phénomène est l'un des moyens les plus importants pour donner une illusion de profondeur. (Parmi les autres moyens, citons la variation des tailles et le placement sur un plan en retrait, ainsi que la perspective linéaire et aérienne).

Coeur en fil de fer barbelé

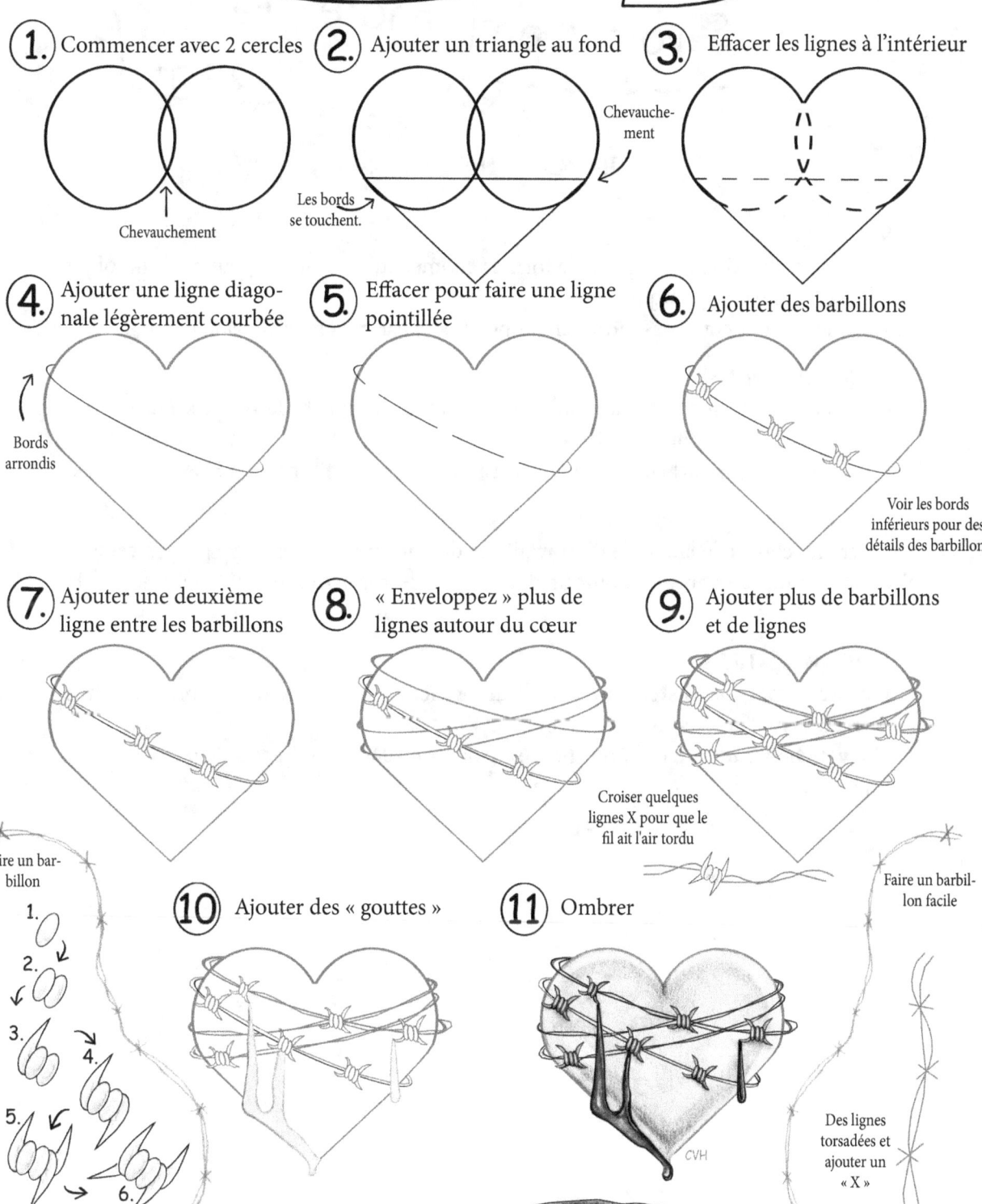

1. Commencer avec 2 cercles

Chevauchement

2. Ajouter un triangle au fond

Les bords se touchent.

Chevauche- ment

3. Effacer les lignes à l'intérieur

4. Ajouter une ligne diago- nale légèrement courbée

Bords arrondis

5. Effacer pour faire une ligne pointillée

6. Ajouter des barbillons

Voir les bords inférieurs pour des détails des barbillons

7. Ajouter une deuxième ligne entre les barbillons

8. « Enveloppez » plus de lignes autour du cœur

Croiser quelques lignes X pour que le fil ait l'air tordu

9. Ajouter plus de barbillons et de lignes

Faire un bar- billon

1.

2.

3.

4.

5.

6.

10 Ajouter des « gouttes »

11 Ombrer

CVH

Faire un barbil- lon facile

Des lignes torsadées et ajouter un « X »

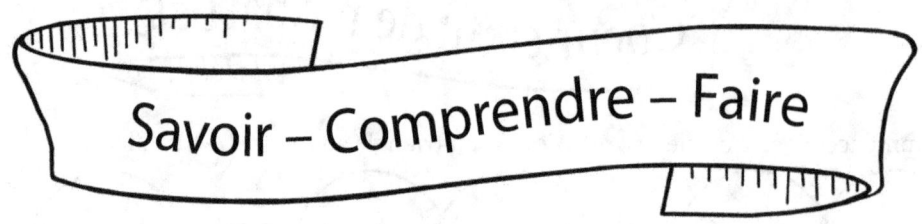

Savoir – Comprendre – Faire

PARCHEMIN ET ROSE

SAVOIR :
- La connexion d'une série de formes géométriques simples peut créer un objet complexe (organique).
- Les lignes courbées indiquent la perspective à travers le chevauchement

COMPRENDRE :
- Le chevauchement et les différences de taille des objets dans une scène contribuent à créer l'illusion de la profondeur.
- L'ombrage à fort contraste donne l'apparence d'une forme en 3D

FAIRE:
Suivre les étapes de la feuille de travaille ci-dessous pour créer votre propre version d'une bannière s'enroulant autour d'une fleur de rose. Ajouter un message sur la bannière et l'ombrer.

VOCABULAIRE :
Ombres à fort contraste - Une grande différence entre les valeurs sombres et claires d'une œuvre d'art (moins de tons moyens)
Chevauchement - Quand une chose se trouve au-dessus ou recouvre partiellement une autre.

Parchemin et rose

1. Commencer par une spirale

2. Ajouter une base (elle ressemble à un verre de vin)

3. Ajouter des « ailes »

4. Rendre les ailes plus épaisses

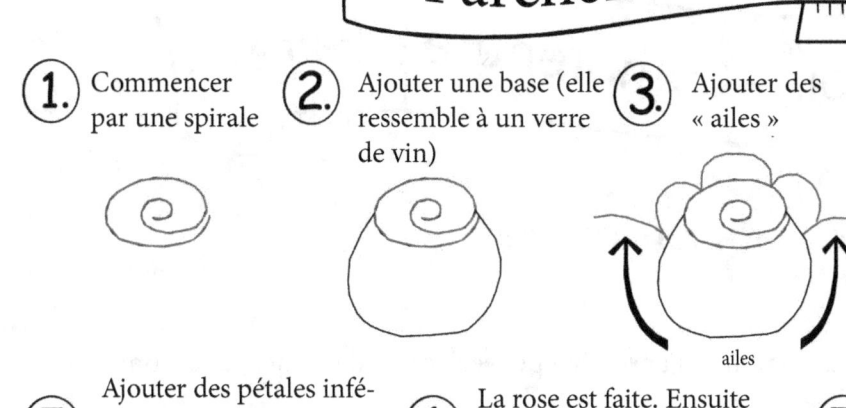

ailes

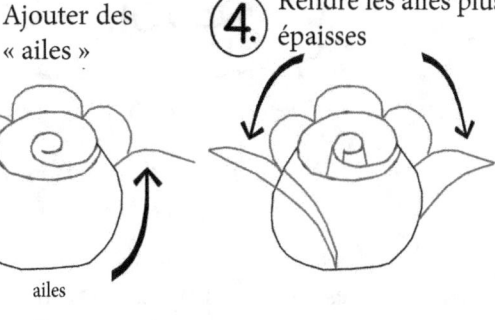

5. Ajouter des pétales inférieurs courbés et un bout de tige

6. La rose est faite. Ensuite commencer à faire le parchemin

7. Des lignes verticales de chaque courbe

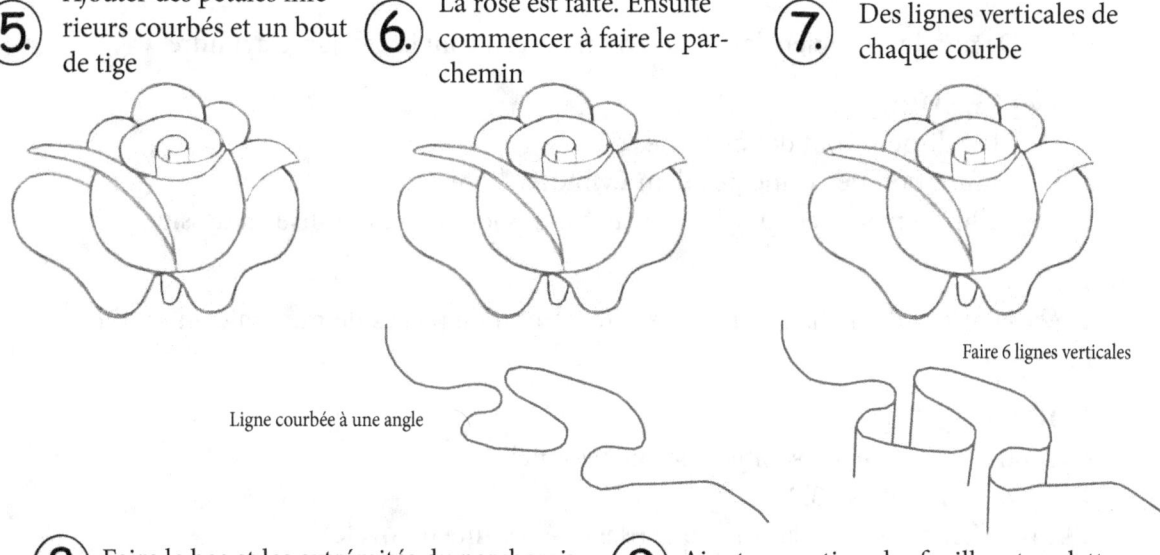

Ligne courbée à une angle

Faire 6 lignes verticales

8. Faire le bas et les extrémités du parchemin

9. Ajouter une tige, des feuilles et un lettrage

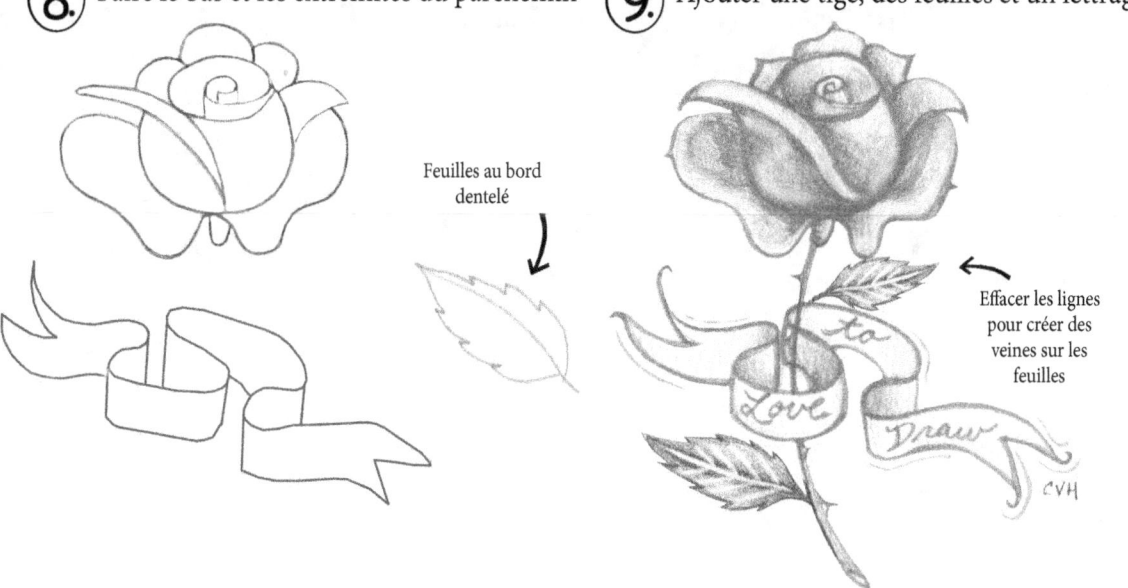

Feuilles au bord dentelé

Effacer les lignes pour créer des veines sur les feuilles

Love to Draw

CVH

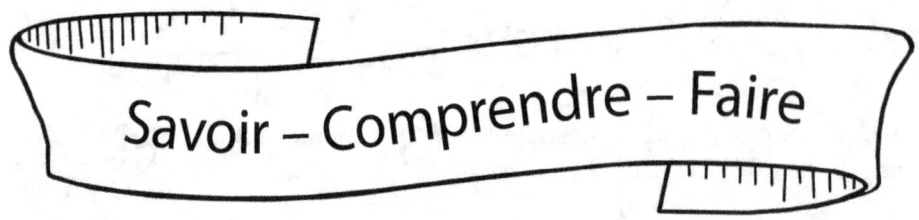

Savoir – Comprendre – Faire

CHAUDRON D'OR

SAVOIR :
- Des formes simples combinées ensemble peuvent créer des objets plus complexes
- De nombreux objets (artificiels ou naturels) sont basés sur le cylindre.

COMPRENDRE :
- Les disques sont des cylindres courts
- L'utilisation des principes d'un cylindre (base arrondie et sommet en forme d'ellipse) peut créer une variété de formes lorsqu'il est utilisé en dessin.

FAIRE :
Créer l'illusion d'un chaudron d'or en 3D rempli de pièces de monnaie en or. Ombrer.

VOCABULAIRE :
Cylindre - Un tube qui semble tridimensionnel
Disque - Un ovale en 3D
Ellipse - Un cercle vu sous un angle (dessiné comme un ovale)

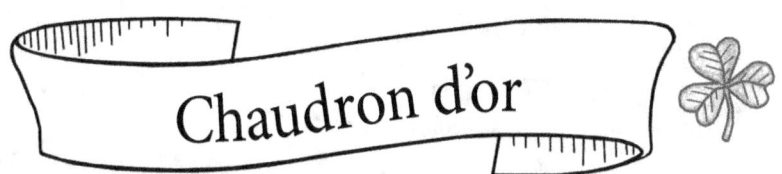

Chaudron d'or

1. Commencer par un ovale.

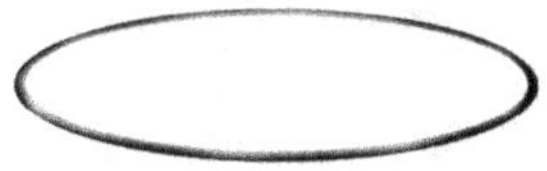

2. Ajouter le fond d'un cercle

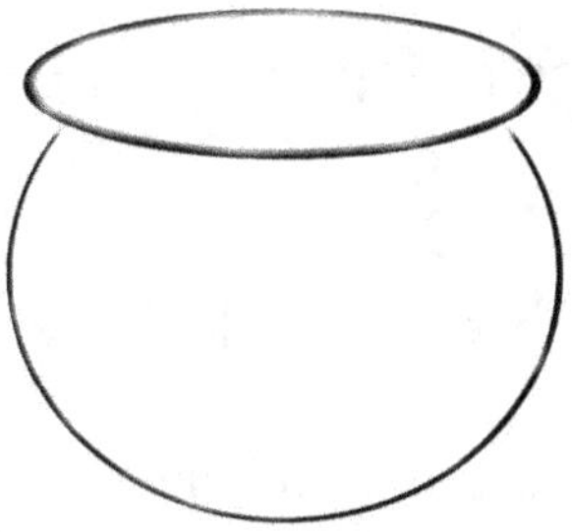

3. Tracer le fond de l'ovale pour le donner de l'épaisseur

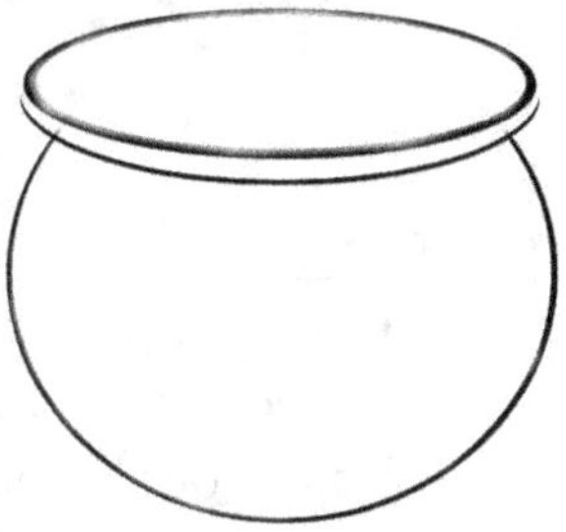

4. Ajouter l'épaisseur de la jante intérieure en haut

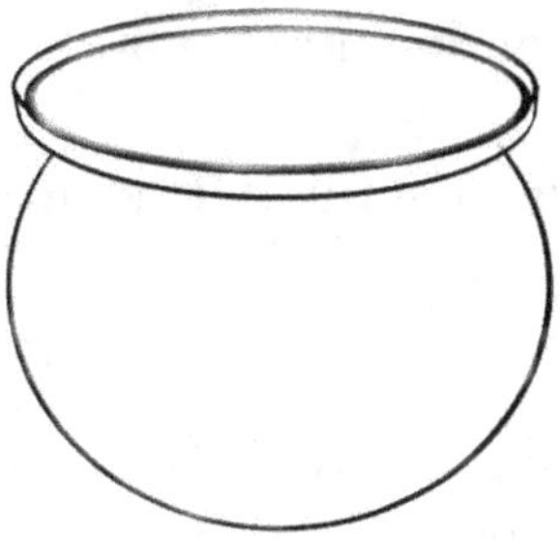

5.
petit cercle

pieds

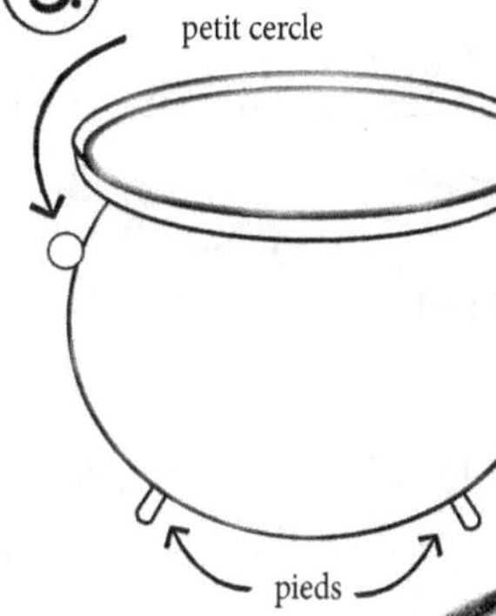

6.
Pièce 3-D

Ajouter une manche courbée

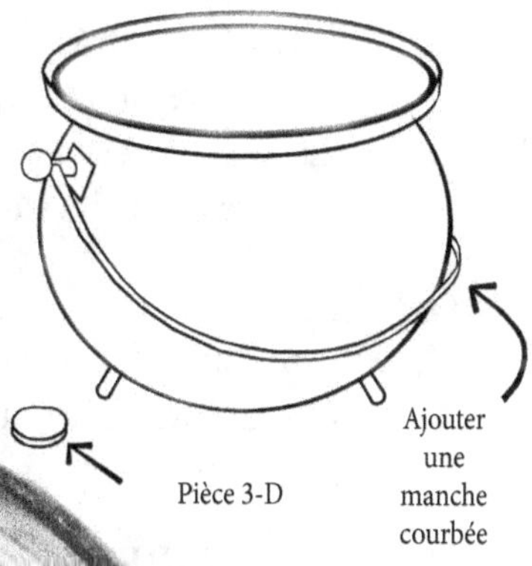

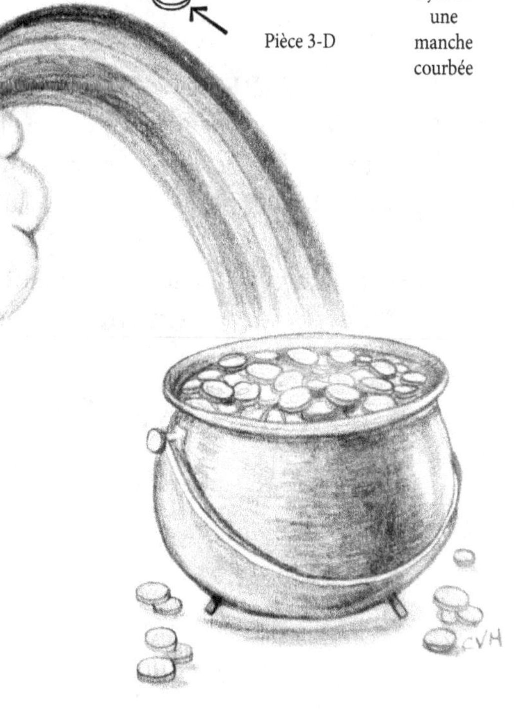

2 façons pour faire une pièce de monnaie en 3D

Essayez les deux pour voir quelle méthode vous conviennent le mieux

1. Ovale

2. Ajouter un autre

3. Effacer la zone en pointillés

4. Ajouter des détails

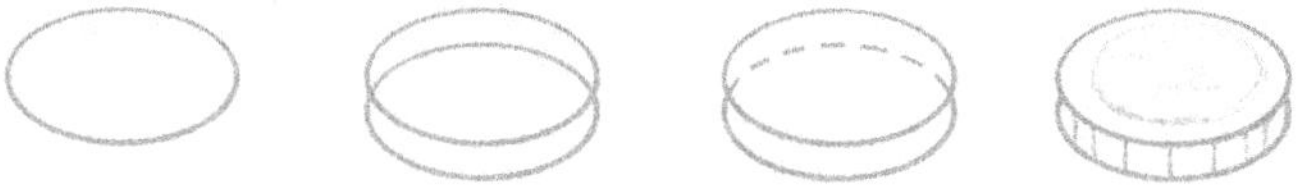

OU

1. Ovale

2. Ajouter 2 lignes

3. Connecter

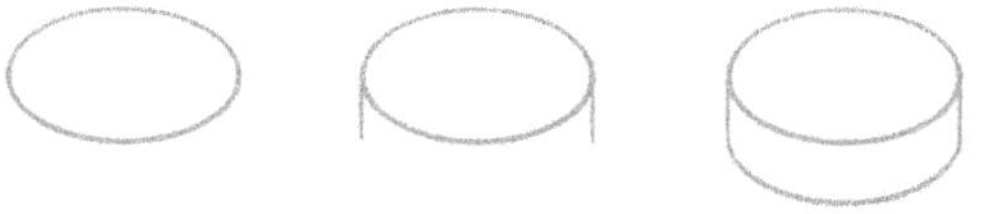

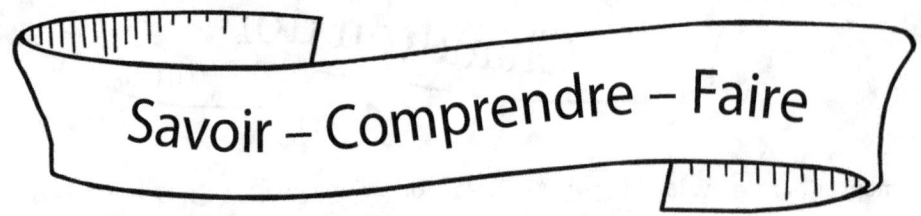

Savoir – Comprendre – Faire

DES TRUCS COOL POUR LE PÂQUES

SAVOIR :
- Des formes simples combinées ensemble peuvent créer des objets complexes
- La section transversale d'un cône peut créer un vaisseau
- L'ajout des hachures à l'intérieur d'un objet délimité lui donne de la forme, du volume et de l'ombre.

COMPRENDRE :
- Technique des « hachures » et des « contre-hachures » pour montrer l'ombre, la texture ou la forme d'un objet.
- La texture est utilisée par les artistes pour montrer comment un objet peut être ressenti ou de quoi il est fait.

FAIRE :
Créer une œuvre d'art comprenant les objets décrits sur la feuille de travail. Ajouter des éléments supplémentaires. Essayer d'utiliser hachures pour obtenir de la texture et de l'ombrage.

VOCABULAIRE :
Cône - Deux lignes au bord d'une ellipse qui finissent par se rejoindre.
Hachure - Une série de lignes parallèles étroitement espacées. Lorsque plusieurs lignes sont placées à un angle sur le dessus de ces lignes, cela s'appelle des contre-hachures.
Texture - La nature tactile d'un objet dans une œuvre d'art
Volume - L'espace à l'intérieur d'une forme

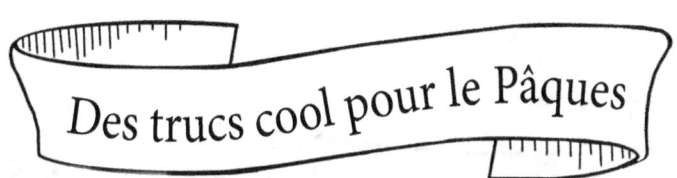

Des trucs cool pour le Pâques

(1.) Commencer par un ovale

(2.) Ajouter un autre ovale qui se chevauche

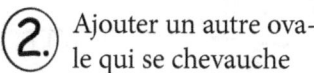

Effacer la zone en pointillé

(3.) Ajouter 2 petits 1/2 cercles à la base

(4.) Ajouter le bec triangulaire

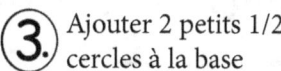

Effacer

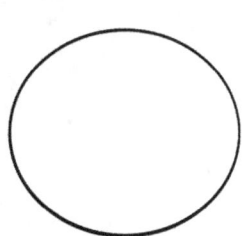

(5.) Ajouter un œil et 2 pattes fines

(6.) Ajouter 3 orteils sur chaque pied

(7.) Rendre les bords extérieurs « fluides » avec des lignes de hachures

(8.) Ombrer

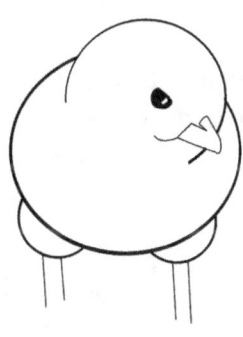

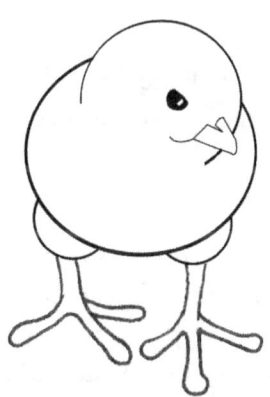

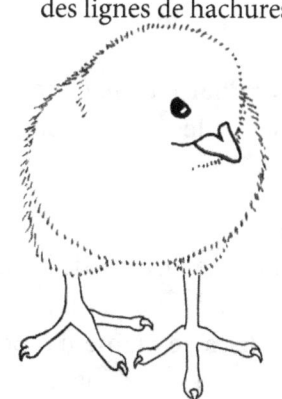

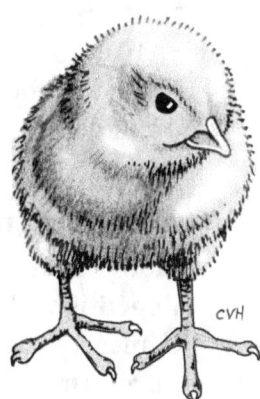

(1.) Commencer avec 2 ovales

Panier de Pâques

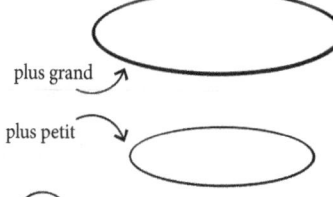

plus grand

plus petit

(2.) Connecter les côtés

(3.)

Ajouter 1/2 ovale pour la poignée

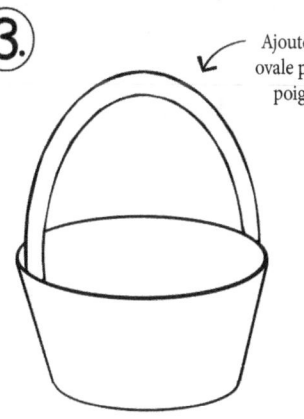

(4.) Ombre

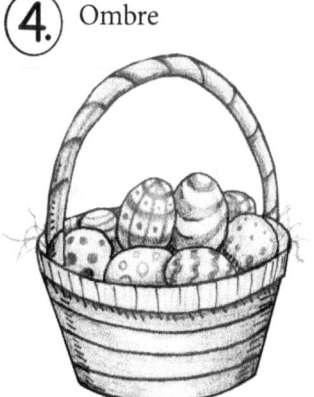

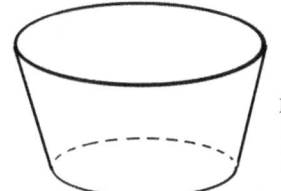

Effacer la zone en pointillé

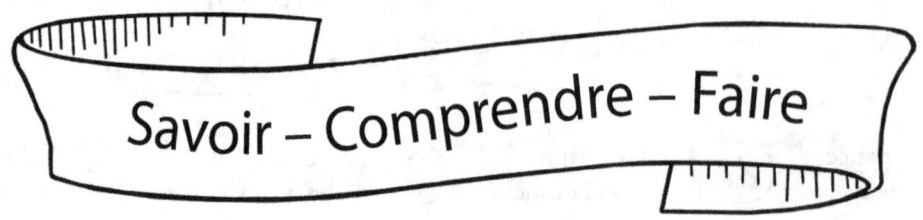

ŒUFS DE PÂQUES

SAVOIR :

Prendre une figure et la transformer en une forme en ajoutant des lignes de contour, des motifs et des ombres

COMPRENDRE :

Technique consistant à « envelopper » des lignes et des motifs autour d'un objet pour qu'il apparaisse en 3D.

FAIRE :

Créer un motif original « enveloppé » autour d'une forme pour créer une forme d'œuf de fête. Essayer de créer un panier d'œufs comme celui présenté dans le document.

VOCABULAIRE :

Motif - La répétition de formes, de lignes ou de couleurs dans un dessin.
Répétition - Une façon de combiner des éléments de l'art de sorte que les mêmes éléments soient utilisés de manière répétée
Enroulement - L'apparence de quelque chose qui s'enroule autour d'un autre objet.

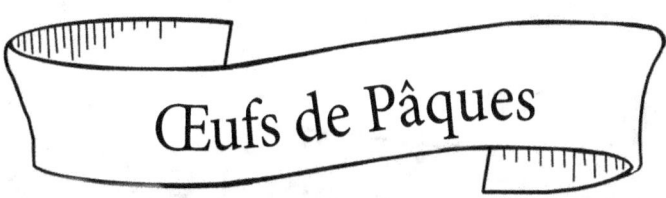

Œufs de Pâques

1. Commencer par une forme d'œuf de base

2. Ajouter des lignes courbes pour montrer la profondeur

3. Ajouter une décoration ou un motif

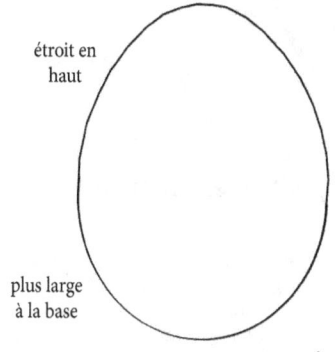

étroit en haut

plus large à la base

ou essayez ceux-ci…

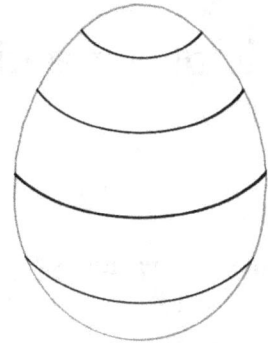

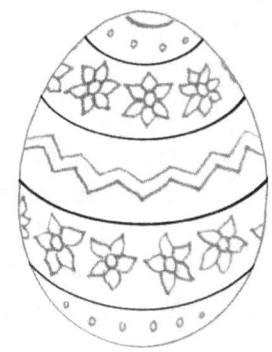

Ajouter de la couleur ou de l'ombre

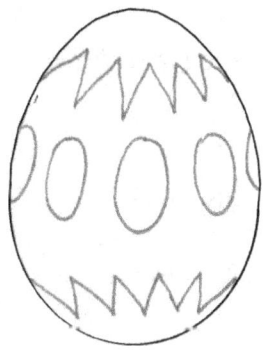

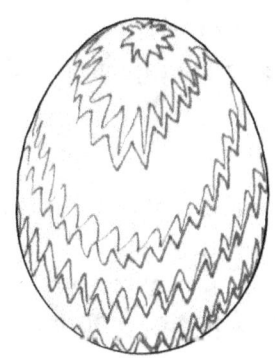

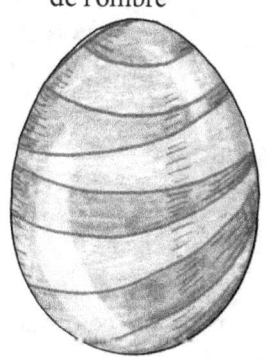

PANIER D'ŒUFS

Commencer par deux œufs

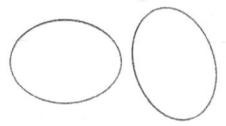

Ajouter plus . . .

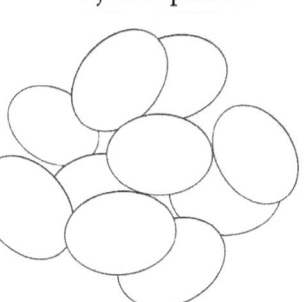

Décorer et ombrer

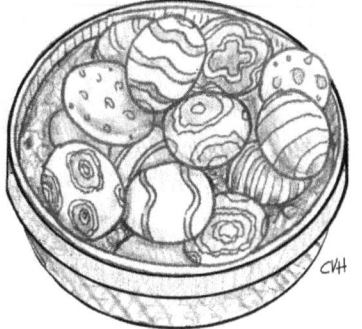

Ajoutez-en plus en dessous d'eux

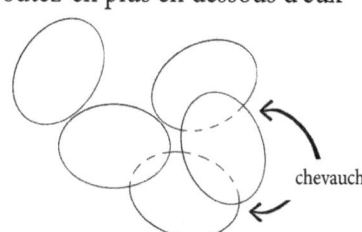

chevauchement

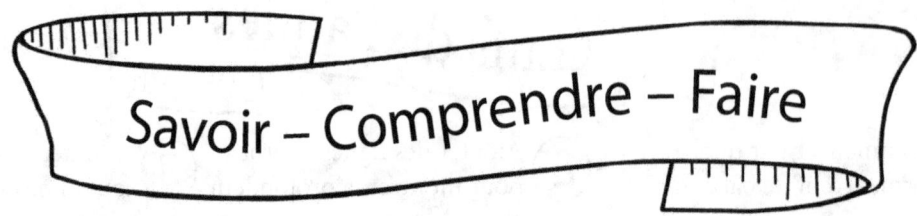

TULIPE DE PRINTEMPS

SAVOIR :
- La connexion d'une série de formes géométriques simples peut créer un objet complexe (organique).
- La différence entre les formes géométriques et organiques
- La ligne peut indiquer la perspective par le chevauchement

COMPRENDRE :
- Le chevauchement et les différences de taille des objets dans une scène contribuent à créer l'illusion de la profondeur.
- L'ombrage à fort contraste donne l'apparence d'une forme et de la tridimensionnalité

DO :
Dessiner votre version d'un bouquet de tulipes de printemps en utilisant les conseils et astuces fournis. Dessiner au moins 3 fleurs. Ajouter quelque chose que vous ne voyez pas sur la feuille de travail pour rendre votre œuvre unique (par exemple, un vase, des tiges attachées par un ruban, etc. Ombrer.

VOCABULAIRE :
Ombres à fort contraste - Une grande différence entre les valeurs sombres et claires d'une œuvre d'art (moins de tons moyens)

Chevauchement - Quand une chose se trouve au-dessus ou recouvre partiellement une autre.

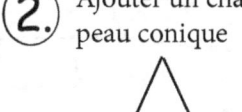

Tulipes de printemps

1. Commencer par une forme circulaire

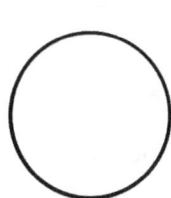

2. Ajouter un chapeau conique

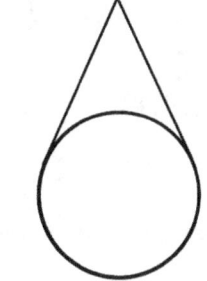

3. Effacer la partie supérieure du cercle

Effacer la zone en pointillé

Cela ressemble à une goutte de pluie !

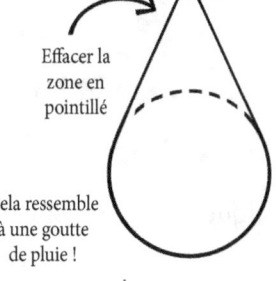

4. Ajouter une autre goutte de pluie

dessinez celle-là à un angle

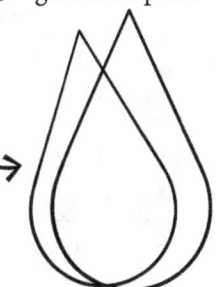

5. Effacer la zone à l'intérieur de la première goutte de pluie

Effacer la zone en pointillé

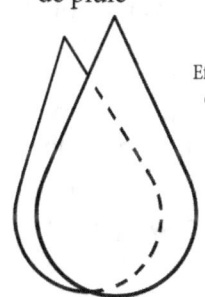

6. Ajoutez une autre « goutte de pluie »

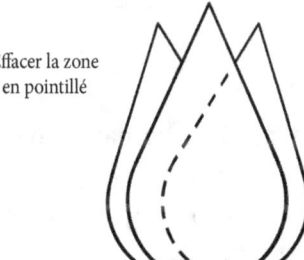

7. Cela ressemble à une goutte de pluie !

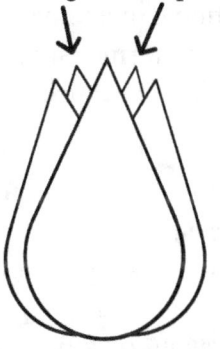

8. Ajouter des lignes courbes pour les pistils

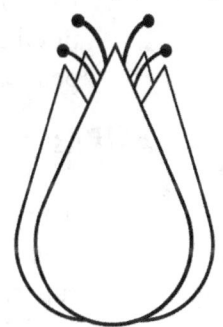

9. Ajouter 1/2 cercle pour la base de la tige

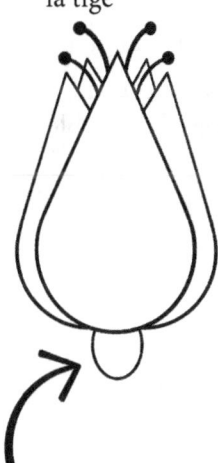

10. Ajouter 2 lignes pour la tige

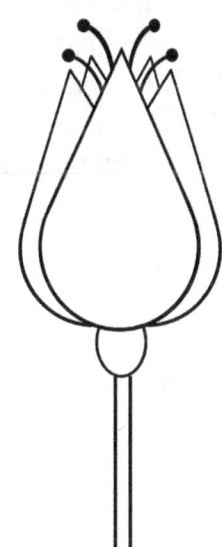

11. Ajoutez une feuille en angle

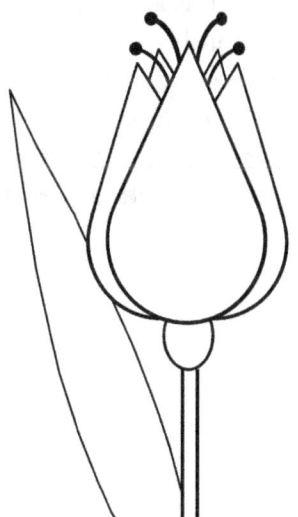

12. Ombrer

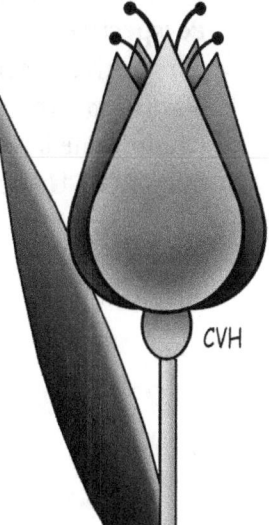

CVH

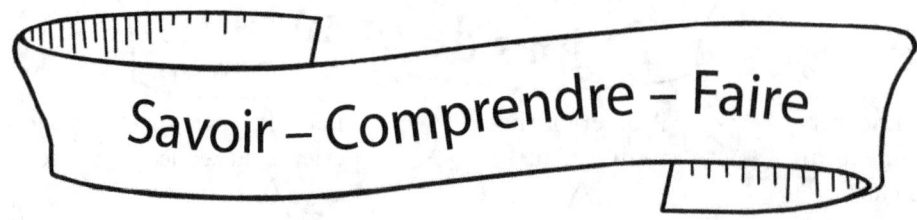

FLEUR DE CERISIER

SAVOIR :
Équilibre, forme organique, motif, perspective, répétition, symétrie/asymétrie

COMPRENDRE :
- La superposition de formes simples peut être la première étape de la création de formes complexes.
- La simplification d'une œuvre d'art consiste à décomposer les principales parties d'un objet en formes simples. Une fois les formes simples découvertes, on peut ajouter plus de détails.

FAIRE :
- Suivre les étapes fournies pour créer un dessin original de nature morte de fleurs de cerisier.
- Commencer par des lignes de contour et des formes géométriques simples et superposez-les si nécessaire pour créer du réalisme
- Ombrer au crayon (ou aux crayons d'aquarelle et les utiliser comme indiqué).

VOCABULAIRE :
Organique - Une forme irrégulière que l'on peut trouver dans la nature, plutôt qu'une forme régulière et mécanique.
Perspective - Technique utilisée pour créer l'illusion du 3D sur une surface 2D. La perspective permet de créer une impression de profondeur ou d'espace en retrait.
Nature morte - Dessin, peinture ou photo d'objets inanimés placés sur une table (traditionnellement des récipients, des fruits, des légumes, etc.)
Symétrie - Un objet qui est identique des deux côtés

Fleurs de cérisier

1. Commencer avec un zig-zag « Z » orienté vers l'arrière

Dessinez cela légèrement. Il s'agit d'une ligne directrice et sera finalement effacée.

2. Ajouter un petit cercle à chaque angle

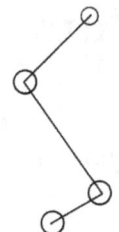

3. Donner de l'épaisseur au baton en ajoutant des lignes sur les deux côtés.

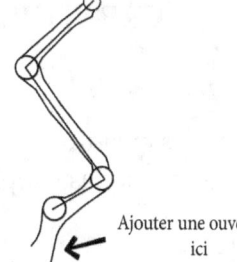

Ajouter une ouverture ici

4. Effacer le centre en pointillé (des guides originaux)

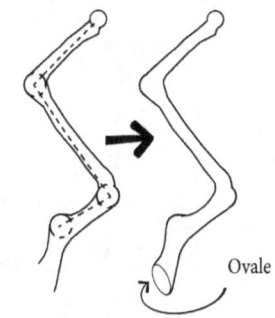

Ovale

5. Ajouter un cercle de guidage pour la 1ère fleur

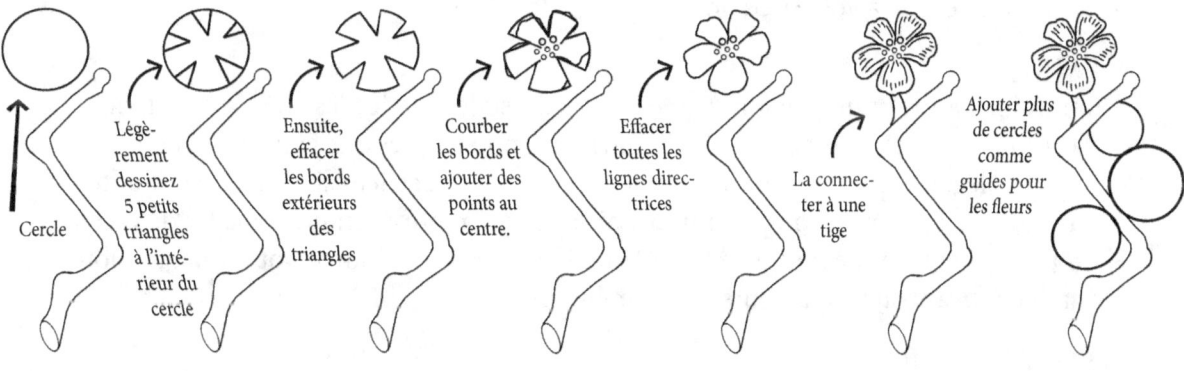

Cercle

Légèrement dessinez 5 petits triangles à l'intérieur du cercle

Ensuite, effacer les bords extérieurs des triangles

Courber les bords et ajouter des points au centre.

Effacer toutes les lignes directrices

La connecter à une tige

6. Ajoutez les détails des pétales

Ajouter plus de cercles comme guides pour les fleurs

7. Transformer les cercles en fleurs

8. Ajouter des bourgeons aux extrémités des fleurs

9. Ombrer

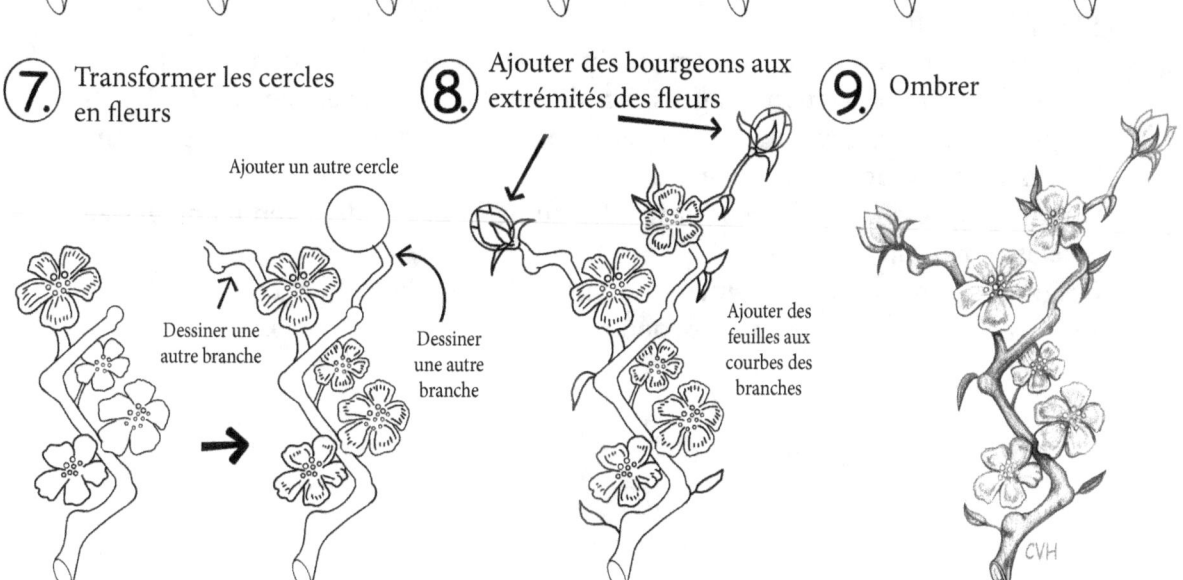

Ajouter un autre cercle

Dessiner une autre branche

Dessiner une autre branche

Ajouter des feuilles aux courbes des branches

CVH

119

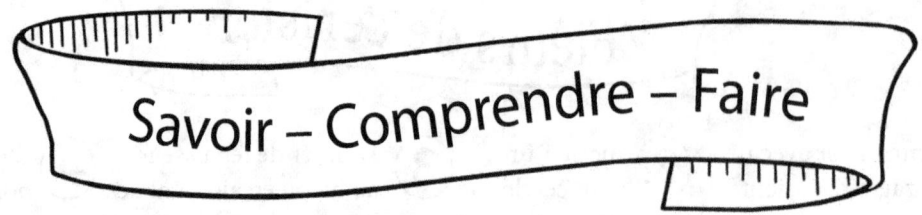

CRÉATURES DE L'HALLOWEEN

SAVOIR :
Vous pouvez créer des créatures simples et originales de style dessin animé en utilisant des formes géométriques simples

COMPRENDRE :
- Pour qu'une œuvre soit originale, il faut qu'elle comporte des éléments qui ne sont pas copiés ou tracés
- Les qualités expressives de votre dessin ajoutent un sentiment, une ambiance ou une idée à votre personnage

FAIRE :
S'entraîner à créer un personnage original de style bande dessinée sur le thème d'Halloween en utilisant les lignes directrices géométriques qui se trouvent ci-après. Dessiner légèrement pour pouvoir effacer les lignes directrices si nécessaire. Ajouter ou modifier certains éléments si nécessaire pour le rendre unique. Essayer de créer un personnage qui ne figure PAS sur la feuille de travail. Utilisez votre imagination et ajouter beaucoup d'éléments supplémentaires.

VOCABULAIRE :
Caricature - Un dessin généralement simple créé pour faire réfléchir, mettre en colère, faire rire ou amuser les gens. Un dessin animé a généralement des lignes simples, utilise des couleurs de base et raconte une histoire en une ou plusieurs images appelées cadres ou panneaux.

Qualités expressives - Les sentiments, les humeurs et les idées communiqués au spectateur par une œuvre d'art.

Original - Toute œuvre considérée comme un exemple authentique des œuvres d'un artiste, plutôt qu'une reproduction, une imitation ou une copie.

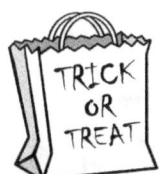

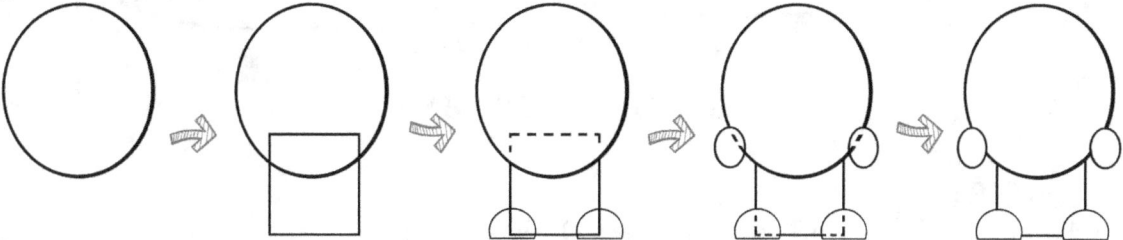
Créatures de l'Halloween

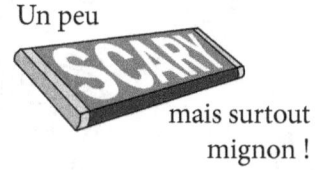
Un peu

mais surtout
mignon !

1. Commencez par un corps fait de formes simples . . .

2. Ensuite, choisissez une paire d'yeux expressifs...

 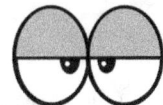  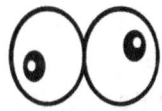 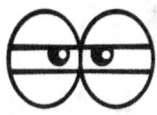 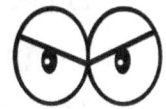

3. Enfin, ajouter autant de détails que nécessaire pour créer un personnage unique et intéressant.

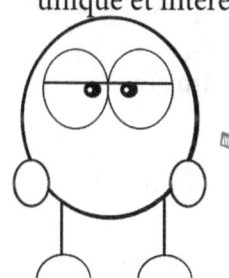 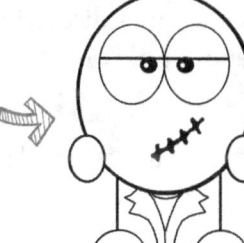 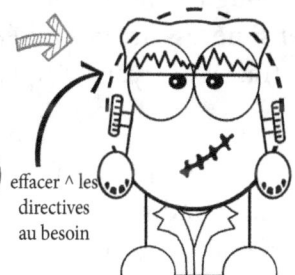 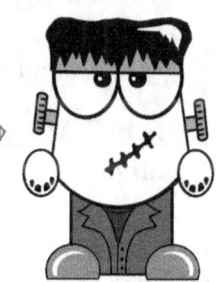

effacer ^ les
directives
au besoin

Plus de créatures

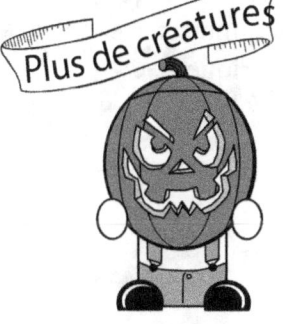 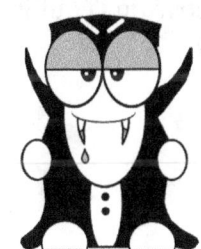 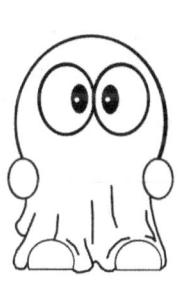 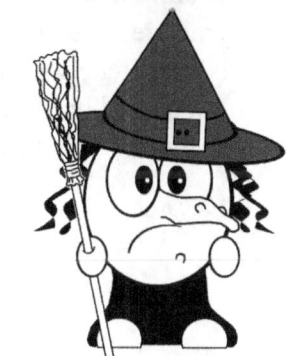

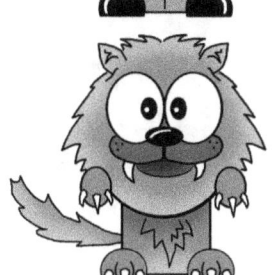 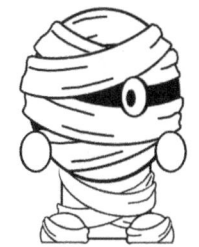 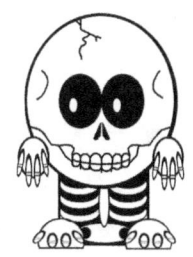 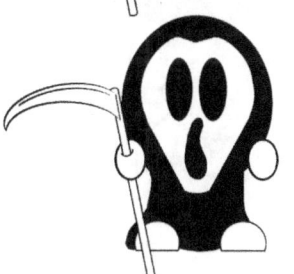

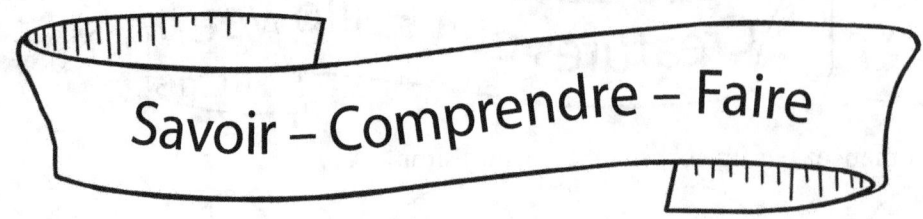

FEUILLE D'AUTOMNE

SAVOIR :
Forme organique, symétrie, asymétrie COMPRENDRE :
La superposition de formes simples peut être la première étape de la création de formes complexes

FAIRE :
- Suivre les étapes présentées ci-dessous (ou positionner une sélection de feuilles recueillies dans la nature) pour créer un dessin original de nature morte.
- Commencer par des lignes de contour et des formes géométriques simples, puis les superposer si nécessaire pour créer des lignes directrices.
- Ombrer au crayon (ou aux crayons d'aquarelle et utilisez-les comme indiqué).

VOCABULAIRE :
Organique - Une forme irrégulière que l'on peut trouver dans la nature, plutôt qu'une forme régulière et mécanique.
Nature morte - Dessin, peinture ou photo d'objets inanimés placés sur une table (traditionnellement des récipients, des fruits, des légumes, etc.)
Symétrie - (ou équilibre symétrique) - Les parties d'une image ou d'un objet organisées de telle sorte qu'un côté duplique, ou reflète, l'autre. Également connu sous le nom d'équilibre formel, son opposé est l'asymétrie ou l'équilibre asymétrique.
La symétrie fait partie des dix classes de motifs.

Avez-vous une vraie feuille disponible ? Tracer le contour de cette feuille et passer à l'étape 6

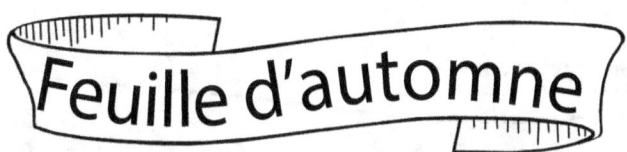 # Feuille d'automne

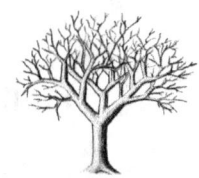

(1.) Commencer par une forme de goutte d'eau

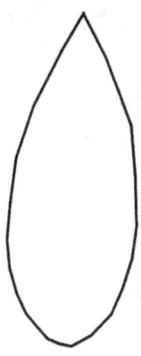

(2.) Ajouter 2 autres formes en forme de goutte d'eau réparties sur les côtés.

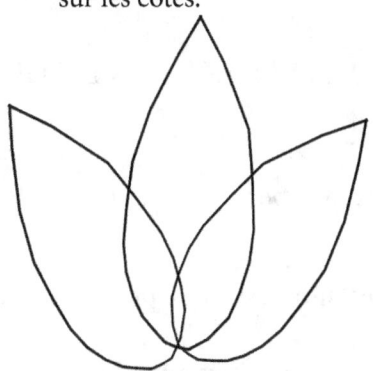

(3.) Dessiner des points autour des formes en forme de goutte d'eau, comme indiqué ci-dessous.

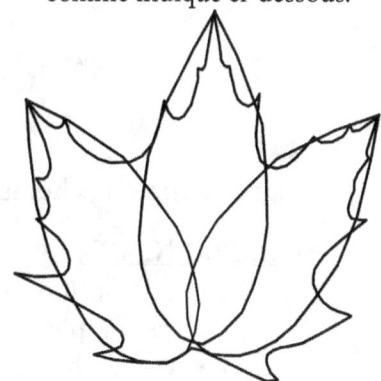

(4.) Effacer la gouttière origi-nale indiquée ci-dessous en pointillé

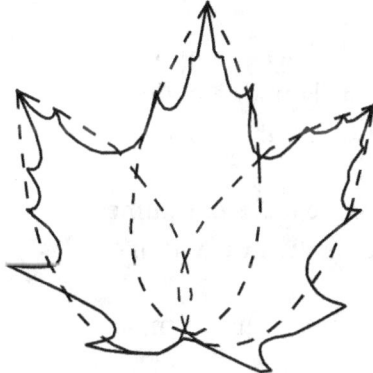

(5.) Cela devrait ressembler à peu près à la forme orga-nique ci-dessous.

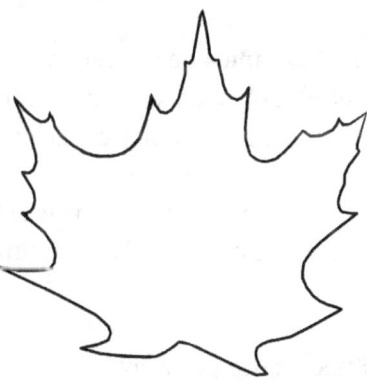

(6.) Dessiner des veines à partir des gros points qui s'étendent vers le bas.

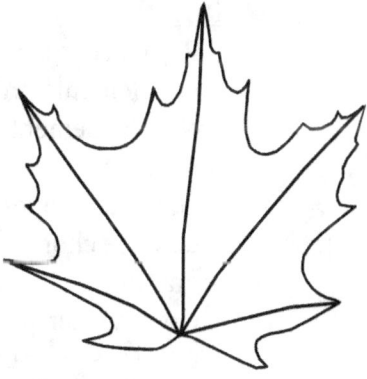

(7.) Ajouter quelques veines plus petites

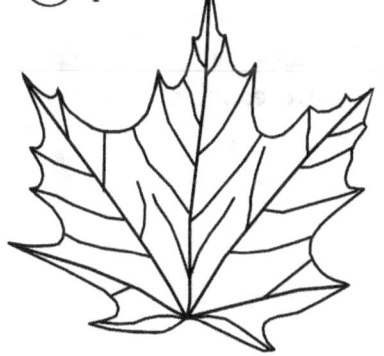

(8.) Ajouter plus des veines et la tige.

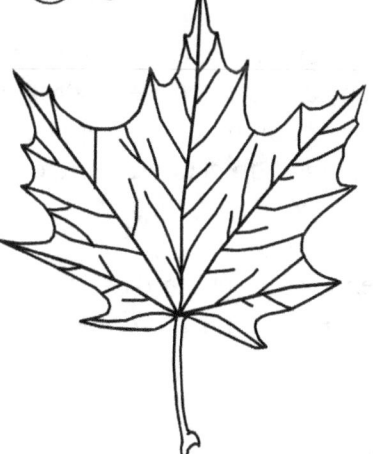

(9.) Ombre

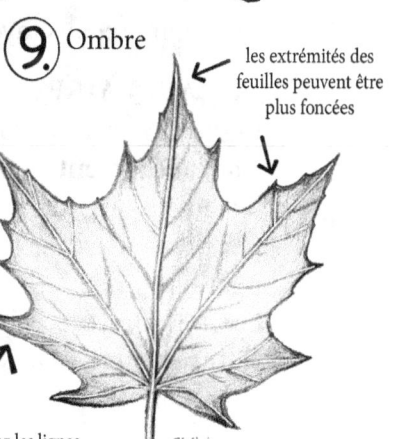

les extrémités des feuilles peuvent être plus foncées

effacez les lignes pour créer les ner-vures des feuilles

CVH

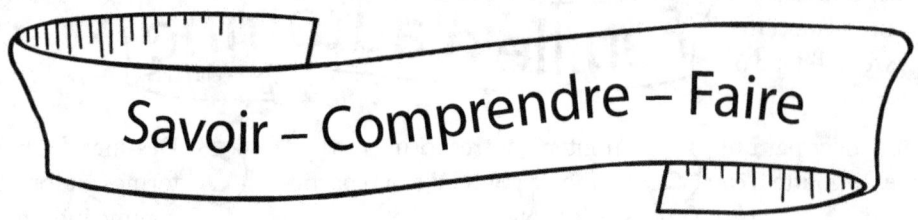

NATURE MORTE DE L'ACTION DE GRÂCE

SAVOIR :
Ligne de contour, chevauchement, perspective, « nature morte ».

COMPRENDRE :
- La superposition de formes simples est la première étape de la création de formes complexes.
- Les grands objets doivent être dessinés plus bas sur la page pour paraître proches. Les petits objets doivent être dessinés plus haut sur la page pour paraître plus éloignés (les fruits dans le bol).

FAIRE :
- Regarder et discuter des exemples de chevauchement et d'images comportant des éléments proches et éloignés, en vous concentrant sur la manière dont le chevauchement et la différence de taille contribuent à créer une illusion de profondeur.
- Suivre les étapes proposées (ou positionnez une sélection de fruits et légumes de votre choix) pour créer une nature morte originale sur le thème d'Action de grâce
- Commencer par des lignes de contour et des formes géométriques simples, puis les superposer si nécessaire pour créer des lignes directrices.
- Ombrer au crayon ou aux crayons d'aquarelle (à utiliser selon les instructions)

VOCABULAIRE :
Ligne de contour - Lignes qui entourent et définissent les bords d'un sujet
Chevauchement - Lorsqu'une chose se trouve au-dessus d'une autre, couvrant partiellement une autre chose pour donner de la profondeur ou une illusion
Ombrer - Montrer le changement du clair au foncé ou du foncé au clair dans une image
Forme - Un espace fermé
Nature morte - Dessin, peinture ou photo d'objets inanimés placés sur une table (traditionnellement des récipients, des fruits, des légumes, etc.)

Une nature morte est un dessin ou une peinture d'objets inanimés

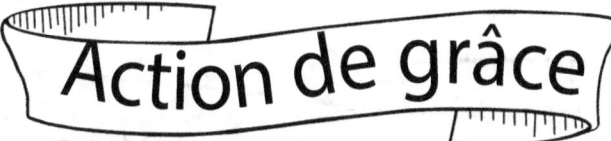
Action de grâce

Nature morte CONSEILS

-Dessiner légèrement
-Dessiner en grand
-Démarrer l'étape 1 sur le côté droit de votre papier

1. Commencer par une forme de cercle sur le côté DROIT de votre papier.

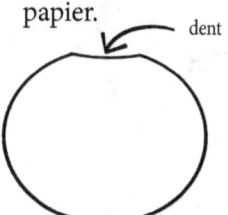

dent

2. Ajouter un cercle avec un ovale angulaire

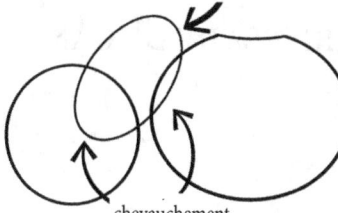

chevauchement

chevauchement

3. Ajouter une autre forme circulaire

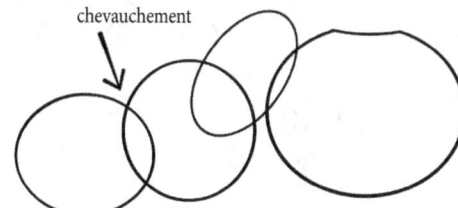

chevauchement

4. Effacer les zones indiquées par une ligne en pointillés.

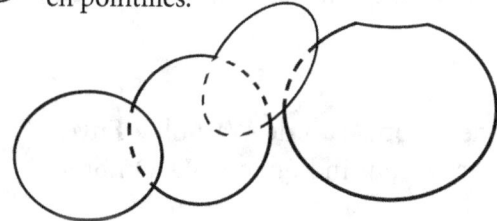

5. Ajouter des tiges

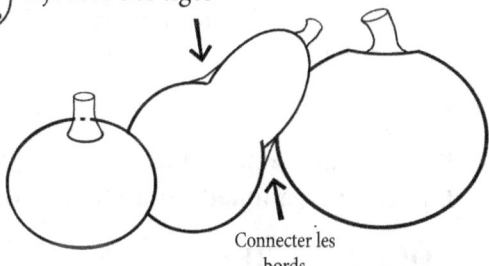

Connecter les bords

6. Ajouter un ovale

effacer les lignes intérieures _ squash

chevauchement

ajouter la forme de poire - →

7. Effacer les zones en pointillés

ajouter une courbe ici pour la base du bol

8. Remplir le bol avec des formes ovales/circulaires.

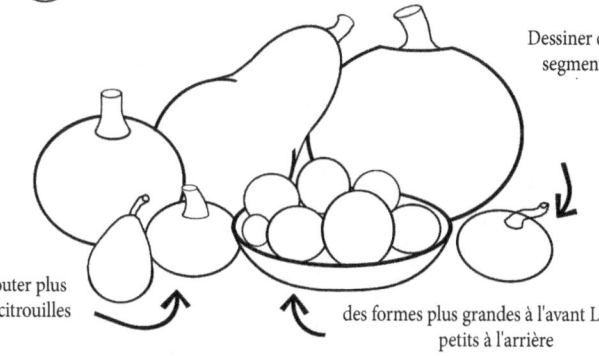

ajouter plus de citrouilles

des formes plus grandes à l'avant Les plus petits à l'arrière

9. Ombrage avec des crayons de couleur

Dessiner des lignes pour les segments des citrouilles

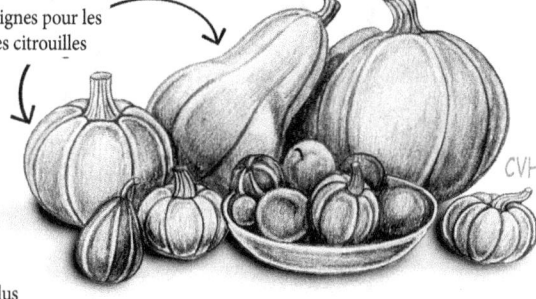

CVH

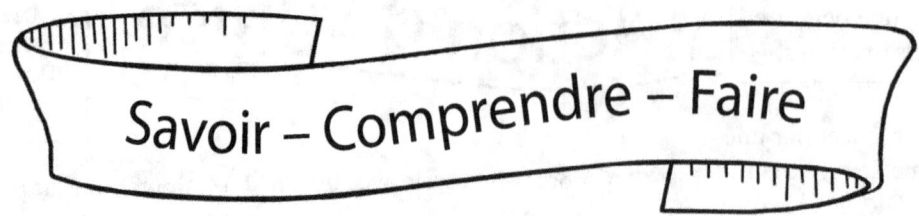

Savoir – Comprendre – Faire

CANETTE DE MARMELADE DE CANNEBERGES

SAVOIR :
Cylindres, Pop Art

COMPRENDRE :
- Les cylindres dans l'art donnent l'apparence d'un tube circulaire en 3D
- Warhol a fait de la peinture Campbell's Tomato Soup une icône du Pop Art en 1962.

FAIRE :
Créer une canette cylindrique en utilisant le style « Pop Art » de Warhol. « Enveloppez » une étiquette et un texte autour de la canette pour indiquer la 3D. Ombrer.

VOCABULAIRE :
Andy Warhol - (6 août 1928 - 22 février 1987) est un artiste américain qui a été une figure de proue du mouvement d'art visuel connu sous le nom de pop art. Ses œuvres explorent la relation entre l'expression artistique, la culture des célèbres et la publicité qui a fleuri dans les années 1960.
Cylindre - Un tube qui semble tridimensionnel.
Ovale - Forme bidimensionnelle qui ressemble à un cercle étiré pour le rendre plus long.
Pop Art - Un mouvement artistique axé sur des images familières de la culture populaire telles que les panneaux d'affichage, les bandes dessinées, les publicités de magazines et les produits de supermarché

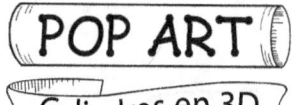 **POP ART**
Cylindres en 3D

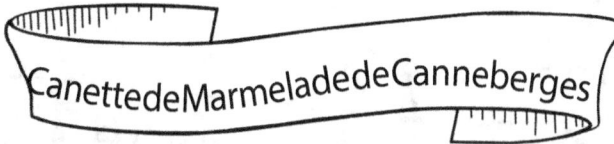 CanettedeMarmeladedeCanneberges

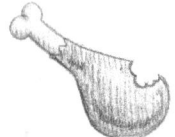

1. Commencer par un ovale

2. Ajouter un autre ovale

3. Les connecter avec deux lignes horizontales

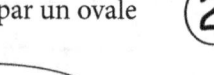

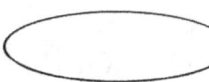

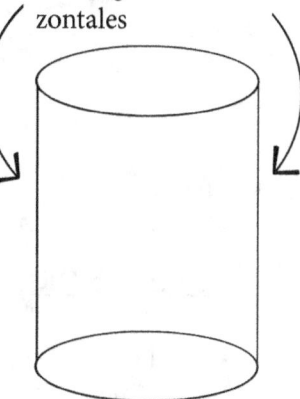

4. Dessiner un ovale fin à l'intérieur du couvercle supérieur pour créer une sensation d'épaisseur

5. Remplir le couvercle avec une série d'ovales fins.

6. Tracer une ligne arrondie pour indiquer la zone de l'étiquette

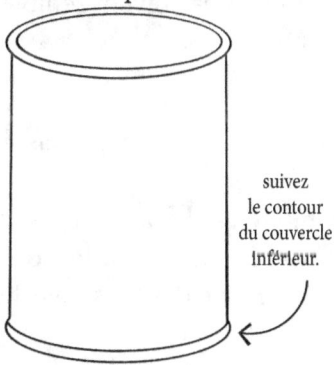

suivez le contour du couvercle inférieur.

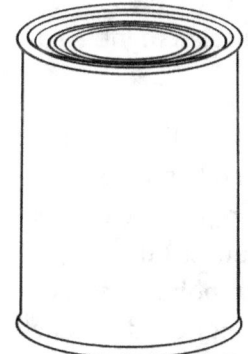

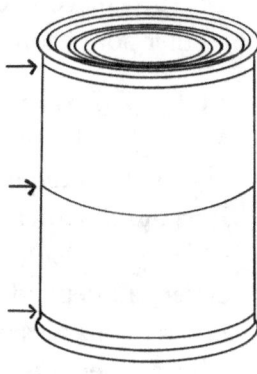

7. Tracer une ligne légère et courbée là où se trouvera le texte

8. Esquisser votre texte

9. Ombrer

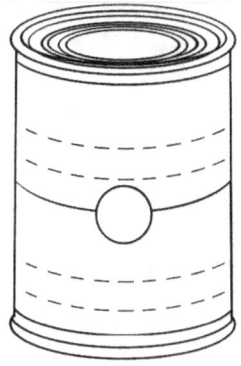

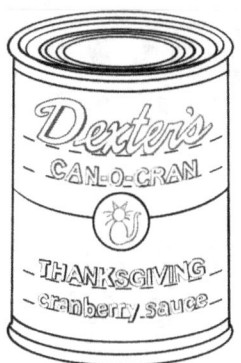

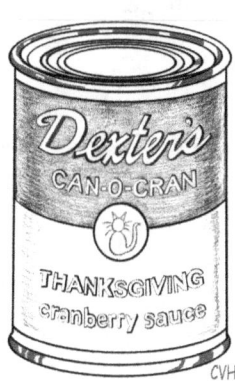

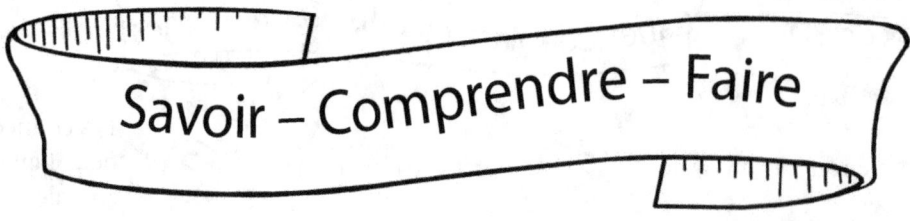

CITROUILLE

SAVOIR :
Ombrage, superposition, raccourcissement, chevauchement

COMPRENDRE :
- Ajoutant de la valeur à une forme en 2D lors du dessin crée une forme en 3D
- La clarté ou l'obscurité d'une valeur indique une source de lumière sur un objet

FAIRE :
Dessiner votre version d'une citrouille en utilisant les conseils et les astuces fournis. Le centre de votre citrouille doit être plus bas sur la page et les côtés doivent sembler reculer pour montrer le raccourcissement. Ne tracer pas. Ombrer.

VOCABULAIRE :
Mélanger - Fusionner des tons appliqués à une surface de façon qu'il n'y ait pas de ligne nette indiquant le début ou la fin d'un ton.

Raccourcissement - Façon de représenter un objet de manière qu'il donne l'illusion de la profondeur, semblant avancer ou reculer dans l'espace. Le succès du raccourcissement dépend souvent d'un point de vue ou d'une perspective dans lesquels les tailles des parties proches et éloignées d'un sujet sont très contrastées.

Chevauchement - Lorsqu'une chose se trouve au-dessus d'une autre, recouvrant partiellement une autre chose.

Ombrer - Montrer le changement du clair au foncé ou du foncé au clair dans une image.

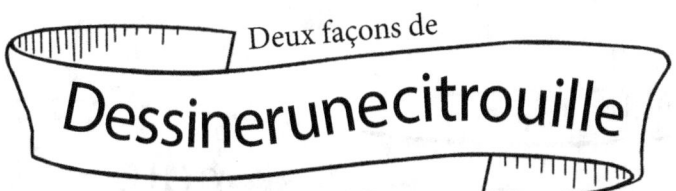

Deux façons de

Dessinerunecitrouille

1. Commencer par un long ovale

2. Ajoutez deux autres ovales derrière et à côté du premier

3. Ajouter deux autres ovales derrière et à côté de ceux-là.

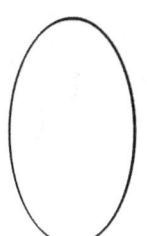

Effacer les lignes en pointillé

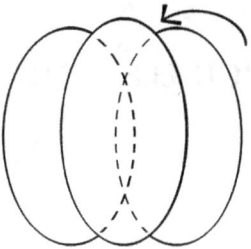

Chevauchement

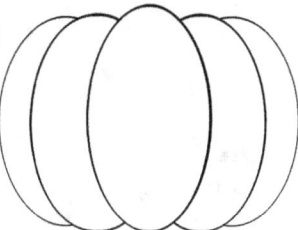

4. Ajouter une ellipse pour la tige

5. Ajouter des détails

6. Ombrer

ellipce

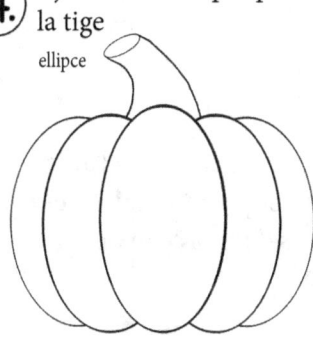

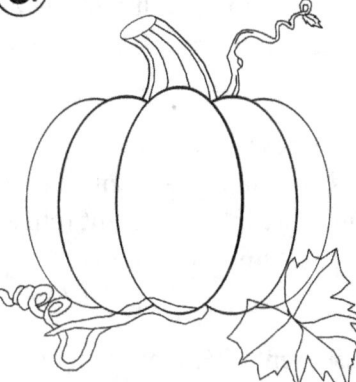

Plus sombre au niveau des plis

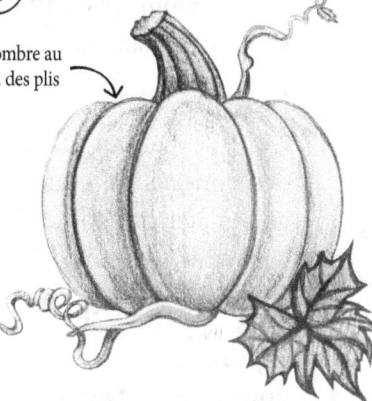

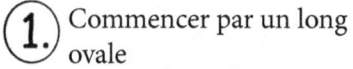

Ou essayer ceci

1. Commencer par une forme de cercle ovale

2. Ajouter un petit ovale dans la zone centrale supérieure.

3. Ajouter des lignes courbes provenant de l'ovale.

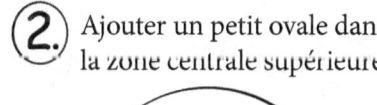

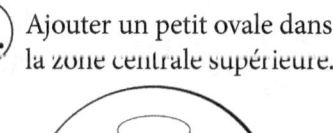

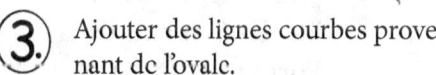

4. Ajouter 2 courbes supplémentaires

5. Continuer les courbes tout autour

6. Ajouter une tige à l'ovale et ombrer

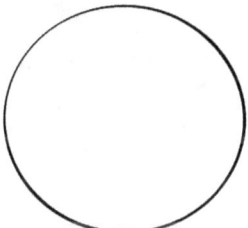

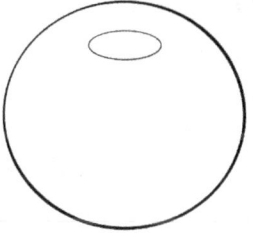

Ajouter des bosses

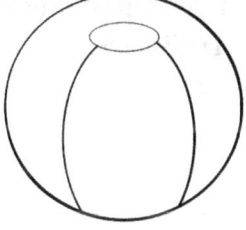

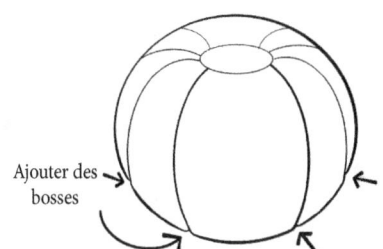

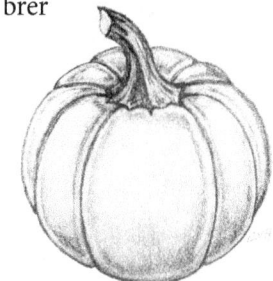

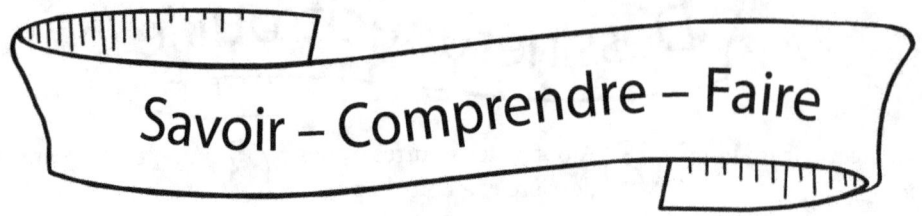

Savoir – Comprendre – Faire

CITROUILLE-LANTERNE

SAVOIR :
Équilibre, forme, 3D

COMPRENDRE :
- L'ajout de motifs et d'ombres à un objet lui donne de la forme et dimension.
- L'utilisation de lignes de fuite pour montrer la perspective

FAIRE :
Commencer par une citrouille de base, puis « sculpter » un motif sur celle-ci à l'aide des conseils et astuces fournis. Ajouter beaucoup d'éléments supplémentaires et veiller à ce que toutes les parties « sculptées » soient reliées - pas de morceaux détachés ! Être original ! Ne tracer pas. Ombrer.

VOCABULAIRE :
Équilibre - La façon dont les différents éléments sont arrangés dans une œuvre d'art pour créer un sentiment de stabilité, une présentation agréable ou la proportionnalité des éléments dans une composition

Forme - Une forme tridimensionnelle (hauteur, largeur et profondeur) qui renferme un volume

Tridimensionnel - Avoir, ou sembler avoir, une hauteur, une largeur et une profondeur.

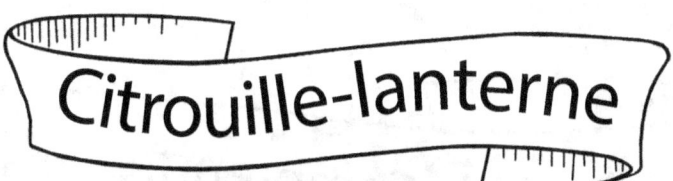

Citrouille-lanterne

1. Commencer par une ébauche de citrouille de base

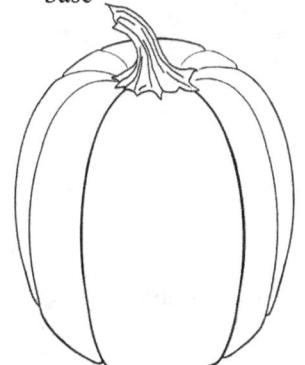

2. Dessiner le contour des yeux, du nez et de la bouche.

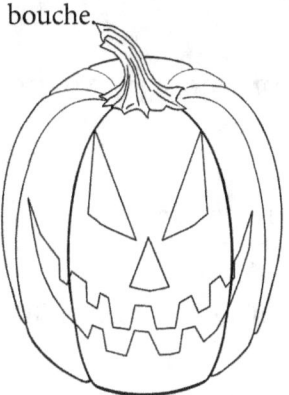

3. Effacer les lignes à l'intérieur des yeux, du nez et de la bouche.

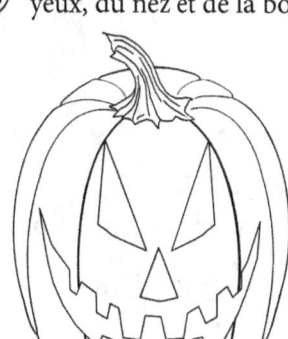

4. Tracer de courtes lignes diagonales aux coins des yeux, du nez et de la bouche.

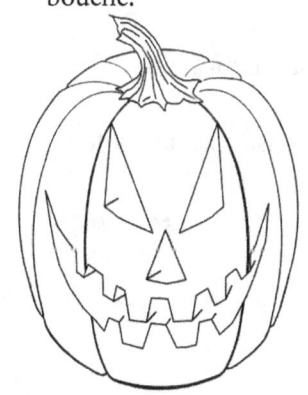

5. Relier les angles pour créer une sensation d'épaisseur

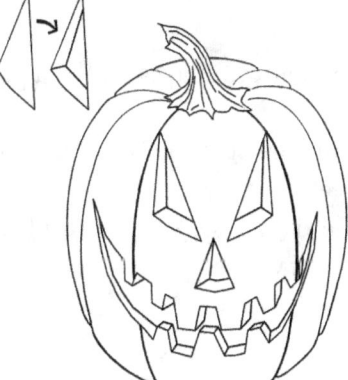

6. Ombrer

Les valeurs les plus claires doivent se trouver dans les trous « sculptés » pour montrer qu'il y a une bougie à l'intérieur !

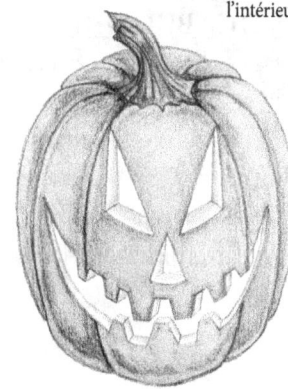

Créatif

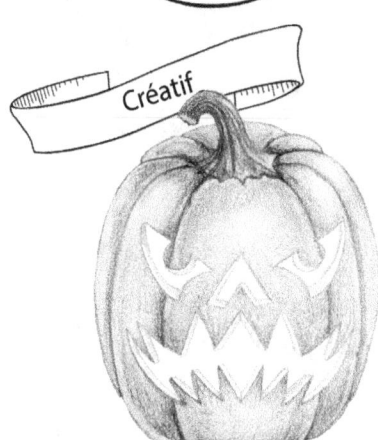

Toutes les « parties sculptées » doivent être connectées... pas de morceaux détachés !

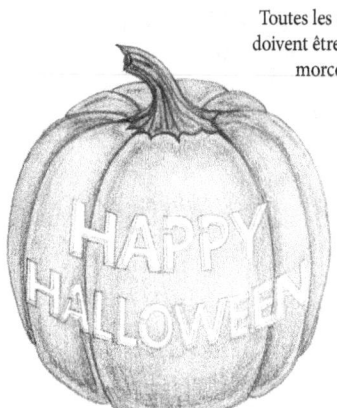

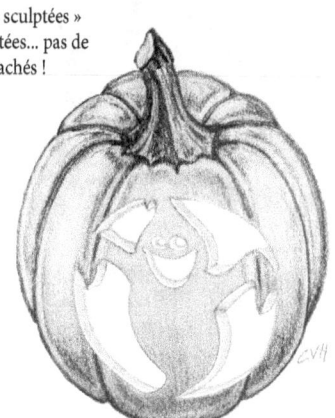

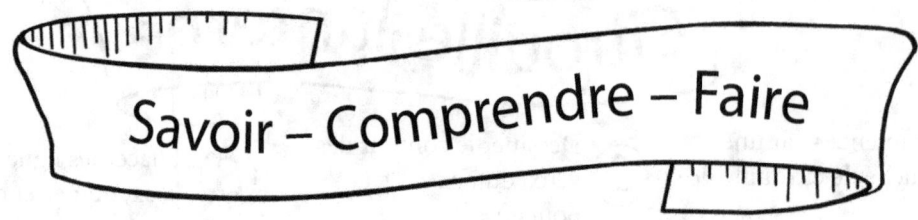

Savoir – Comprendre – Faire

GRANGE DE NOËL

SAVOIR :
Des étapes simples pour créer une vue de trois quarts d'une maison

COMPRENDRE :
Une façon de créer l'apparence d'une maison en 3D en montrant la perspective à une vue de trois quarts.

FAIRE :
Créer une grange de Noël originale dans une scène de paysage montrant la perspective. Ajouter des arbres et de l'ombre.

VOCABULAIRE :
Paysage - Une œuvre d'art qui dépeint un paysage. Il y a généralement du ciel dans la scène.
Perspective - L'illusion de 3D sur une surface 2D, créant une sensation de profondeur et d'espace en retrait
Vue de trois quarts (3/4) - Vue d'un visage ou de tout autre sujet qui se situe à mi-chemin entre la vue de face et la vue latérale

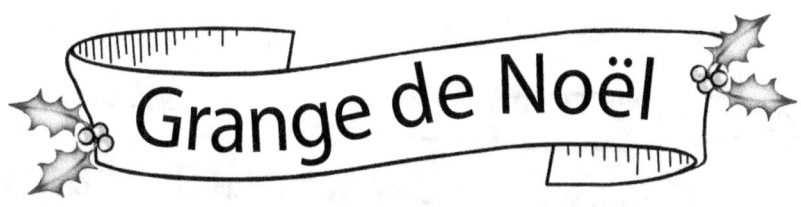

1. **Dessinez un rectangle** (avec des formes à l'intérieur comme illustré ci-dessous).

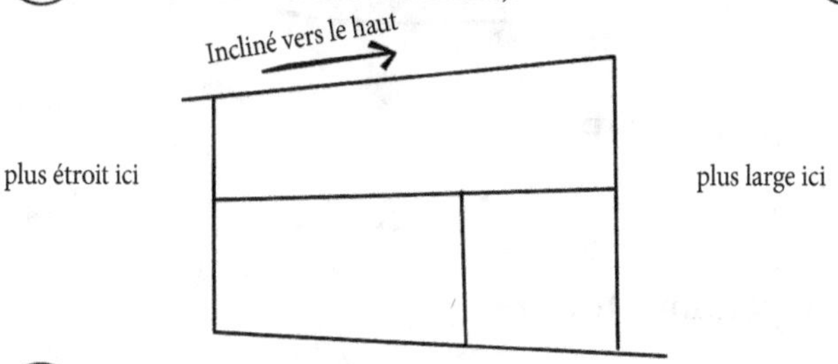

2.

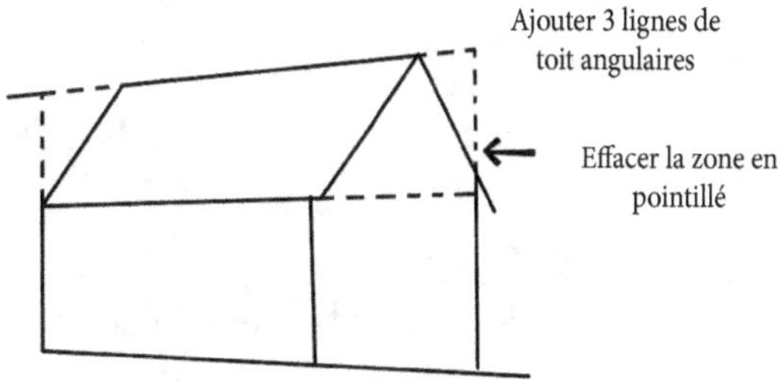

Incliné vers le haut

plus étroit ici

plus large ici

Ajouter 3 lignes de toit angulaires

Effacer la zone en pointillé

3.

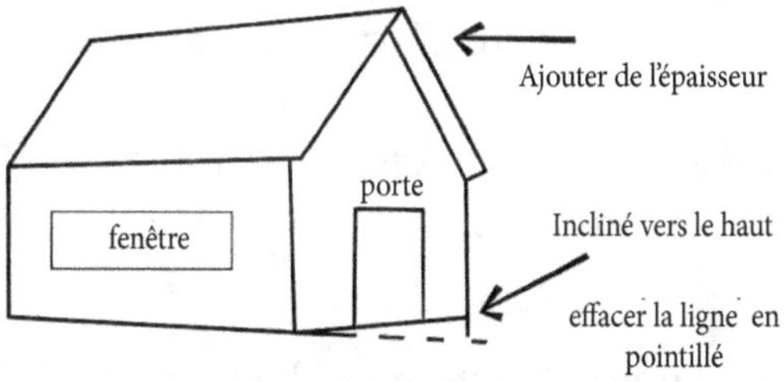

Ajouter de l'épaisseur

fenêtre

porte

Incliné vers le haut

effacer la ligne en pointillé

4.

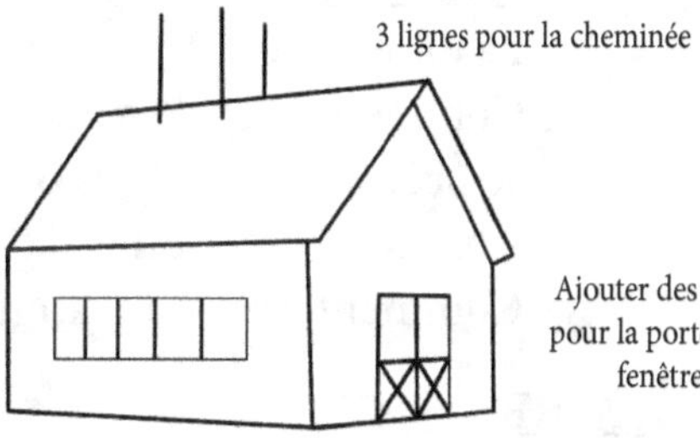

3 lignes pour la cheminée

Ajouter des lignes pour la porte et les fenêtres

5.

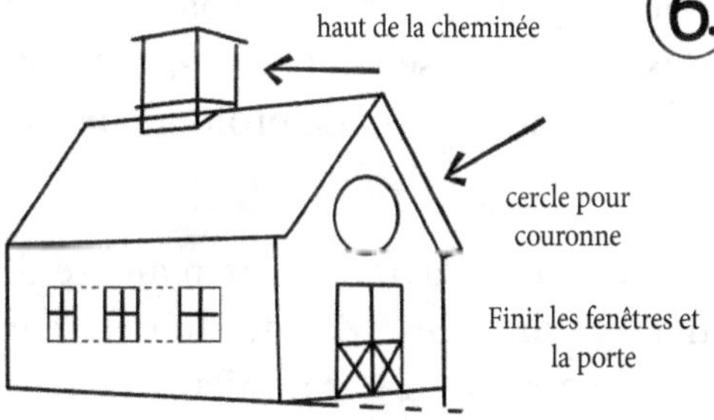

haut de la cheminée

cercle pour couronne

Finir les fenêtres et la porte

6.

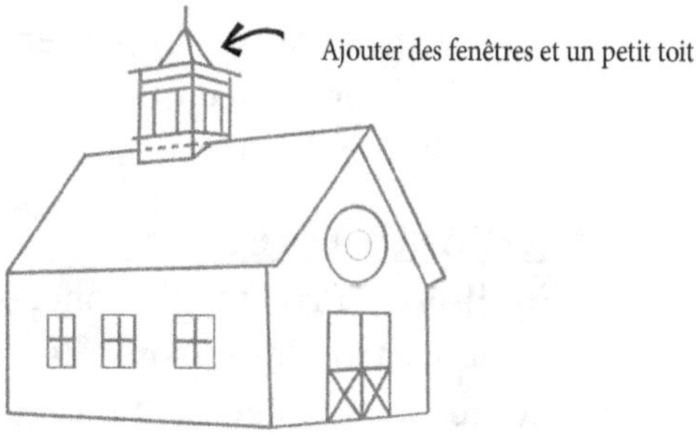

Ajouter des fenêtres et un petit toit

7. Ajouter des arbres

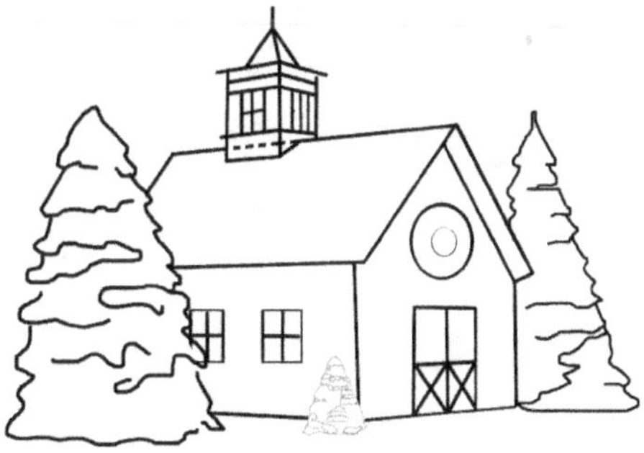

8. Ombrer

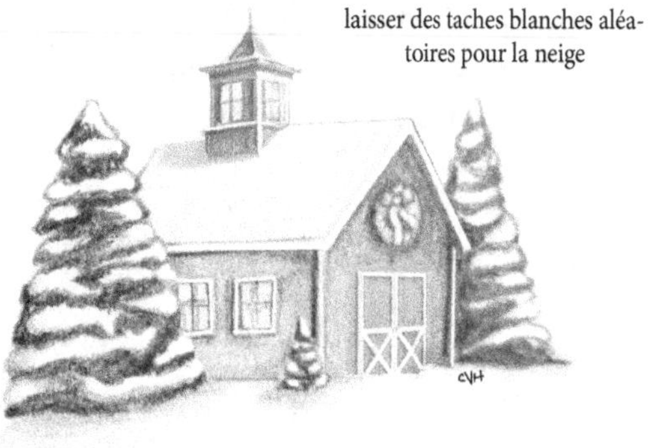

laisser des taches blanches aléatoires pour la neige

133

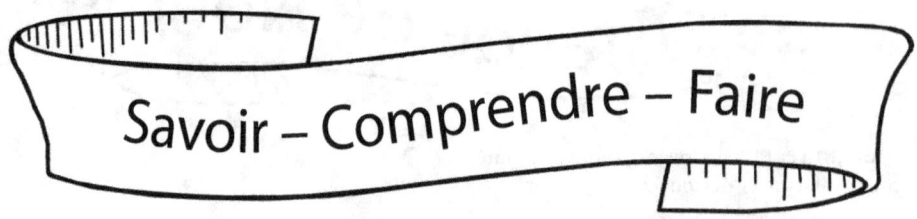

Savoir – Comprendre – Faire

DÉCORATIONS DE NOËL

SAVOIR :
Figures géométriques, Mise en évidence, Répétition, Texture

COMPRENDRE :
- La différence entre une figure et une forme
- Comment disposer les éléments d'une œuvre d'art de manière à ce qu'ils semblent symétriques ou équilibrés
- Comment créer un design efficace en utilisant des formes simples
- Comment créer l'apparence d'une texture

FAIRE :
- Suivre les étapes fournies pour créer une décoration de Noël original qui commence par un simple cercle relié pour créer une forme complexe.
- Utiliser les techniques 3D que vous avez apprises qui se concentrent sur le chevauchement et l'ombrage pour créer une illusion de profondeur

VOCABULAIRE :
Équilibre - Principe de conception, l'équilibre fait référence à la manière dont les éléments artistiques sont disposés pour créer un sentiment de stabilité dans une œuvre ; un arrangement ou une proportion agréable ou harmonieuse de parties ou de zones dans un dessin ou une composition.
Répétition - Continuer un modèle encore et encore.
Texture - Technique utilisée par un artiste pour donner l'impression qu'un objet a une qualité tactile donnée.

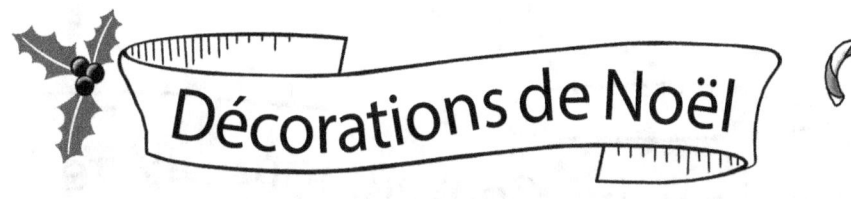 

Décorations de Noël

1. Commencer par un cercle

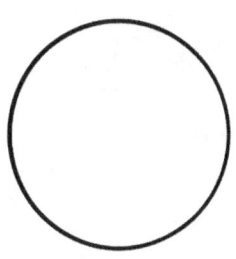

2. Ajouter un petit ovale directement au-dessus

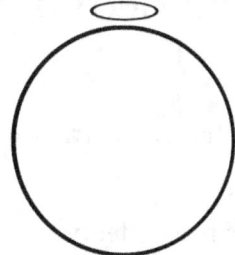

3. Ajouter des lignes verticales descendant des bords de l'ovale

Fermer avec une ligne courbe

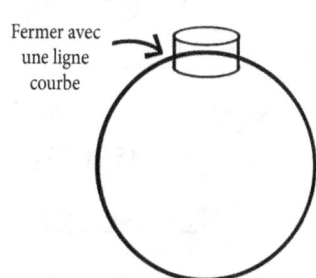

4. Ajouter une boucle au centre de l'ovale

Effacer la partie « derrière » le capuchon (la zone en pointillé)

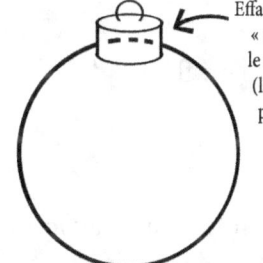 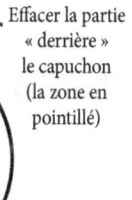

5. Ajouter des lignes verticales sur le capuchon pour ajouter de la texture

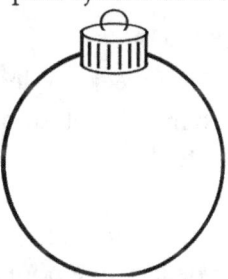

6. Ajouter un crochet

et une tache brillante

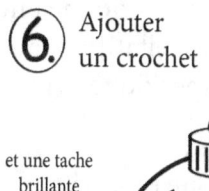

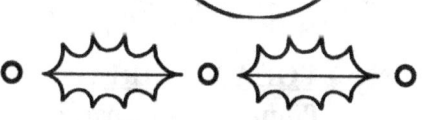

Bordure en baies de houe

CONSEIL : Les feuilles de houx sont vertes et les baies sont rouges

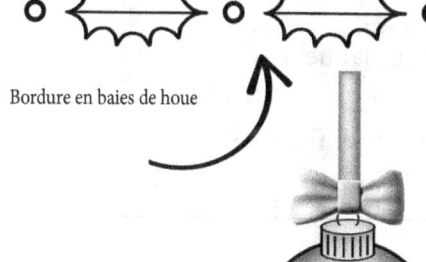

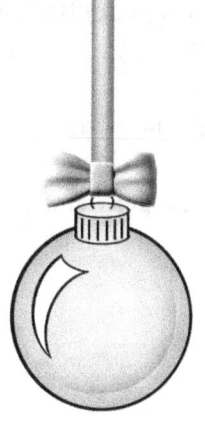

Créer une carte de vœux en utilisant au moins 3 ornements

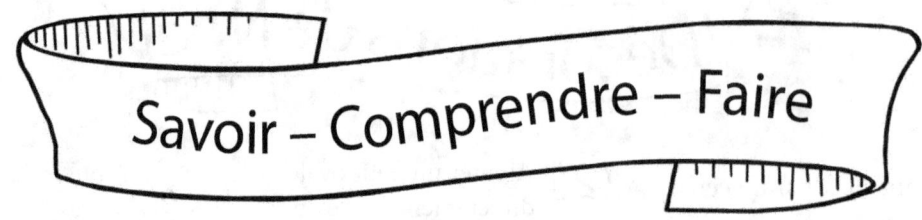

SIMPLE FLOCON DE NEIGE

SAVOIR :

Angles de 45 et 90 degrés, Répétition, Symétrie rotationnelle

COMPRENDRE :

- Il n'y a pas deux flocons de neige identiques
- La variation de la taille des objets lors de leur dessin rend l'image plus intéressant et donne une impression de profondeur
- Facultatif : Dans les beaux-arts, un point focal met en évidence une partie spécifique d'intérêt dans une œuvre d'art

FAIRE :

- Suivez les étapes fournies pour créer un dessin original d'un flocon de neige en vous concentrant sur la symétrie rotationnelle
- L'élève combinera une variété de styles et de tailles de flocons de neige pour créer une scène d'hiver.

Facultatif : Ajouter un point focal en utilisant une couleur minimale (crayon de couleur) dans une ou deux zones de la scène pour rendre l'œuvre plus intéressante

VOCABULAIRE :

Point focal - La partie de la composition d'une œuvre d'art sur laquelle se concentre l'intérêt ou l'attention. Le point focal peut être intéressant pour plusieurs raisons : il peut être mis en valeur d'un point de vue formel ; sa signification peut être controversée, incongrue ou convaincante.

Symétrie rotationnelle - Un objet a la même apparence après un certain nombre de mouvements circulaires autour de son centre

Symétrie - Un objet qui est le même des deux côtés.

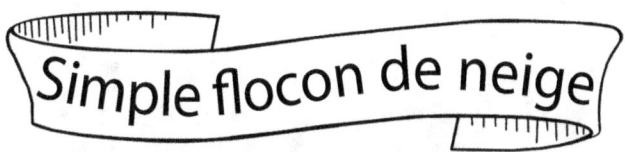

Simple flocon de neige

1. Utiliser une règle et dessi-nez une croix symétrique.

2. Dessiner un X plus petit qui traverse la croix

3. Tracer une ligne à travers chaque extrémité de la croix et des lignes « X »

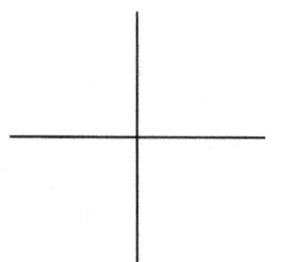

cela créera 8 des angles égaux de 45°.

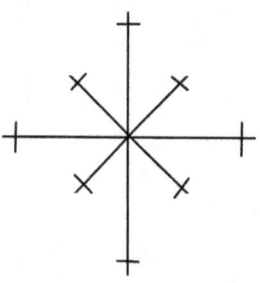

4. Dessiner un petit cercle à la fin de chaque ligne X

5. Ajouter une 2ème ligne plus longue à travers chaque extrémité de la croix et des lignes X

6. Ajouter un petit cercle au centre

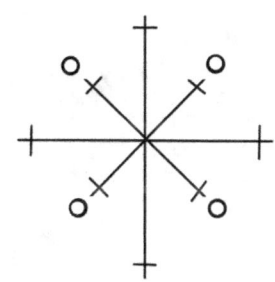

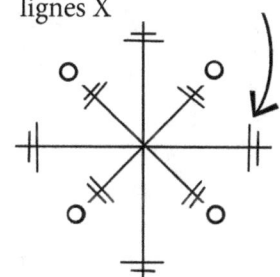

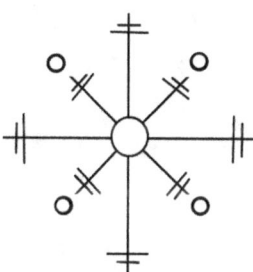

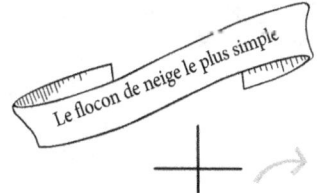

Le flocon de neige le plus simple

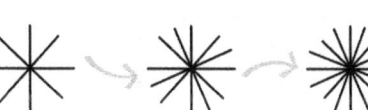

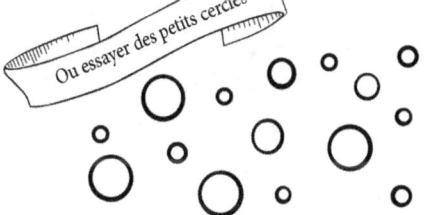

Ou essayer des petits cercles

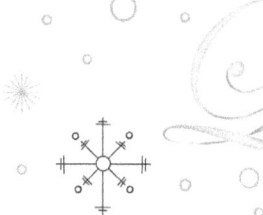

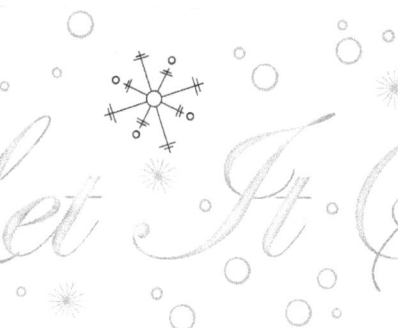

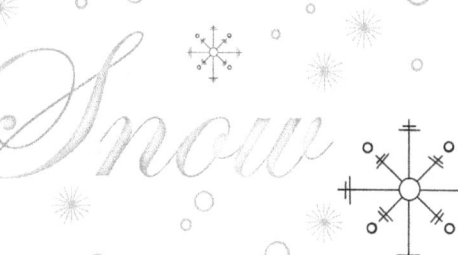

Chapitre 5

Animaux

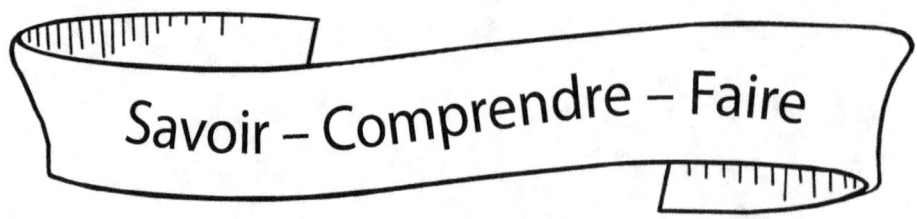

ANIMAUX DE BANDE DESSINÉE

SAVOIR :
Vous pouvez réaliser presque N'IMPORTE QUELLE créature de bande dessinée originale en suivant les étapes ci-après.

COMPRENDRE :
Les étapes générales de base qui peuvent être modifiées ou complétées afin de créer un animal de bande dessinée ORIGINAL.

FAIRE :
Créer une vue de face ET de latérale d'un personnage qui ne se figure PAS sur votre feuille de travail. Faire preuve d'imagination et ajouter beaucoup d'éléments supplémentaires.

VOCABULAIRE :
Bande dessinée - Un dessin généralement simple créé pour faire réfléchir, mettre en colère, faire rire ou amuser les gens. Un dessin animé a généralement des lignes simples, utilise des couleurs de base et raconte une histoire en une ou plusieurs images appelées cadres ou panneaux.
Original - Toute œuvre considérée comme un exemple authentique des travaux d'un artiste, plutôt que comme une reproduction ou une imitation

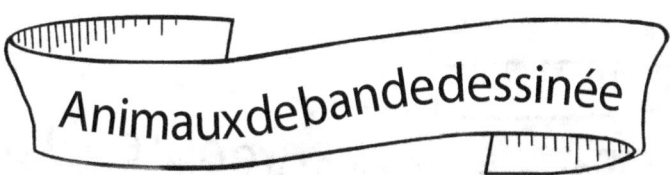

Animauxdebandedessinée

Suivre ces étapes pour créer une vue de face de presque N'IMPORTE quel animal de bande dessinée !

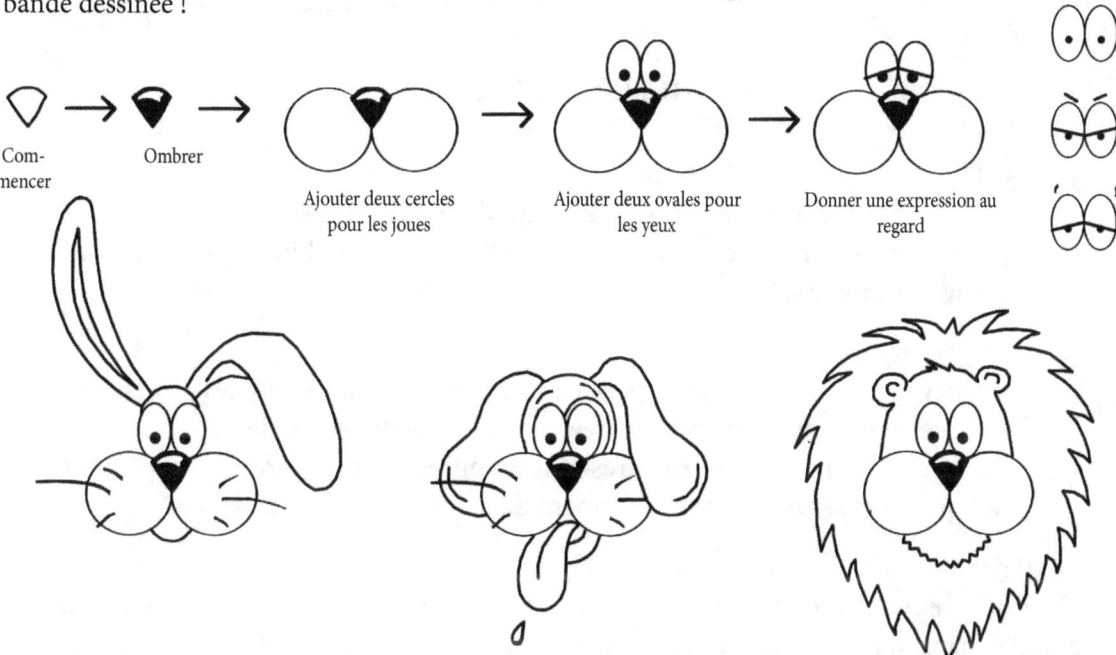

Commencer

Ombrer

Ajouter deux cercles pour les joues

Ajouter deux ovales pour les yeux

Donner une expression au regard

Suivre ces étapes pour créer une vue latérale de presque N'IMPORTE quel animal de bande dessinée !

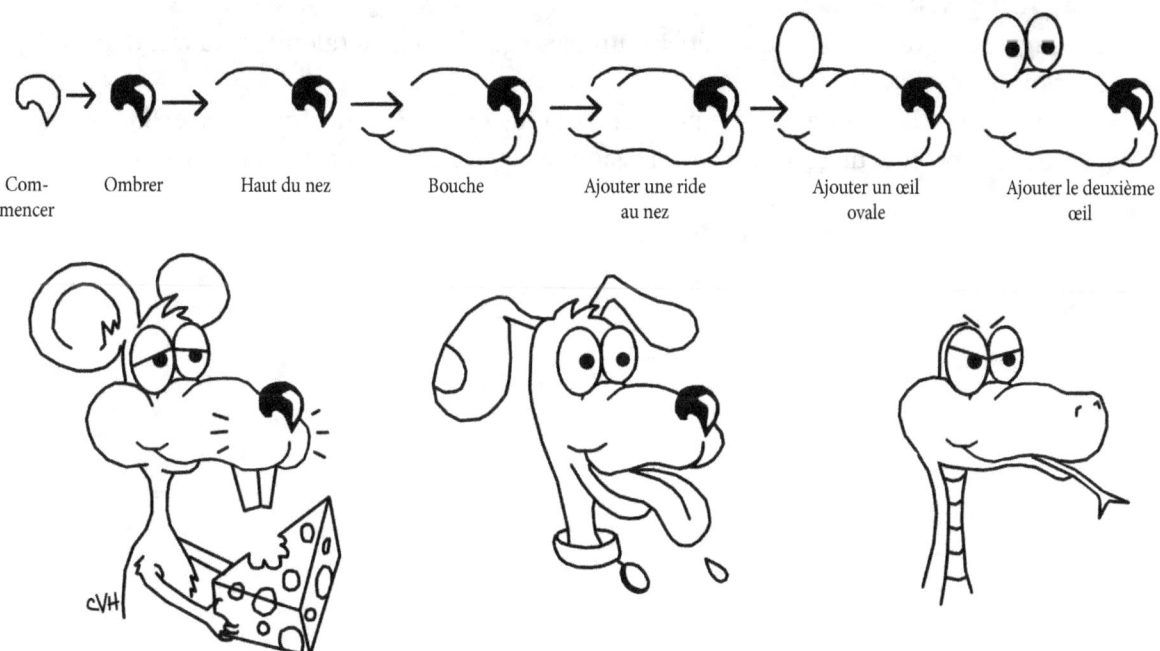

Commencer

Ombrer

Haut du nez

Bouche

Ajouter une ride au nez

Ajouter un œil ovale

Ajouter le deuxième œil

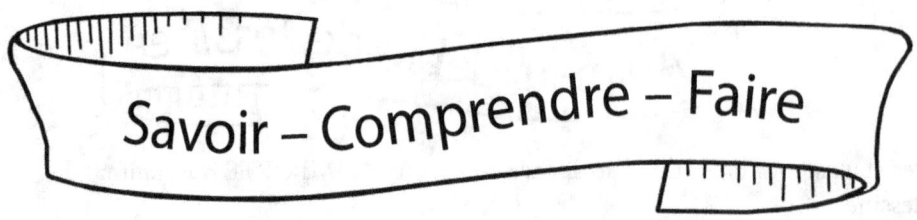

FAMILLE DE CANARDS

SAVOIR :
- Comment créer une impression de profondeur dans une œuvre d'art
- Comment prendre quelques formes simples et les combiner pour créer un canard reconnaissable

COMPRENDRE :
- Le chevauchement et les différences de taille et d'emplacement des objets dans une scène peuvent contribuer à créer une illusion de profondeur.
- Les lignes, les formes, les textures et les ombres peuvent être dessinées pour indiquer une sensation de mouvement dans une œuvre d'art.

FAIRE :
Créer une œuvre d'art originale d'une famille de canards comprenant au moins un grand canard, quatre petits canards et des ondulations d'eau pour indiquer un sens de mouvement dans une scène de paysage.

VOCABULAIRE :
Paysage - Une œuvre d'art qui dépeint un paysage. Il y a généralement du ciel dans la scène.
Perspective - Technique utilisée pour créer l'illusion du 3D sur une surface 2D. La perspective permet de créer une impression de profondeur ou d'espace en retrait.

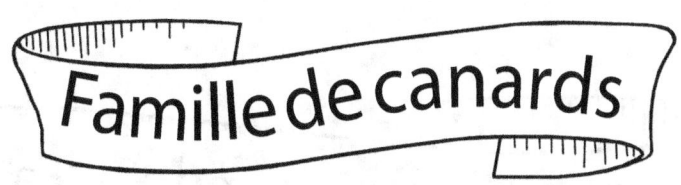

Famille de canards

1. Commencer par un petit cercle

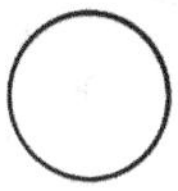

2. Ajouter un bec arrondi

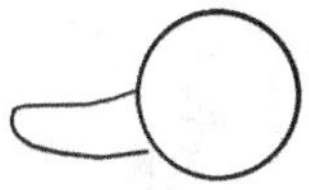

3. Faire un cou légèrement courbé

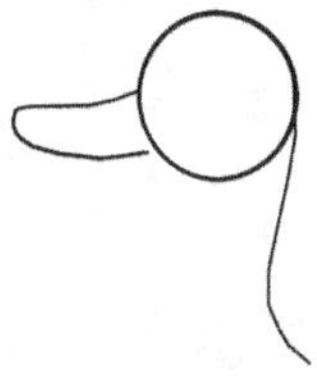

4. Ajouter un corps ovale

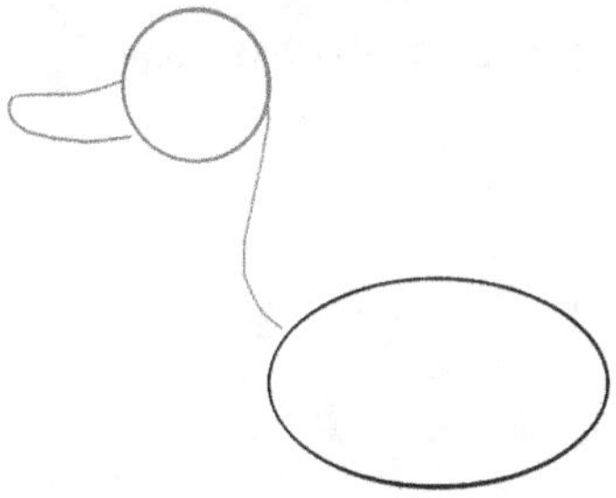

5. Queue en forme de triangle

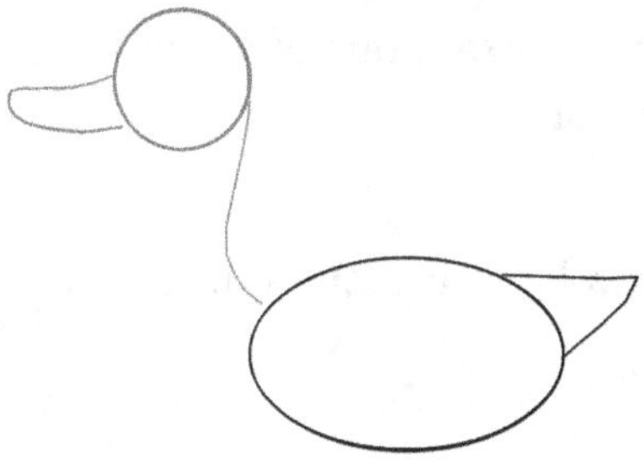

6. Plus de détails pour la queue

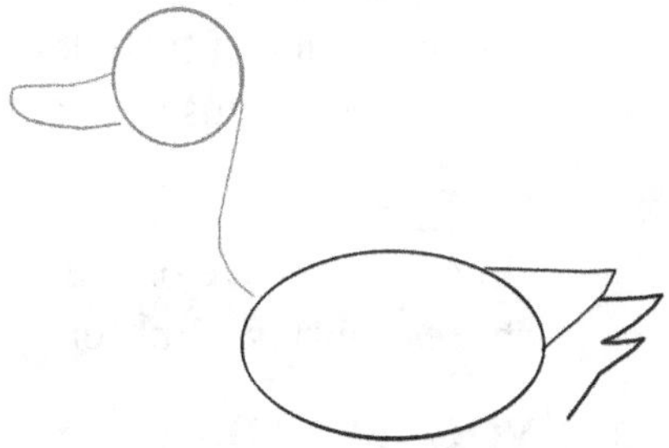

7. Ajouter le cou et la poitrine avant

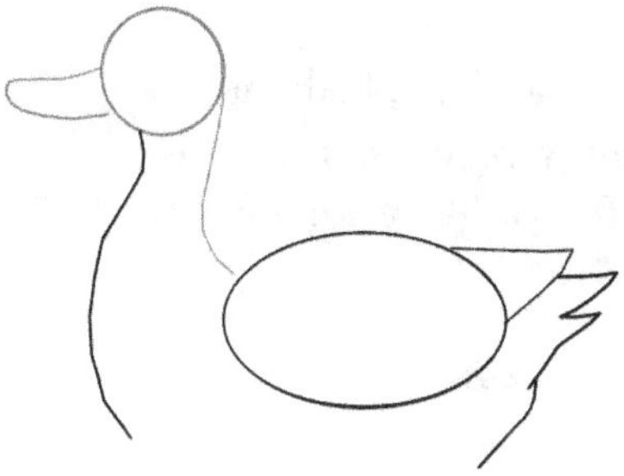

8. Effacer les zones en pointillé

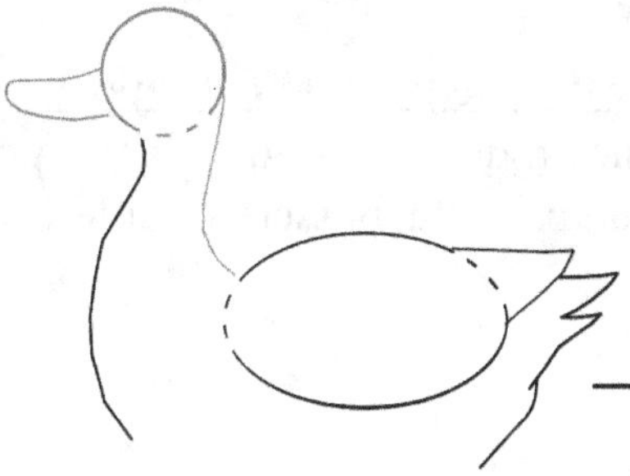

9. Ajouter un œil et des rides d'eau pour indiquer le mouvement

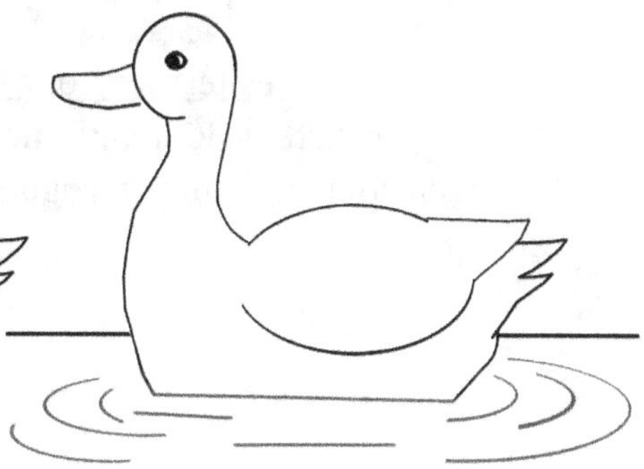

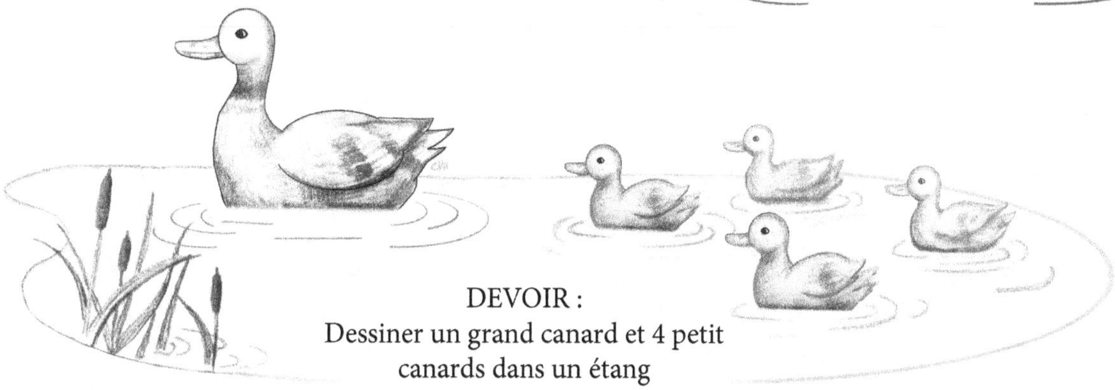

DEVOIR :
Dessiner un grand canard et 4 petit canards dans un étang

143

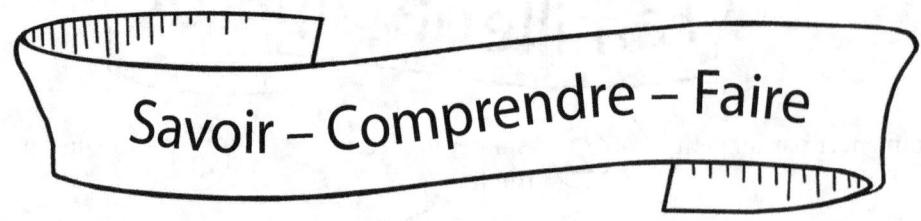

Savoir – Comprendre – Faire

LAPIN

SAVOIR :
Texture

COMPRENDRE :
Les techniques utilisées par un artiste pour montrer la sensation d'un objet ou sa composition dans une œuvre d'art.

FAIRE :
Créer une œuvre originale d'un lapin indiquant une texture « poilue » avec des hachures courtes. Ombrer.

VOCABULAIRE :
Hachures - Lignes parallèles étroitement espacées.
Texture – L'apparence tactile d'un objet dans une œuvre d'art. Les textures simulées sont suggérées par un artiste avec différents coups de pinceau, lignes de crayon, etc.

Voici quelques termes pour décrire les différentes textures : plat, lisse, brillant, luisant, pailleté, velouté, plumeux, doux, humide, gluant, poilu, sableux, coriace, craquelé, piquant, abrasif, rugueux, poilu, bosselé, ondulé, bouffi, rouillé, visqueux, etc.

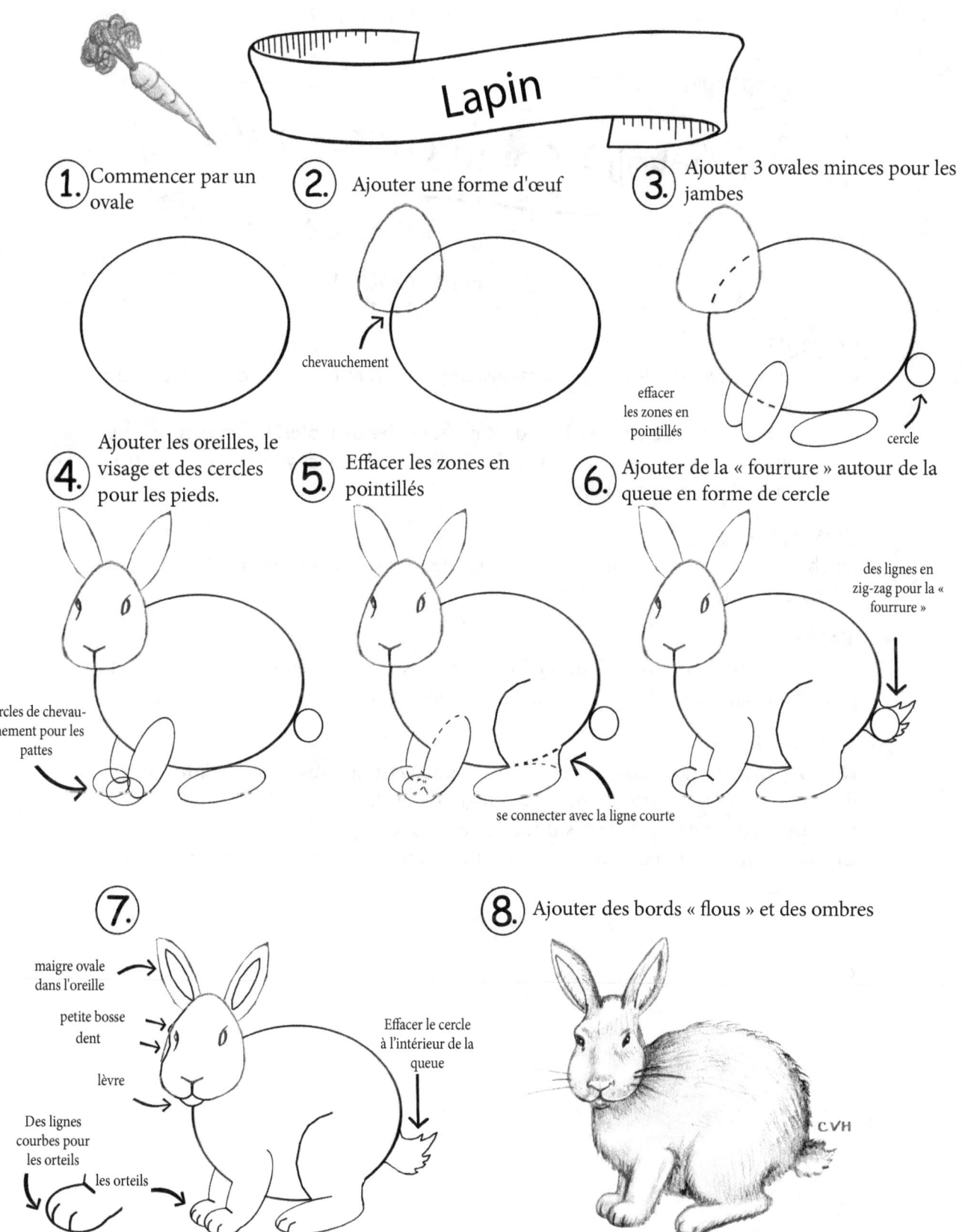

Lapin

1. Commencer par un ovale

2. Ajouter une forme d'œuf

chevauchement

3. Ajouter 3 ovales minces pour les jambes

effacer les zones en pointillés

cercle

4. Ajouter les oreilles, le visage et des cercles pour les pieds.

cercles de chevauchement pour les pattes

5. Effacer les zones en pointillés

se connecter avec la ligne courte

6. Ajouter de la « fourrure » autour de la queue en forme de cercle

des lignes en zig-zag pour la « fourrure »

7.

maigre ovale dans l'oreille

petite bosse dent

lèvre

Des lignes courbes pour les orteils

les orteils

Effacer le cercle à l'intérieur de la queue

8. Ajouter des bords « flous » et des ombres

CVH

145

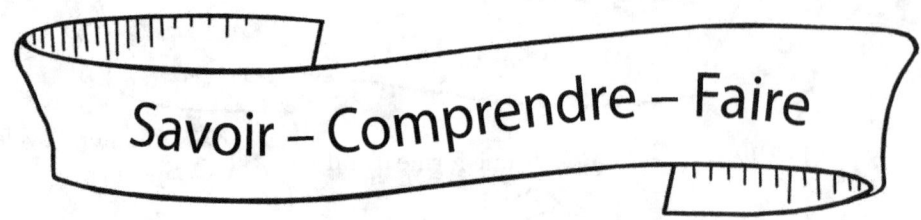

DESSINER UN PINGOUIN

SAVOIR :

- Des formes simples combinées ensemble peuvent créer des objets plus complexes
- L'ajout d'autres éléments à un dessin peut créer de l'intérêt, raconter une histoire et donner des détails (voir le chapitre « Perspective » pour les instructions relatives aux icebergs).

COMPRENDRE :

Le chevauchement et la superposition des éléments contribuent à créer un sentiment de profondeur et de réalisme

FAIRE :

Créer une œuvre originale d'un pingouin en suivant les étapes décrites ci-après. Le placer « au sommet » d'un iceberg et le mettre en scène.

VOCABULAIRE :

Détail - Une partie d'un ensemble. Une caractéristique distinctive d'un objet ou d'une scène qui peut être vue plus clairement de près.

Couche - Quelque chose placé sur une autre surface

Chevauchement - Quand une chose se trouve au-dessus et recouvre partiellement une autre.

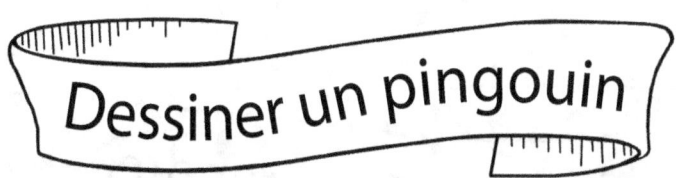

Dessiner un pingouin

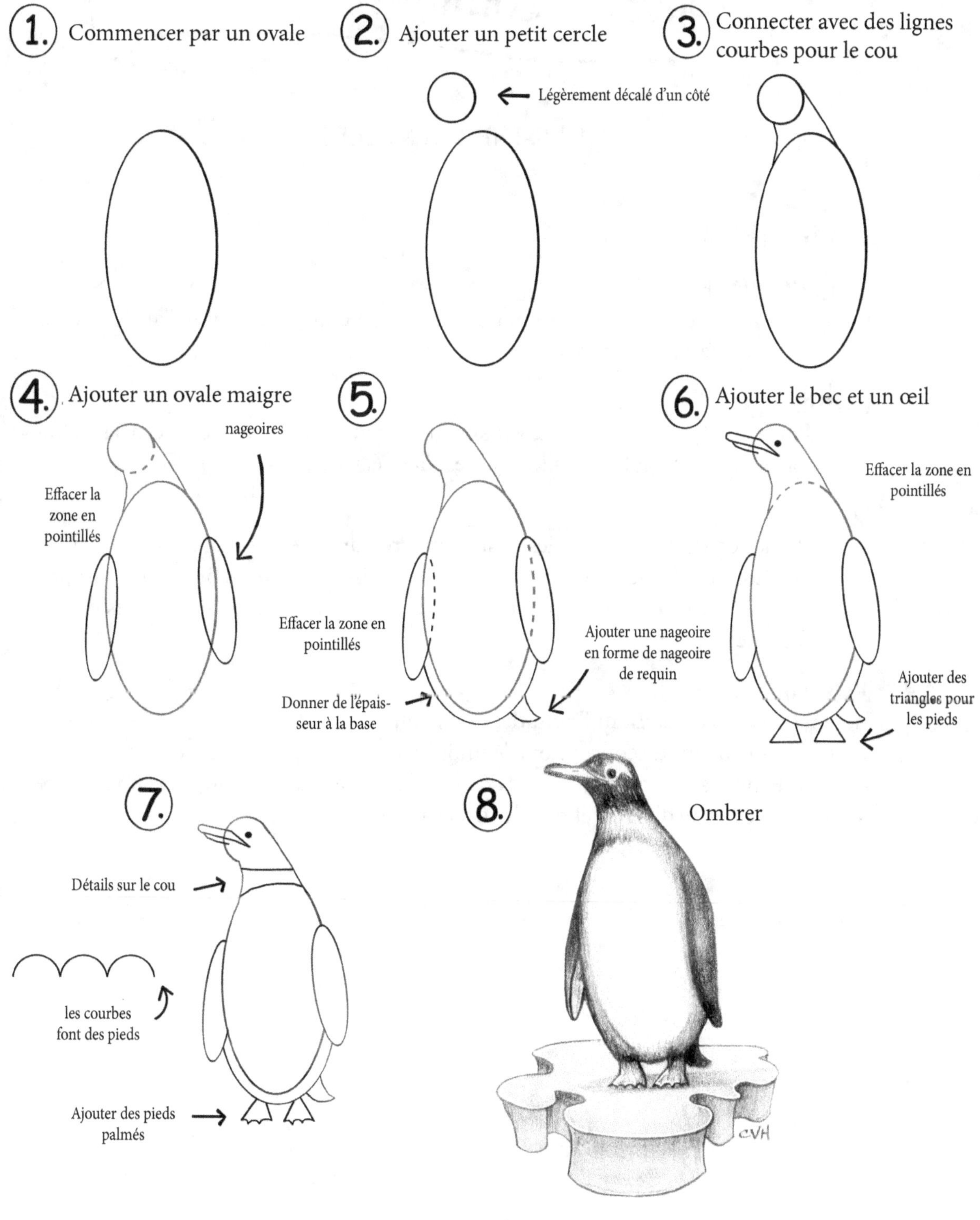

1. Commencer par un ovale

2. Ajouter un petit cercle

Légèrement décalé d'un côté

3. Connecter avec des lignes courbes pour le cou

4. Ajouter un ovale maigre

nageoires

Effacer la zone en pointillés

5.

Effacer la zone en pointillés

Donner de l'épaisseur à la base

Ajouter une nageoire en forme de nageoire de requin

6. Ajouter le bec et un œil

Effacer la zone en pointillés

Ajouter des triangles pour les pieds

7.

Détails sur le cou

les courbes font des pieds

Ajouter des pieds palmés

8. Ombrer

CVH

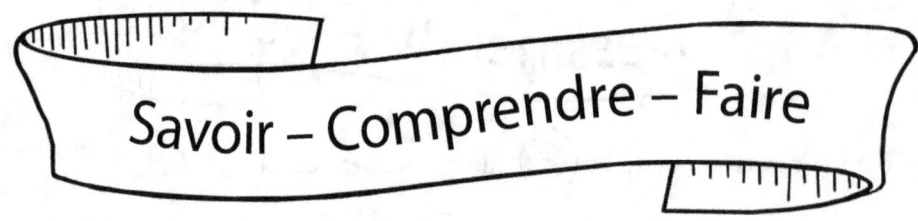

DESSINER DES AILES

SAVOIR :
Symétrie et asymétrie

COMPRENDRE :
L'équilibre permet de créer un intérêt ou un design dans une œuvre d'art. La symétrie et l'asymétrie sont deux types d'équilibre.

FAIRE :
• Pratiquer la symétrie en dessinant une créature dont les ailes ont la même forme des deux côtés, en utilisant les idées écrites ci-après.

OU
• Pratiquer l'asymétrie en dessinant une créature avec des ailes qui sont à des positions différentes sur les deux côtés en utilisant les idées présentées ci-après.
• Ajouter des éléments supplémentaires comme une auréole, des cornes ou une fourche.

VOCABULAIRE :
Asymétrie - Un objet est différent des deux côtés.
Équilibre - Principe de conception, l'équilibre fait référence à la manière dont les éléments artistiques sont arrangés pour créer un sentiment de stabilité dans une œuvre.
Symétrie - Un côté d'un objet est identique à l'autre.

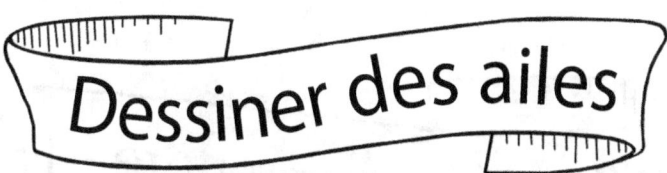

Dessiner des ailes

1. Commencer par une base de référence pour un personnage.

Ailes d'ange

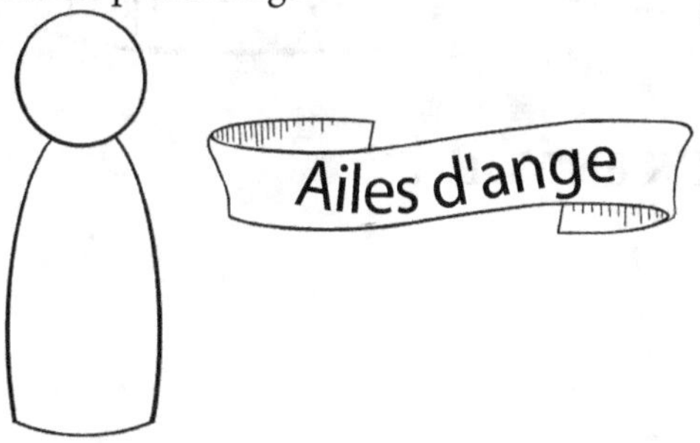

2. Dessiner légèrement les ailes angulaires

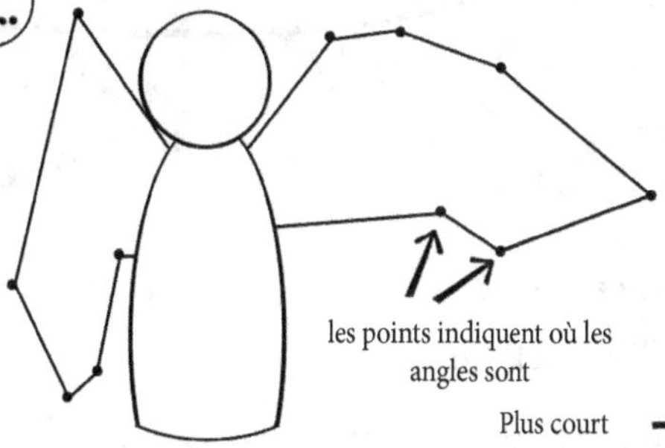

les points indiquent où les angles sont

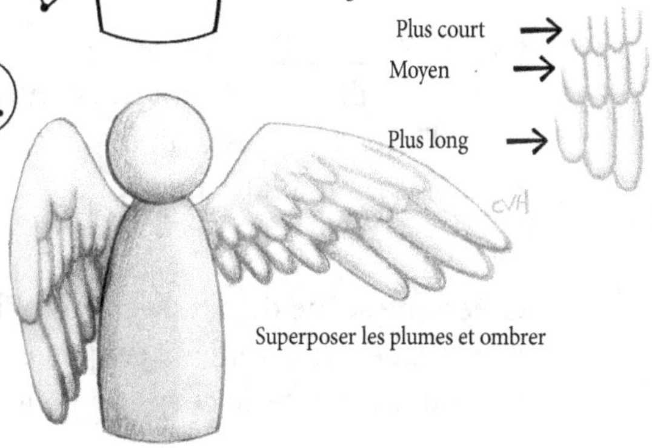

Plus court →
Moyen →
Plus long →

3. Courber les angles

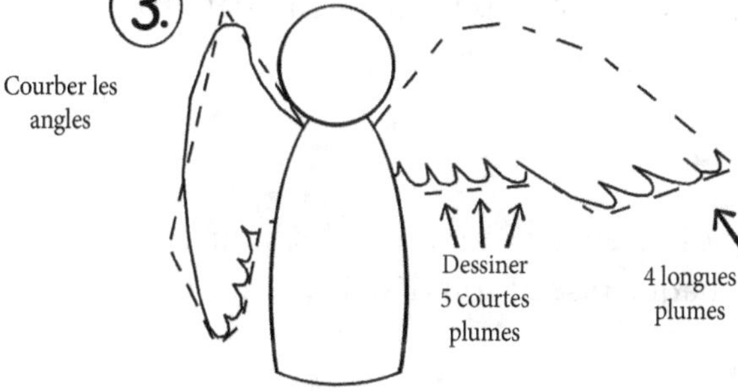

Dessiner 5 courtes plumes

4 longues plumes

4. Superposer les plumes et ombrer

CVH

1. Commencer par une base de référence pour un personnage

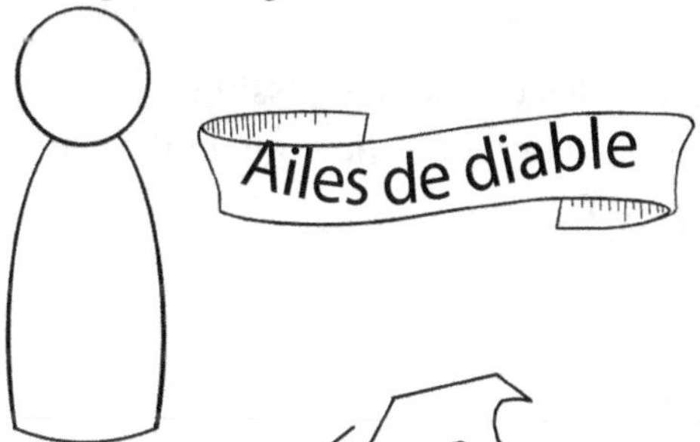

Ailes de diable

2. Ailes angulaires légèrement esquissés

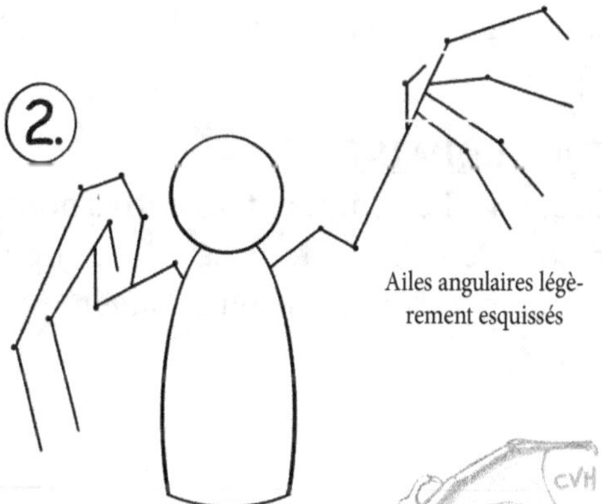

3.

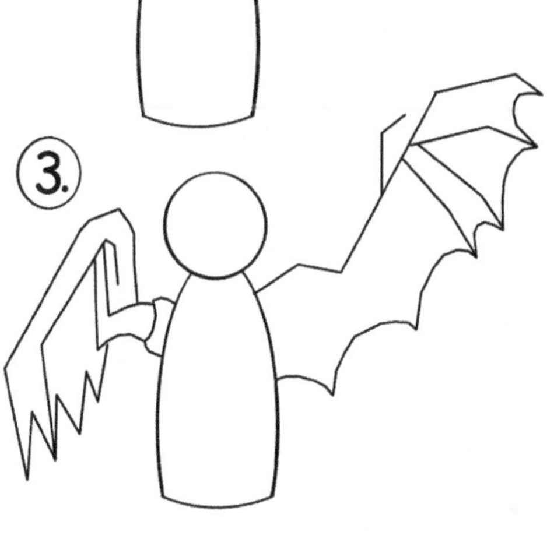

4.

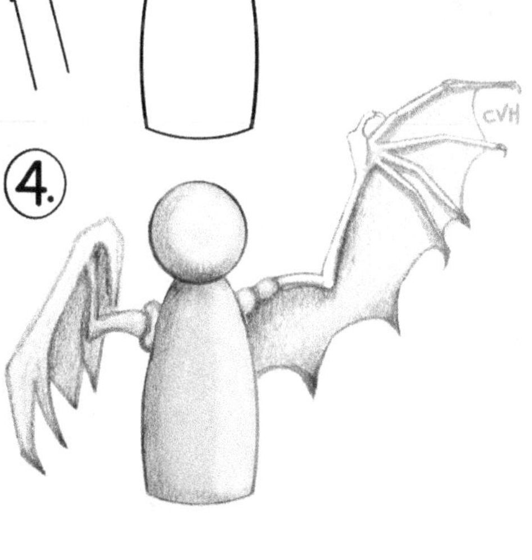

CVH

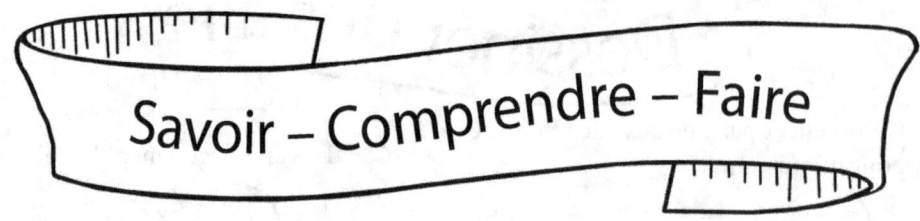

OISEAUX EN VOL

SAVOIR :
Silhouette et Contour

COMPRENDRE :
- Les silhouettes sont des contours détaillés mais ne comportent aucun détail à l'intérieur - juste un bloc de couleur uni.
- Comment faire une silhouette reconnaissable

FAIRE :
Créer une scène de paysage originale en mettant l'accent sur au moins 3 silhouettes d'oiseaux en vol. Veiller à ce que le contour de chaque oiseau soit détaillé, y compris les plumes, la tête, le corps ou la queue.

CONSEIL :
Votre silhouette a été bien dessinée si les autres personnes peuvent voir de quoi il s'agit !

VOCABULAIRE :
Contour - Le contour et les autres bords visibles d'un objet dessiné.
Silhouette - Un contour détaillé rempli d'une couleur solide, généralement du noir sur un fond blanc et le plus souvent pour un portrait

Une silhouette est un plan détaillé.

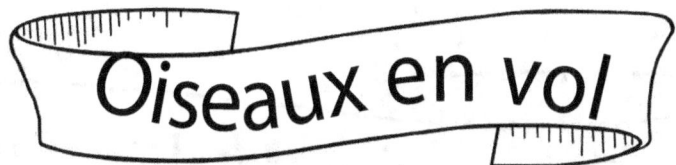

Oiseaux en vol

Ci-dessous vous trouverez trois exemples des nombreuses formes d'oiseau que vous pouvez dessiner.

1. Commencer par une forme en V large

3. Rendre le V plus épais et ajouter des détails

2. Ajouter un petit cercle au centre et au fond du V.

4. Remplir d'une couleur unie et ajouter des détails de plumes aux bords des ailes

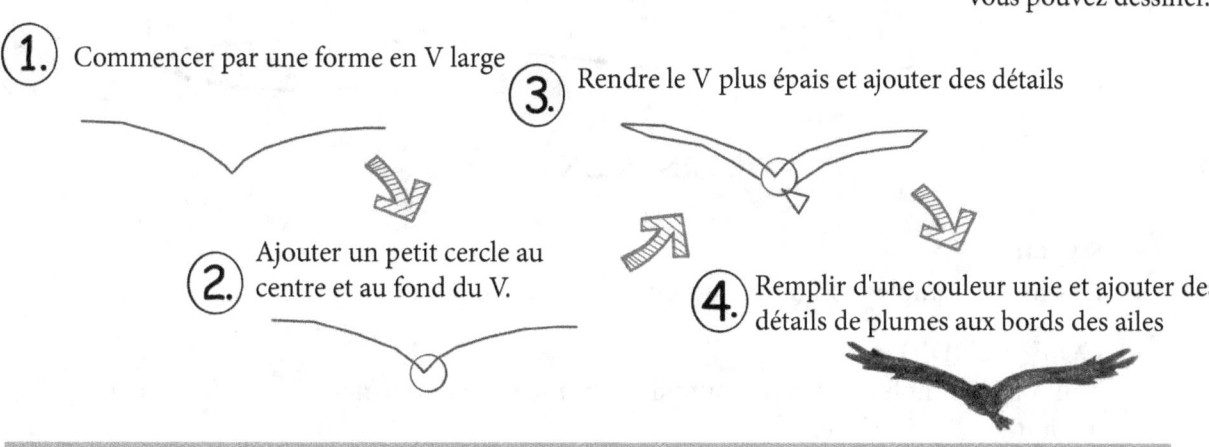

1. Commencer par une forme en W large

3. Ajouter un cercle pour la tête et un triangle pour la queue

2. Élargir le W.

4. Remplir d'une couleur unie et ajouter des détails de plumes

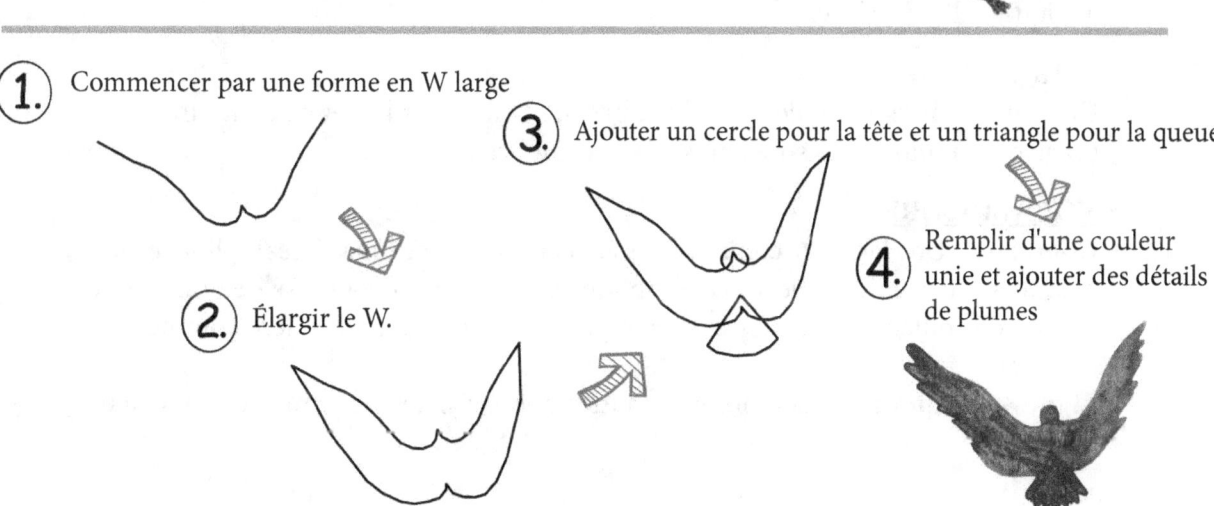

1. Commencer par une forme en V large

3. Ajouter une forme de nageoire de requin pour la tête et un triangle pour la queue

2. Élargir le V et fermer les côtés avec deux lignes obliques

4. Remplir d'une couleur unie et ajouter des détails de plumes

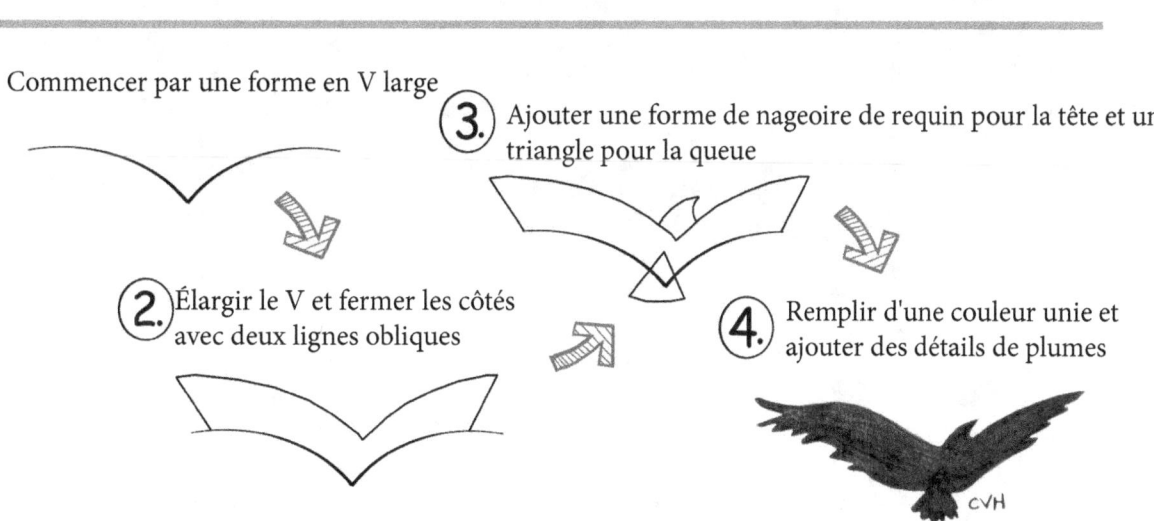

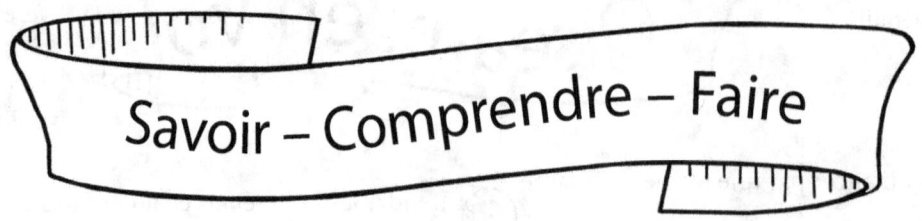

Savoir – Comprendre – Faire

DESSINER UN PITBULL

SAVOIR :
Des formes simples combinées ensemble peuvent créer des objets plus complexes

COMPRENDRE :
Tout objet complexe peut être simplifié en une série de formes géométriques et organiques reliées entre elles.

FAIRE :
Créer une œuvre originale d'un chien pitbull. Utiliser les lignes de contour et l'ombrage pour indiquer les stries musculaires. Ombrer.

VOCABULAIRE :
Complexe - Une façon de combiner les éléments de l'art de manière impliquée, pour créer des relations complexes et compliquées. Un tableau composé de nombreuses formes de couleurs, de tailles et de textures différentes est considéré comme étant complexe.
Lignes de contour - Le contour et les autres bords visibles d'une masse, d'une figure ou d'un objet.

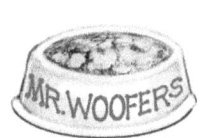

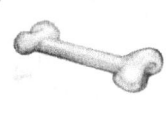

Dessiner un pitbull

①. Commencer avec

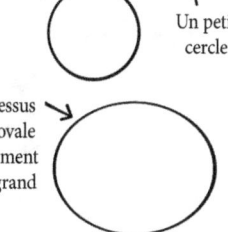

Un petit cercle

Au-dessus d'un ovale légèrement plus grand

②. Connecter avec des lignes pour le cou

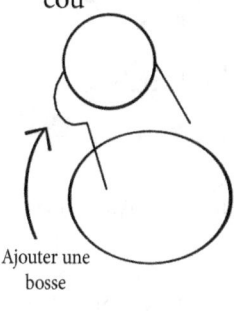

Ajouter une bosse

③. Ajouter des oreilles pointues et des pieds

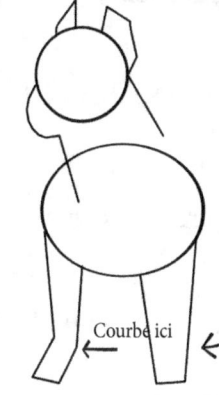

Plus épais en haut

Courbe ici

④. Effacer les zones en pointillés

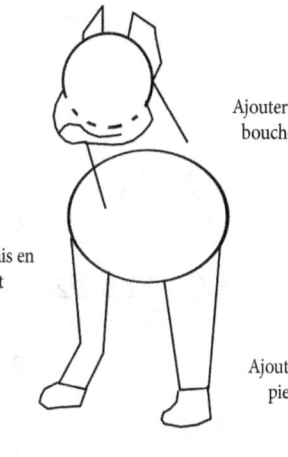

Ajouter la bouche

Ajouter les pieds

⑤. Ajouter les fesses

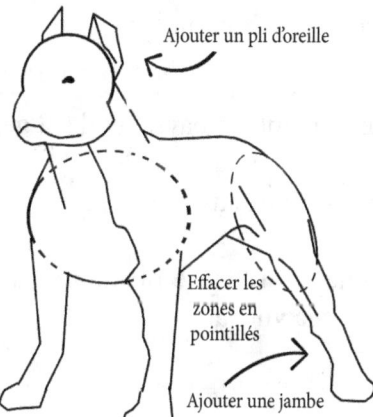

Ovale angulaire

Courber le pied

Ajouter le dos et le ventre

⑥. Ajouter plus de détails

Ajouter un pli d'oreille

Effacer les zones en pointillés

Ajouter une jambe

⑦.

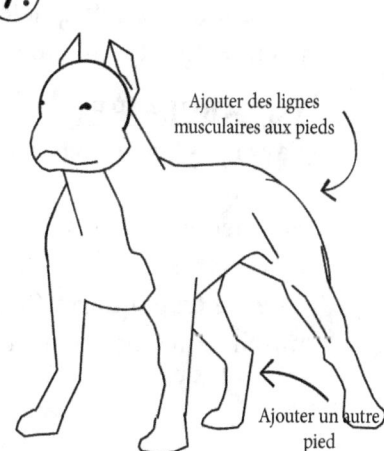

Ajouter des lignes musculaires aux pieds

Ajouter un autre pied

⑧.

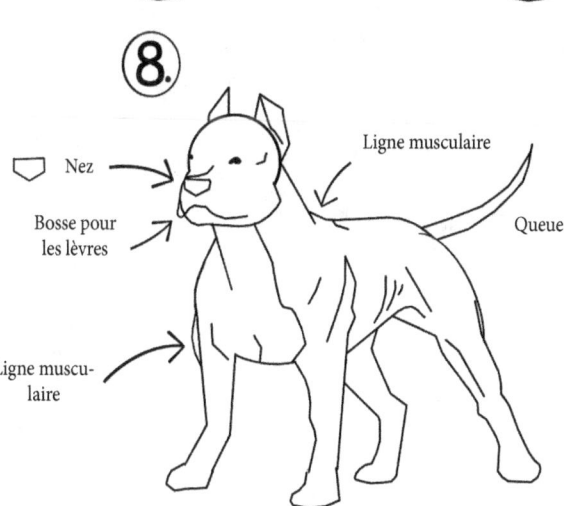

Nez

Bosse pour les lèvres

Ligne musculaire

Ligne musculaire

Queue

⑨.

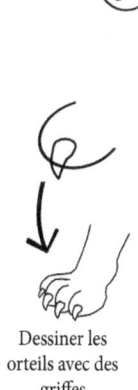

Dessiner les orteils avec des griffes

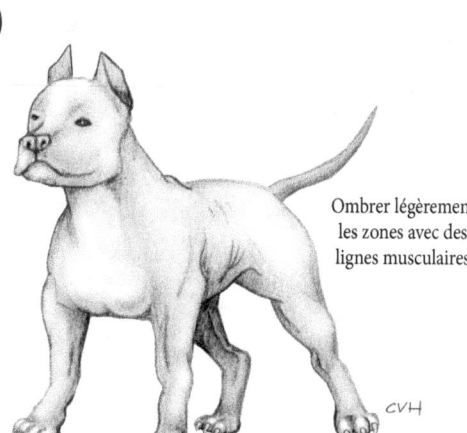

Ombrer légèrement les zones avec des lignes musculaires

CVH

153

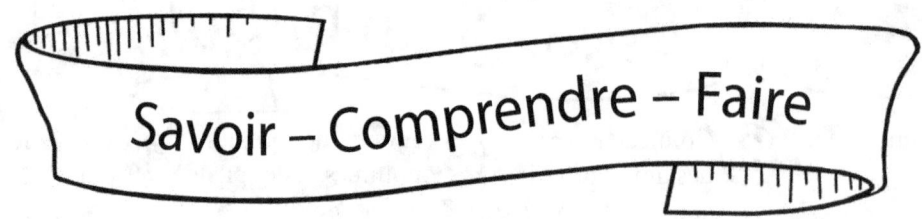

Savoir – Comprendre – Faire

DANS LA NICHE DU CHIEN

SAVOIR :
Des étapes simples pour créer une vue de trois quarts d'une maison

COMPRENDRE :
Une façon de créer l'apparence d'une maison en 3D en montrant la perspective à une vue de trois quarts

FAIRE :
Créer une niche originale en panneaux dans une scène de paysage montrant la perspective. Ajouter un chien de votre choix et ombrer.

VOCABULAIRE :
Paysage - Une œuvre d'art qui dépeint un paysage. Il y a généralement du ciel dans la scène.
Perspective - L'illusion de la 3D sur une surface 2D, créant une sensation de profondeur et d'espace en retrait.
Vue de trois quarts (3/4) - Vue d'un visage ou de tout autre sujet qui se situe à mi-chemin entre la vue de face et la vue latérale.

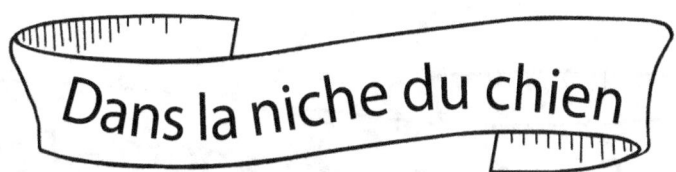

Dans la niche du chien

1. Commencer par trois lignes verticales

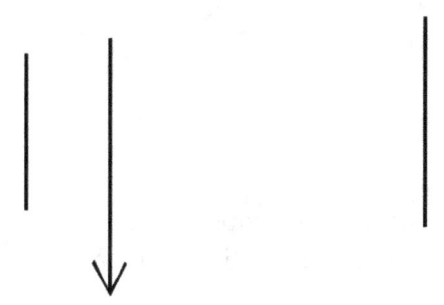

2. Les relier en haut et en bas.

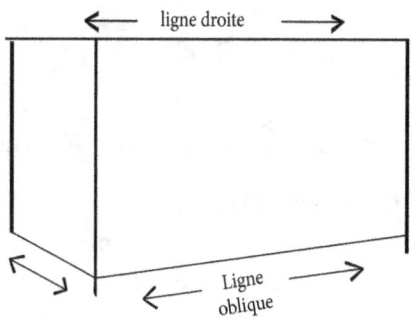

ligne droite

Ligne oblique

3. Dessiner une flèche pointant vers le haut

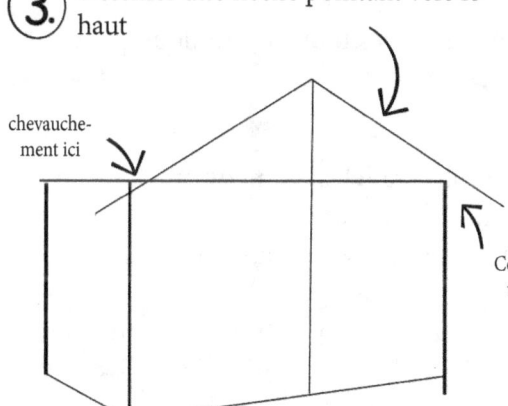

chevauche-ment ici

Ces lignes ne se touchent pas

4. Ajouter de l'"épaisseur" au toit

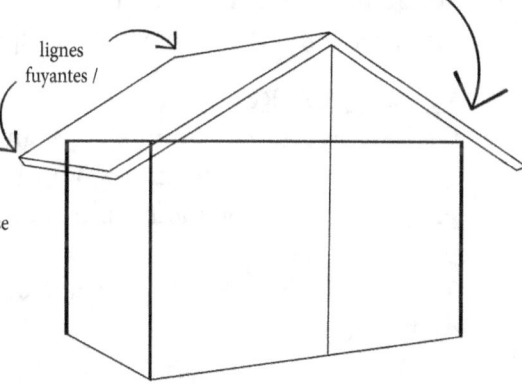

lignes fuyantes /

5.

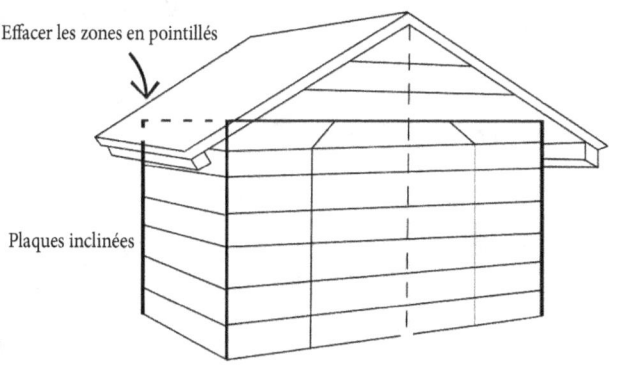

Effacer les zones en pointillés

Plaques inclinées

6. Ajouter un chien et ombrer

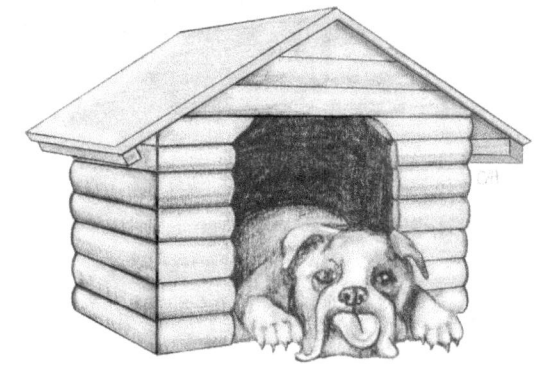

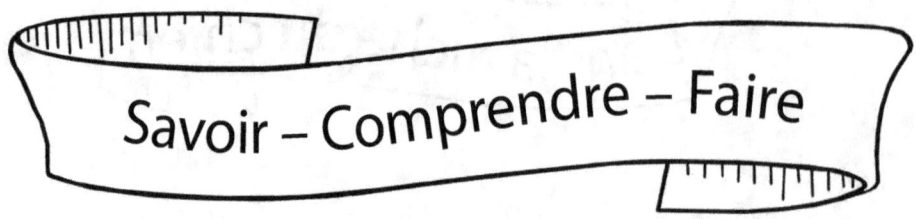

TÊTE DE LION

SAVOIR :
Les étapes pour créer une tête de lion

COMPRENDRE :
- Une grille simple peut aider à dessiner un visage de lion proportionné.
- Les techniques utilisées par un artiste pour montrer la sensation d'un objet ou sa composition dans une œuvre d'art.

FAIRE :
S'entraîner à dessiner une tête de lion en suivant les étapes fournies. Indiquer la texture de la crinière par une série de lignes courbes. Ombrer.

VOCABULAIRE :
Grille - Un cadre ou un motif de lignes croisées ou parallèles qui peuvent être utilisées comme lignes directrices pour le placement d'objets dessinés.
Proportion - la comparaison des tailles et de l'emplacement d'une partie par rapport à une autre
Texture - la façon dont quelque chose ressemble à ce qu'il pourrait être dans une œuvre d'art

Dessiner une tête de lion

1. Commencer par les lignes vues ici

lettre X

2. Ajouter les yeux, les joues et le menton

Un menton arrondi →

3. Une tête en forme de cercle

4. Crinière en forme d'œuf

5. Dessiner des lignes zig-zag autour de la crinière

Ajouter une courbe devant les oreilles

Effacer les zones en pointillé

6. Ajouter un nez en forme de cœur

Courber les bords du nez

Arrondir la bouche

7.

Des poils dans les oreilles

Des pupilles dans les yeux

plus de lignes de fourrure

8. Plus de fourrure

9. Ombrer

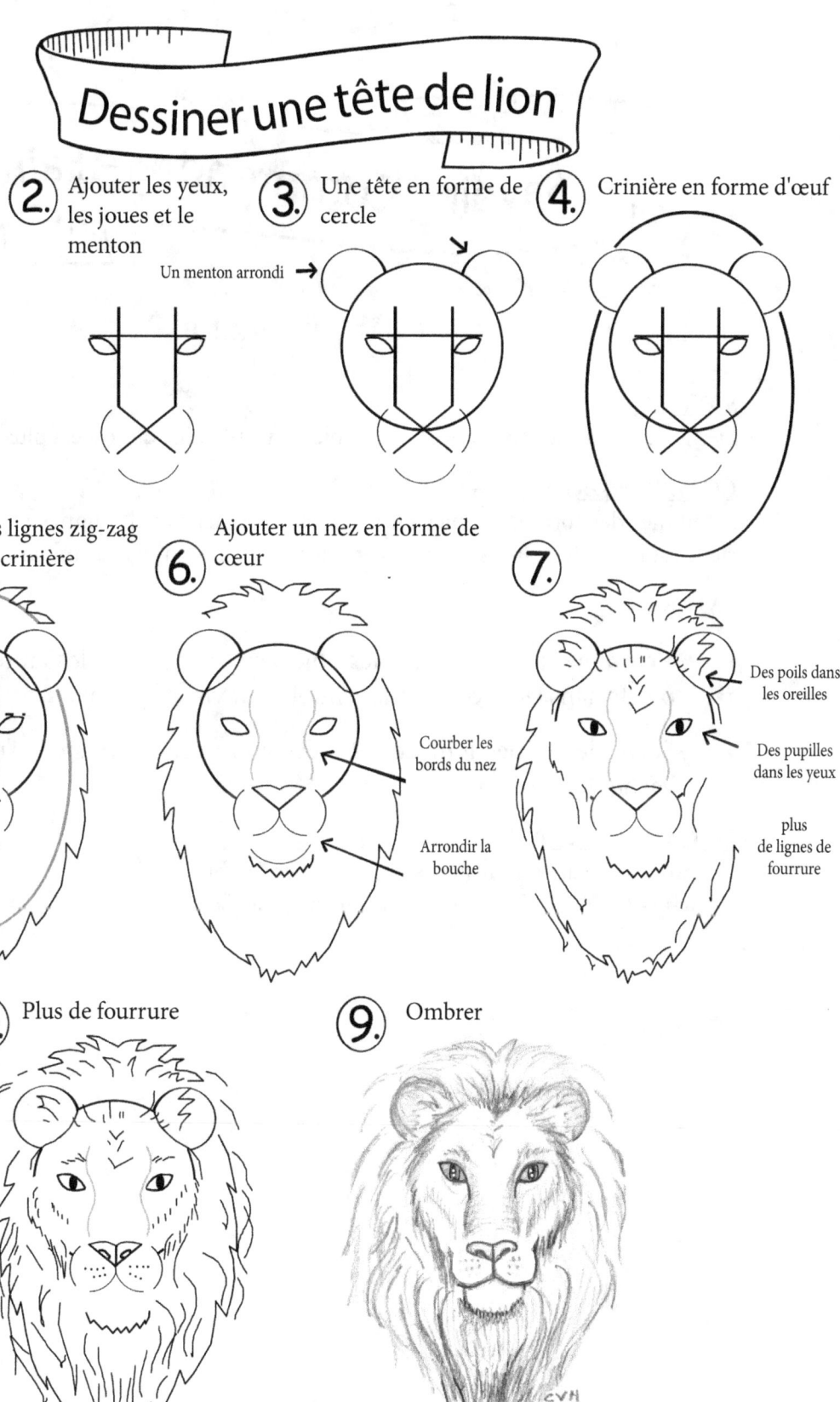

CVH

157

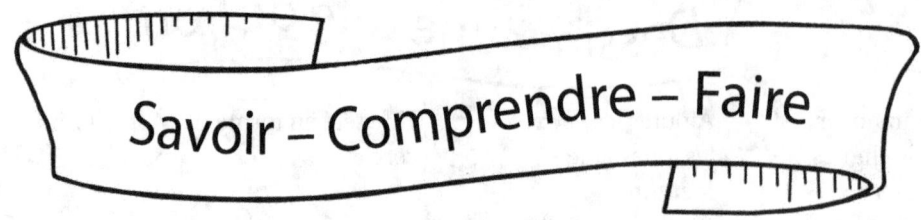

CRÂNE DE VACHE

SAVOIR :

Des formes simples combinées ensemble peuvent créer des objets plus complexes

COMPRENDRE :

Combiner des formes simples en couches, les relier par des lignes et effacer l'intérieur est une astuce utilisée par les artistes pour créer une ressemblance

FAIRE :

- S'entraîner à décomposer les objets en formes simples en regardant les objets dans la pièce et en les simplifiant visuellement.

- Suivre les étapes fournies et créer votre propre version d'un crâne de vache

VOCABULAIRE :

Combiner - Deux ou plusieurs objets mis ensemble.
Couche - Quelque chose placé sur une autre surface.

Dessiner un crâne de vache

1. Commencer par

un cercle

2. Ajouter un ovale

chevauche-ment

3. Ajouter un rectangle

Maigre et long

4. Effacer l'intérieur

5. Ajouter des petits carrés

Couper les angles ici

Et ici

6. Connecter le bord extérieur

Connecter

7. Effacer l'intérieur

8. Ajouter des carrés

Oeil triangu-laire

9. Ajouter des cornes courbes

Arrondir tous les points d'angles

½ cercle dans l'œil

Ajouter les narines en utilisant une forme en W

10. Ombrer et ajouter des éléments supplémentaires comme des fissures ou du fil barbelé

Mooo!

CYH

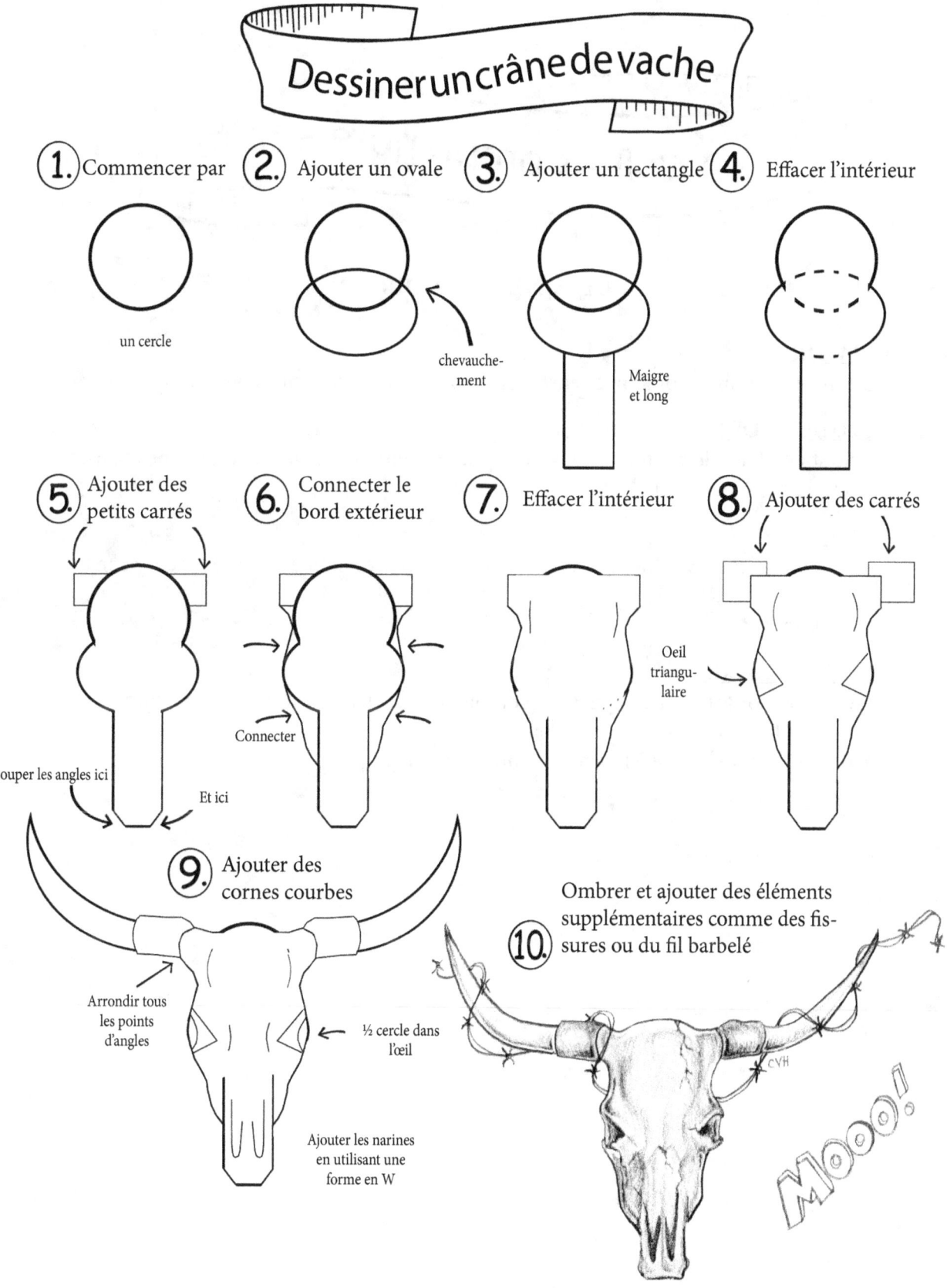

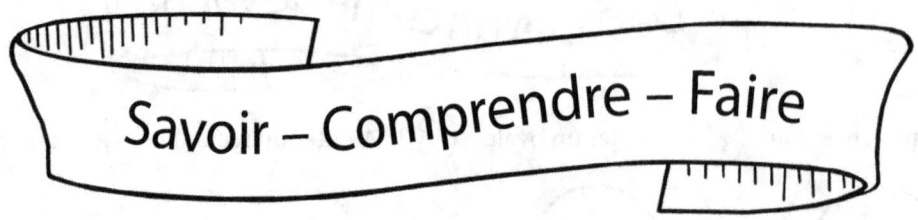

DESSINER UN COBRA

<u>SAVOIR :</u>
Des formes simples combinées ensemble peuvent créer des objets plus complexes

<u>COMPRENDRE :</u>
L'ajout de lignes de contour en les « enroulant » autour des tubes donne une apparence de détail et de 3D.

<u>FAIRE :</u>
- Suivre les étapes fournies et créer votre propre version d'un serpent cobra enroulé.
- Ombrer

<u>VOCABULAIRE :</u>
Lignes de contour - Les lignes de contour ou de détail intérieur d'un objet qui montrent la forme
Volume - Fait référence à l'espace à l'intérieur d'une forme.

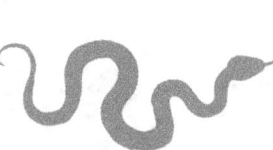

Dessiner un cobra

1. Petit cercle

2. Ajouter une ligne des sourcils

3. Ajouter une ligne de bouche

4. Ajouter un nez

5. Dessiner un S à l'envers

6. Ligne buccale

Dessiner une ligne en arc de cercle pour le dos

7. Ajouter des crocs

Ajouter un autre S à l'envers ici

8. Effacer la zone en pointillés

Ajouter la bobine ici

9. Ajouter le dos

Une autre bobine

10. Des lignes courbes autour du centre du corps

Petite bobine

Une autre bobine

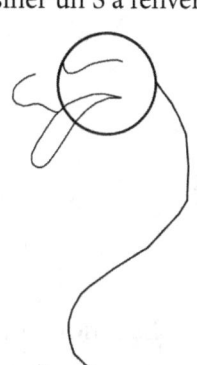

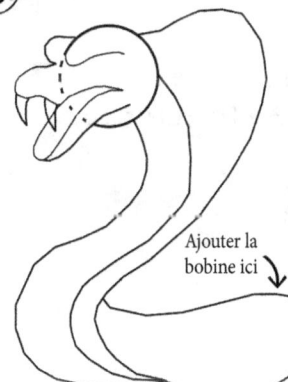

11. Terminer l'œil, ajouter la langue et les narines

12. Ombrer

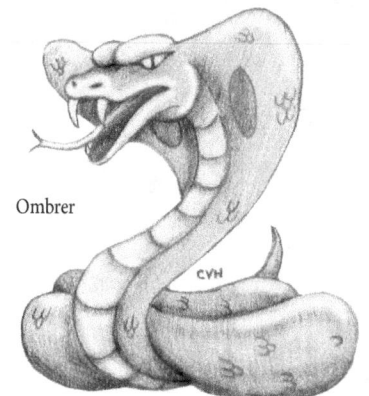

161

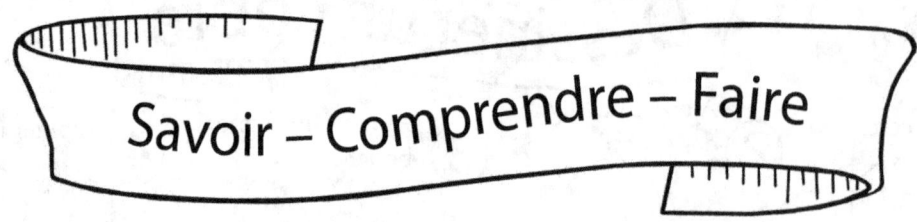

Savoir – Comprendre – Faire

TIGRE GRIMPANT

SAVOIR :
- Chevauchement, superposition, motif

COMPRENDRE :
La superposition de formes simples peut être la première étape de la création de formes complexes

FAIRE :
Suivez les étapes présentées ci-après pour créer un tigre grimpant. Le rendre unique en créant un motif de rayures original qui « s'enroule » autour de son corps. Cet « enroulement » indique la forme. Ombrer.

VOCABULAIRE :
Superposition - Placer quelque chose sur une autre surface ou un autre objet
Chevauchement - Lorsqu'une chose se trouve au-dessus d'une autre et la recouvre en partie.

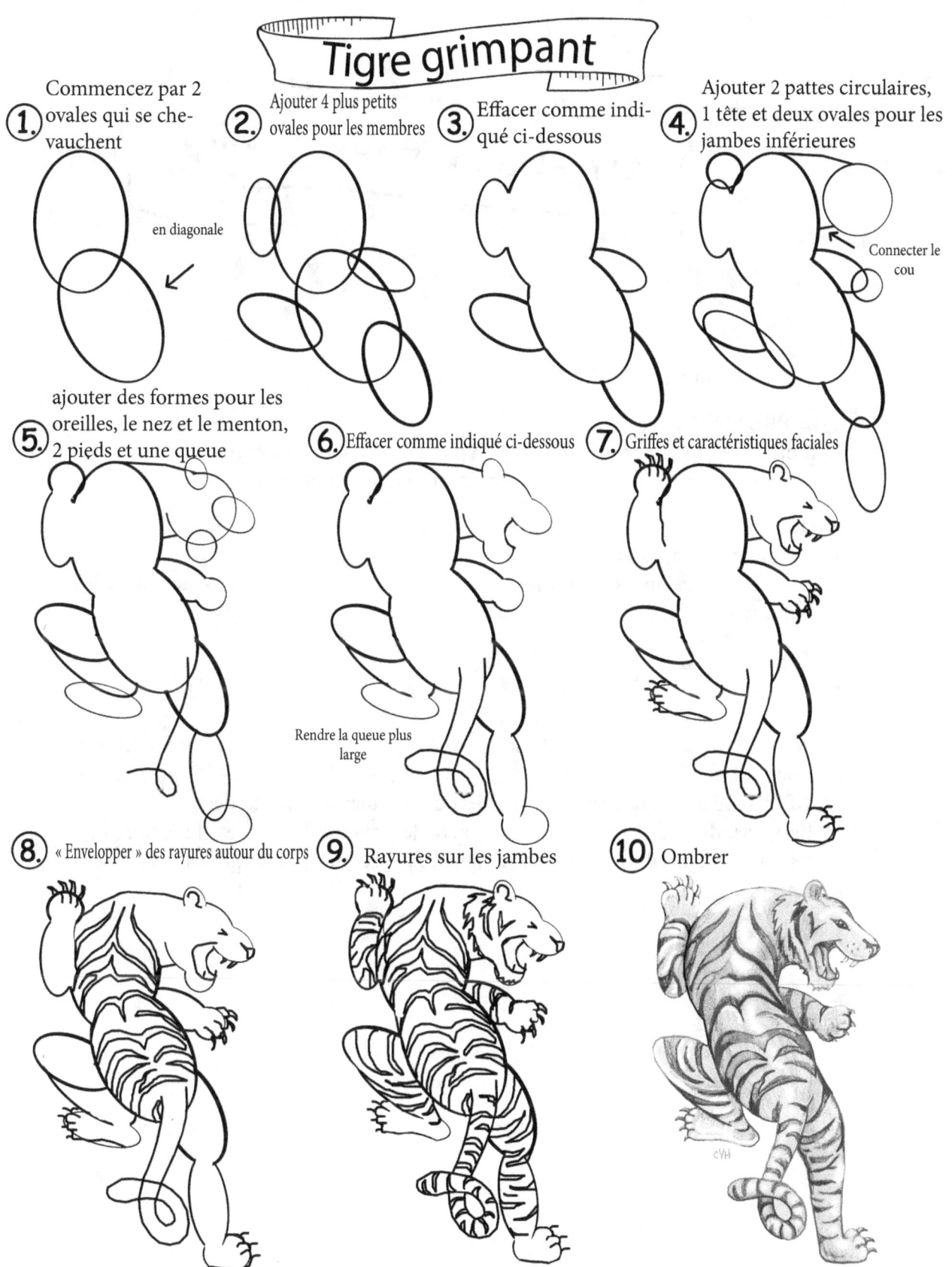

Tigre grimpant

1. Commencez par 2 ovales qui se chevauchent

en diagonale

2. Ajouter 4 plus petits ovales pour les membres

3. Effacer comme indiqué ci-dessous

4. Ajouter 2 pattes circulaires, 1 tête et deux ovales pour les jambes inférieures

Connecter le cou

5. ajouter des formes pour les oreilles, le nez et le menton, 2 pieds et une queue

6. Effacer comme indiqué ci-dessous

Rendre la queue plus large

7. Griffes et caractéristiques faciales

8. « Envelopper » des rayures autour du corps

9. Rayures sur les jambes

10. Ombrer

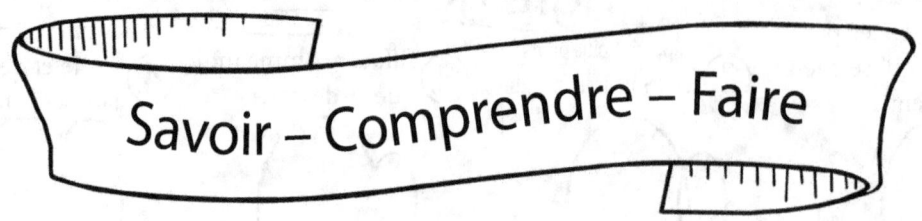

DRAGON

SAVOIR :
Lignes de contour, chevauchement, motif, styliser

COMPRENDRE :
Comment commencer par une simple ligne en spirale et la développer jusqu'à ce qu'elle devienne une œuvre d'art unique représentant un dragon

FAIRE :
- Suivre les étapes indiquées ci-dessous pour créer un dragon stylisé
- Utiliser des motifs et des lignes de contour pour montrer les détails et les formes.

VOCABULAIRE :
Lignes de contour - Les lignes de contour ou de détail intérieur d'un objet qui montrent la forme

Chevauchement - Lorsqu'une chose se trouve au-dessus et recouvre partiellement une autre

Motif - La répétition de formes, de lignes ou de couleurs dans un dessin.

Styliser - Modifier les formes, les couleurs ou les textures naturelles afin d'faire une représentation dans un style ou d'une manière prédéfinie, plutôt que selon la nature ou la tradition

Dragon de l'orient

1. Commencer par une ligne courbe

2. Doubler l'épais- seur de la ligne

3. Ajouter une bouche et une tête circulaire

4. Ajouter des « cornes »

et un sourcil

Et les pieds

5. dessiner des épines sur le dos, les griffes et les crêtes ventrales

6. Ajouter des détails sur les crocs et la colonne vertébrale

7. Plus de détails

8. Ombrer

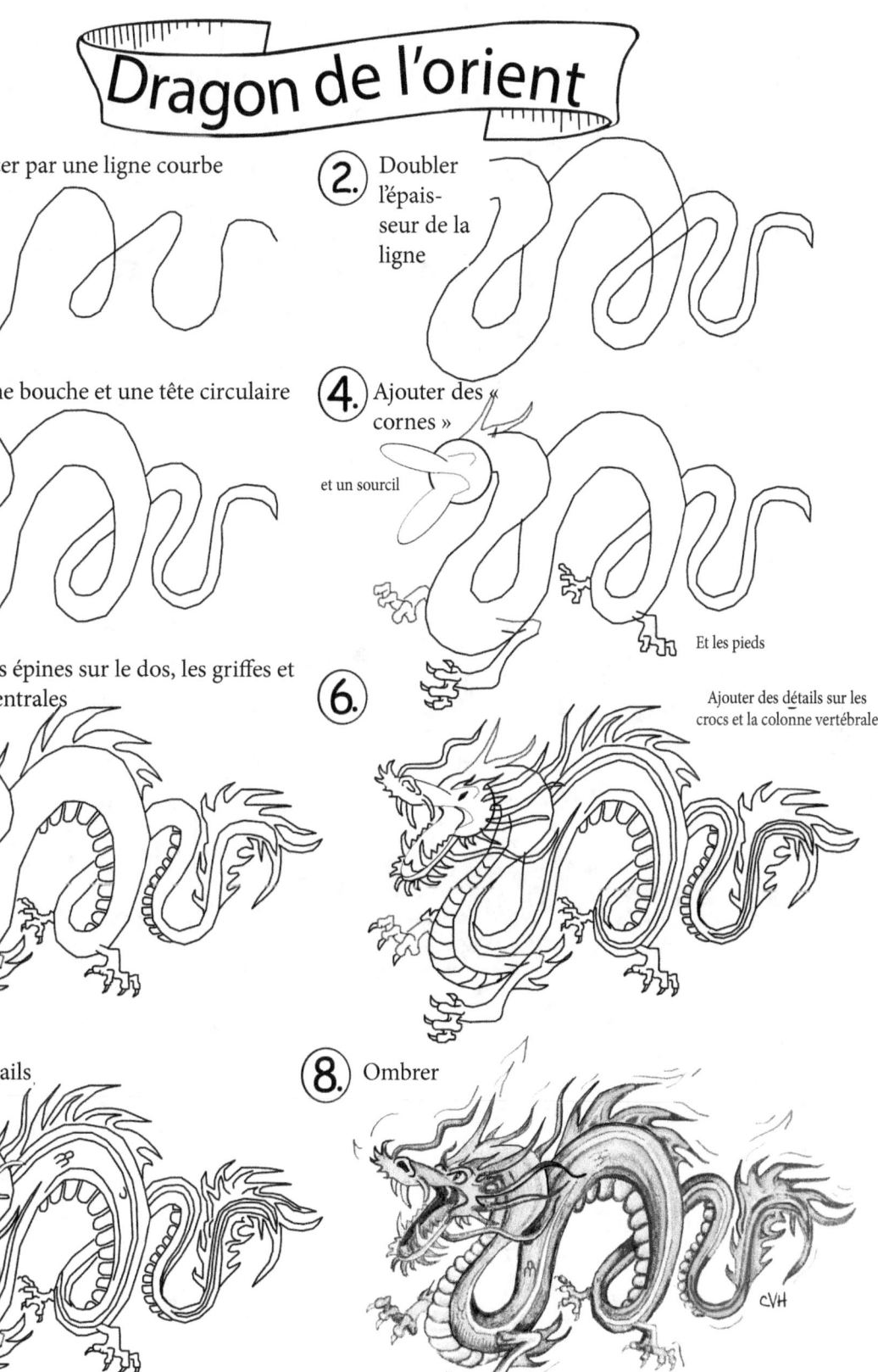

CVH

Chapitre 6

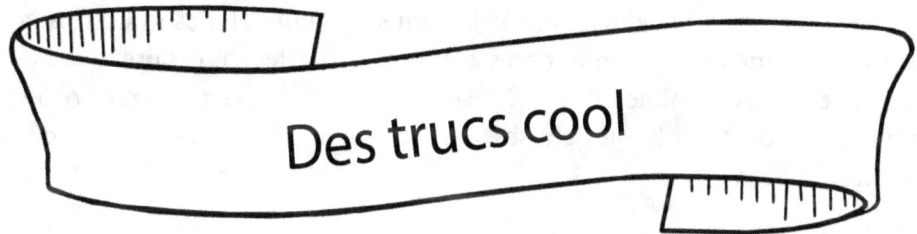

Des trucs cool

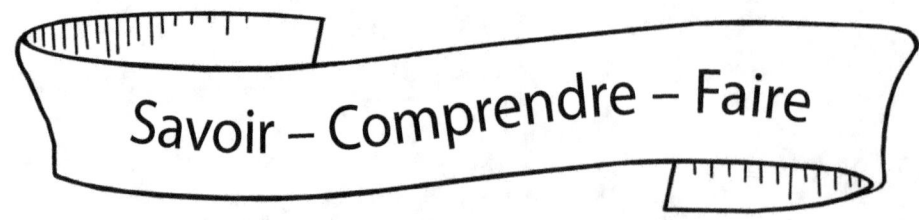

MAINS EN PRIÈRE

SAVOIR :
- La symétrie d'une forme organique

COMPRENDRE :
- Comment représenter des mains en prière réalistes en utilisant des lignes de contour, des ombres et des petits détails ?
- Comment décomposer les formes organiques en lignes simples et angulaires

FAIRE :
Créer une paire réaliste de mains en prière en suivant les étapes indiquées ci-après. Ajouter des éléments supplémentaires comme des perles de rosaire, des menottes, etc. pour rendre l'ensemble unique. Ne se soucier pas d'essayer de rendre les mains identiques des deux côtés - les choses sont rarement exactement symétriques dans la nature. Ombrer.

VOCABULAIRE :
Lignes de contour - Les lignes de contour ou de détail intérieur d'un objet qui montrent la forme
Forme organique - Une forme irrégulière que l'on peut trouver dans la nature, plutôt qu'une forme mécanique ou angulaire.
Symétrie - Un objet qui est le même des deux côtés.

Mains en prière

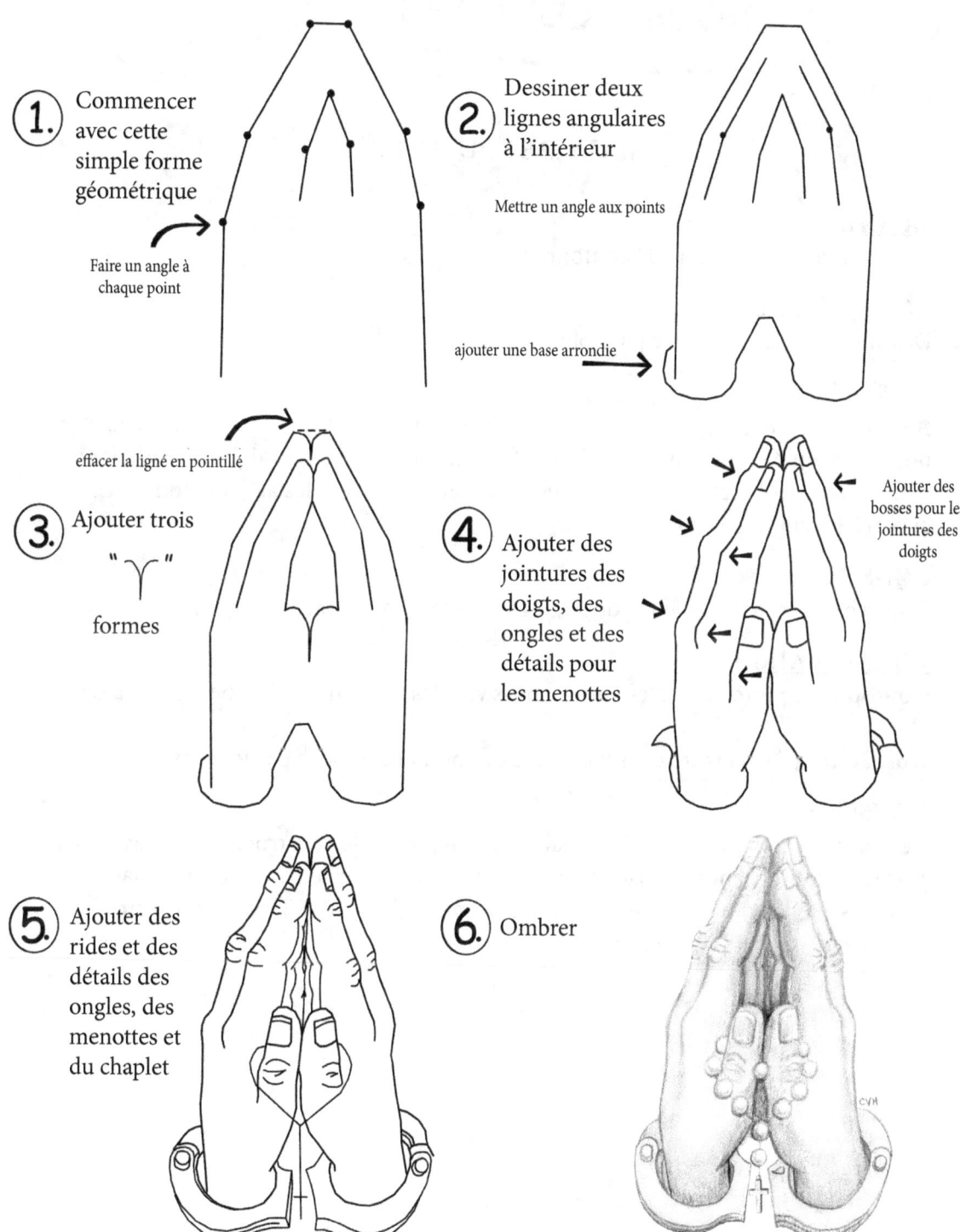

1. Commencer avec cette simple forme géométrique

Faire un angle à chaque point

2. Dessiner deux lignes angulaires à l'intérieur

Mettre un angle aux points

ajouter une base arrondie

effacer la ligné en pointillé

3. Ajouter trois " Y " formes

4. Ajouter des jointures des doigts, des ongles et des détails pour les menottes

Ajouter des bosses pour les jointures des doigts

5. Ajouter des rides et des détails des ongles, des menottes et du chaplet

6. Ombrer

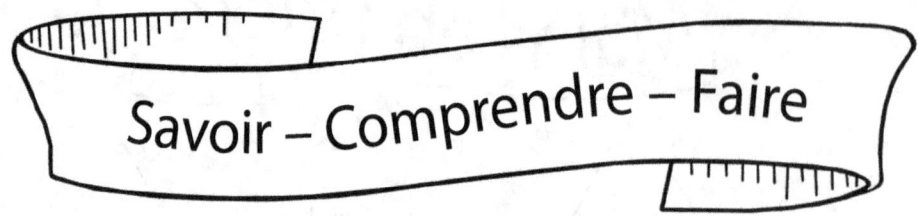

MAIN DE SQUELETTE

SAVOIR :
Les os de la main, la ligne de contour et l'observation

COMPRENDRE :
Dessiner une ressemblance par l'observation

FAIRE :
À partir de votre propre main, dessiner une main squelettique tout en apprenant le nom de chaque section osseuse à l'aide des conseils et astuces indiqués. Pendant que vous dessinez, observez votre main et notez où se trouvent les articulations. Celles-ci représentent les sections entre les os.

CONSEIL :
Tenir votre crayon à un angle de 90 degrés lorsque vous tracez votre main.

VOCABULAIRE :
Contour - Le périmètre et les autres bords visibles d'une masse, d'une figure ou d'un objet
Observation - Recevoir la connaissance du monde extérieur par les sens.

CONSEIL :
Ce dessin est très joli lorsqu'il est réalisé sur du papier de construction noir avec des pastels à l'huile blancs. Utilisez toujours un crayon pour le contour de la main. Ce n'est pas aussi facile à voir, mais vous n'avez pas besoin de l'effacer après pour obtenir l'effet de la main squelettique.

Main squelette

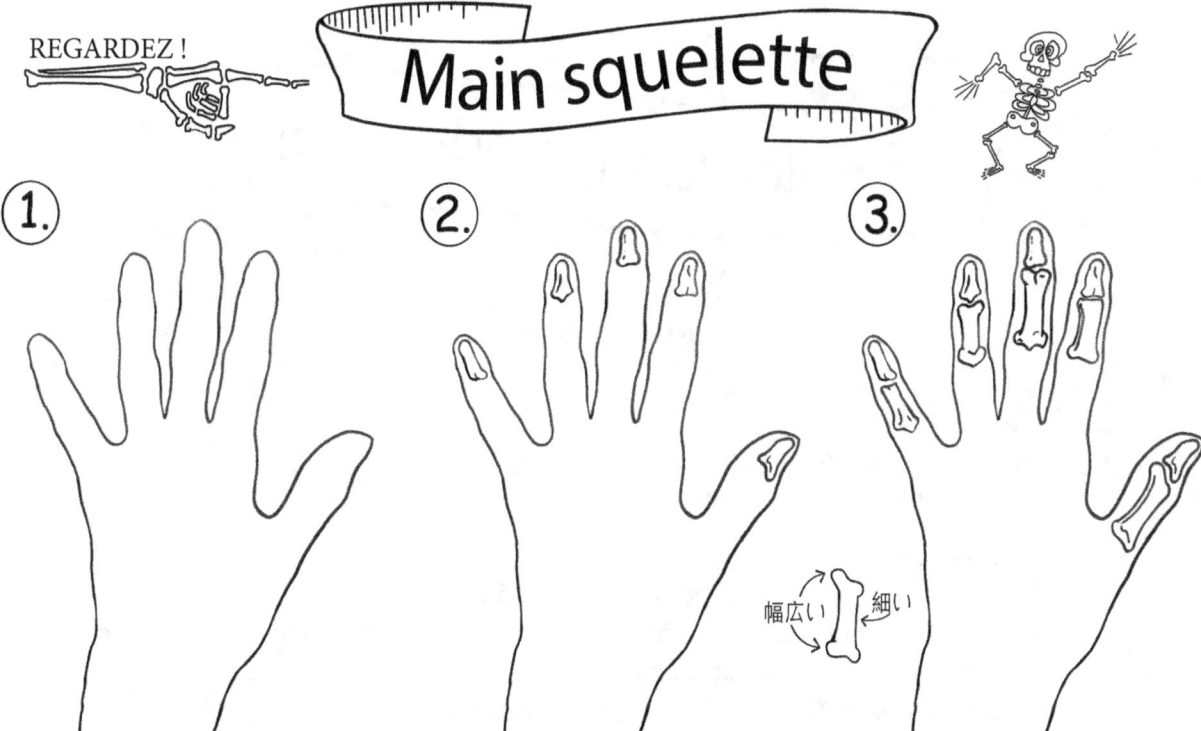

1. Commencer par tracer votre main. Si vous êtes droitier, tracer votre gauche, etc.
CONSEIL : Pour obtenir la meilleure forme de main, garder votre crayon à un angle de 90.

2. Ensuite, ajouter les phalanges digitales au-dessus de la première jointure.
REMARQUE : Cet os a l'aspect d'une tête de flèche arrondie dans la région du doigt et de l'ongle.

幅広い 細い

3. Ajouter les phalanges intermédiaires. Ces os sont larges aux extrémités et étroits au centre.

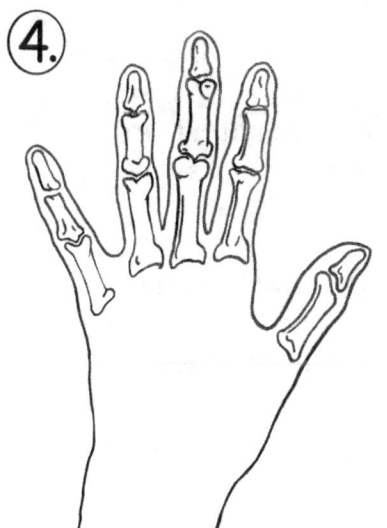

4. Ensuite, on ajoute les phalanges proximales.
Cela complètera la partie doigt de la main squelette

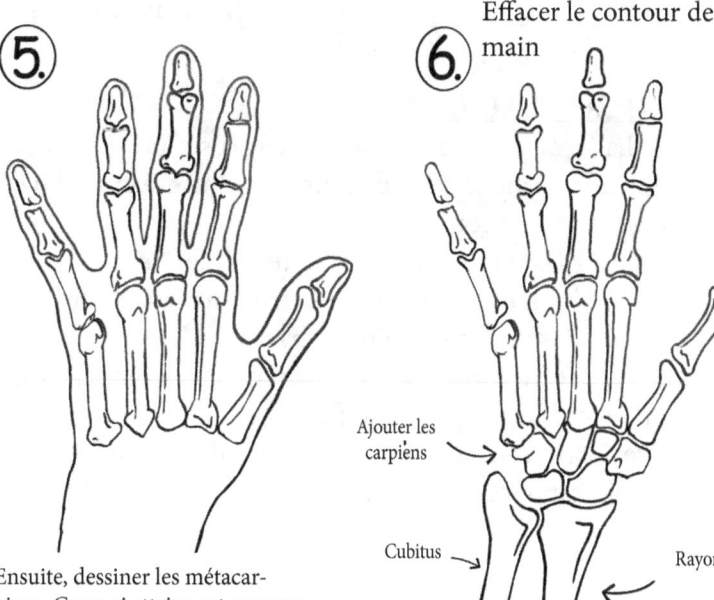

5. Ensuite, dessiner les métacarpiens. Ceux-ci atteignent presque la zone du poignet.

6. Effacer le contour de la main

Ajouter les carpiens

Cubitus

Rayon

171

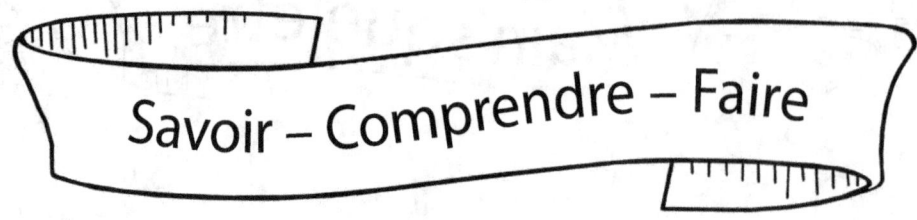

TROIS CRÂNES

SAVOIR :
- Symétrie/équilibre du miroir
- Les principaux os de la tête

COMPRENDRE :
- Les bases de la proportion pour créer un crâne
- On parle de symétrie en miroir lorsque les parties d'une image ou d'un objet sont organisées de telle sorte qu'un côté duplique (reflète) l'autre.
- La symétrie parfaite est rarement présente dans la nature
- Les formes complexes peuvent être simplifiées en figures

FAIRE :
Les élèves discuteront des principaux os de la tête et des proportions de base d'un crâne humain. Ils créeront ensuite une œuvre originale de « Trois crânes » en utilisant des figures géométriques simples embellies en formes complexes et en indiquant la symétrie du miroir.

VOCABULAIRE :
2- La façon dont les éléments de l'art sont disposés pour créer un sentiment de stabilité dans une œuvre ; une disposition agréable ou harmonieuse des parties dans un dessin ou une composition

Crâne - Os qui renferme la boîte crânienne

Crâne humain - Soutient les structures du visage et forme une cavité pour le cerveau 2- Os de la mâchoire inférieure

Symétrie du miroir - Les parties d'une image ou d'un objet organisées de telle sorte qu'un côté duplique (ou reflète) l'autre

Proportion - La comparaison des tailles et de l'emplacement d'un élément d'un objet par rapport à un autre.

Trois crânes

1. Commencer par un cercle

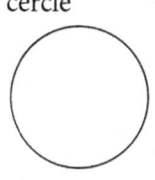

2. Ajouter deux cercles additionnels sur chaque côté

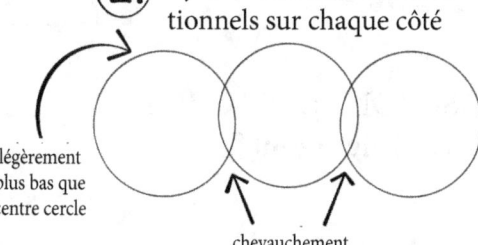

légèrement plus bas que centre cercle

chevauchement

3. Ajouter les formes en-dessous des cercles comme indiqué ci-dessous

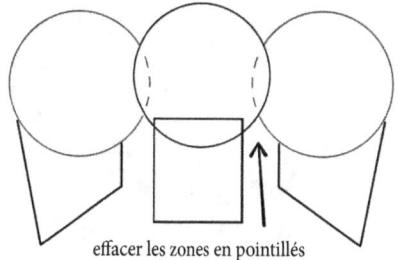

effacer les zones en pointillés

4. Ajouter des triangles pour les nez, réduire les mentons et effacer les zones en pointillés

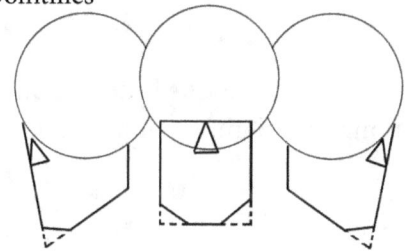

5. Ajouter des ovales pour les yeux près de la moitié inférieure des cercles come indiqué ci-dessous

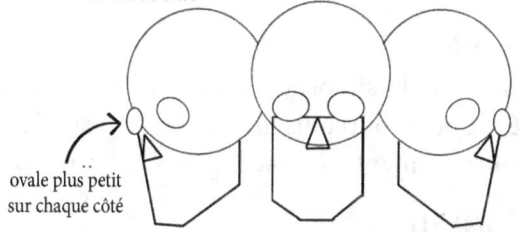

ovale plus petit sur chaque côté

6. Ajouter des crêtes de sourcils et les os des joues comme indiqué ci-dessous

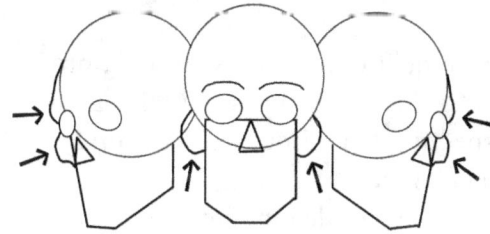

7. Ajouter des lignes pour les dents et des détails sur les côtés

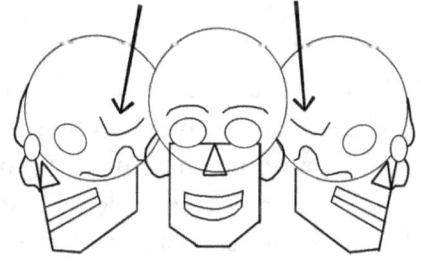

8. Ajouter des détails sur les dents, arrondissez la ligne de la mâchoire et effacez les zones en pointillé.

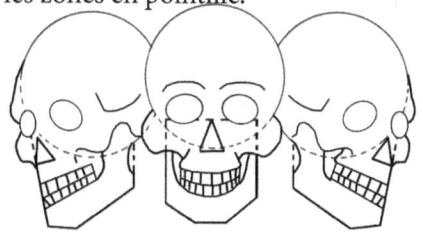

9. Lisser les bords tranchants et ombrer

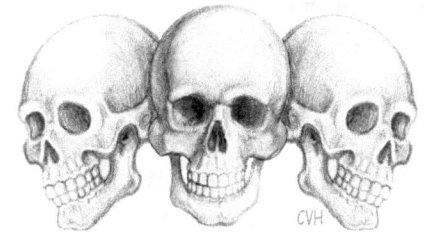

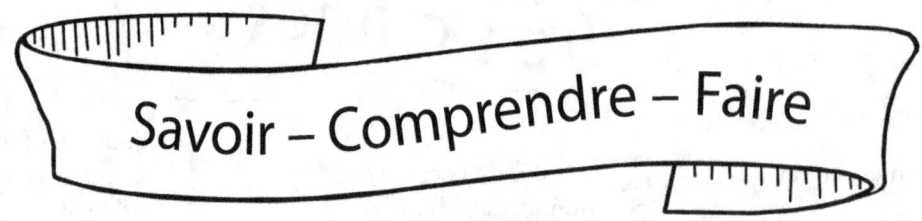

POSITIONS DES MAINS
(Doigt pointé)

SAVOIR :
Raccourcissement, perspective

COMPRENDRE :
Comment créer l'illusion de la 3D pour qu'il y ait un fort contraste entre les tailles des parties proches et éloignées d'un objet.

FAIRE :
Créer un dessin original d'une main pointue vue de face. S'assurer que le doigt pointé est beaucoup plus grand que le reste de la main pour créer l'impression d'un raccourcissement. Ne tracer pas. Ombrer.

CONSEILS :
Lors de l'ombrage, mettre les valeurs les plus sombres entre les doigts et les plis des articulations. Effacer quelques points sur les jointures supérieures, le centre des doigts et entre les plis pour créer un effet de surbrillance naturel.

VOCABULAIRE :
2- Façon de représenter un objet de manière à ce qu'il donne l'illusion de la profondeur, semblant avancer ou reculer dans l'espace. Le succès du raccourcissement dépend souvent d'un point de vue ou d'une perspective dans lesquels il existe un fort contraste entre les tailles des éléments proches et éloignés.

Mise en évidence - La zone d'une surface qui reflète le plus de lumière ; pour attirer l'attention sur une zone d'un dessin ou la mettre en valeur par l'utilisation de valeurs.

Perspective - Technique utilisée pour créer une impression de profondeur ou d'espace en retrait dans une œuvre d'art ; illusion de 3D sur une surface 2D.

Point de vue - Position ou angle à partir duquel quelque chose est observé ou considéré ; direction du regard de l'observateur

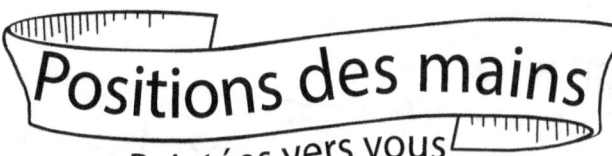

Positions des mains

Pointées vers vous

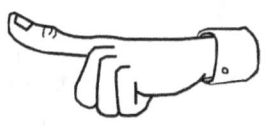

1. Commencer par un cercle

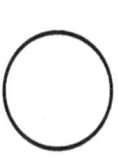

2. Ajouter un angle ' ovale angulaire

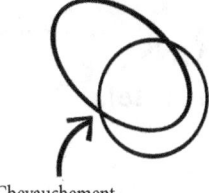

Chevauchement

3. Ajouter un ovale plus long à côté

Plus bas

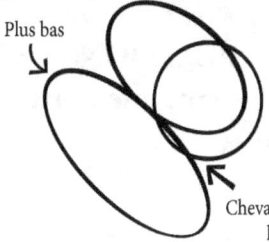

Chevauchement léger

4. Ajouter un autre long ovale

Dessiner à un angle descendant

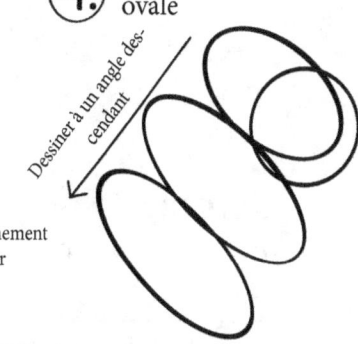

5. Ajouter un dernier ovale angulaire

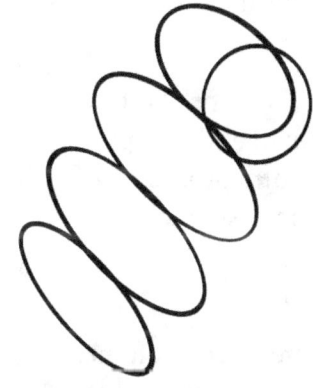

6. Ajouter un ovale pour le pouce

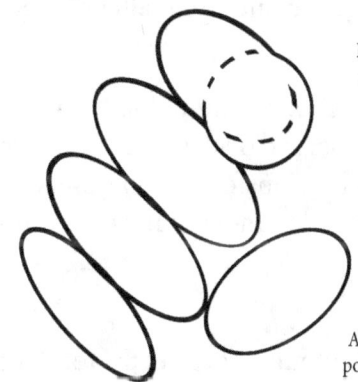

7. Connecter les hauts des jointures avec des lignes courbes

Effacer la zone intérieure du doigt

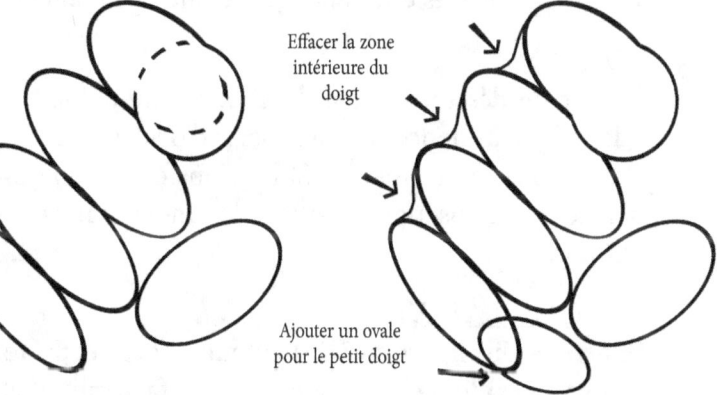

Ajouter un ovale pour le petit doigt

8. Ajouter un ongle

Le connecter aux lignes courbes ici

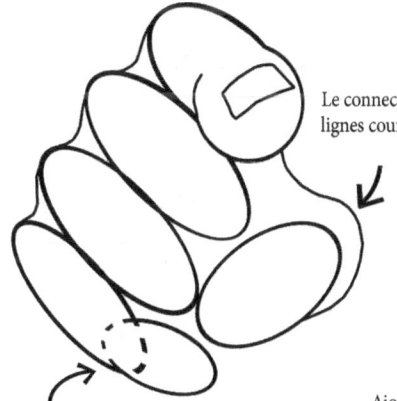

Effacer la zone en pointillés à l'intérieur du petit doigt

9. Ajouter des rides sur les jointures. Effacer les zones en pointillés

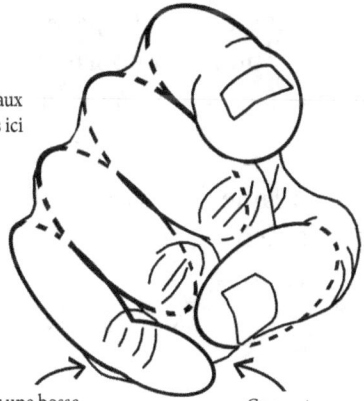

Ajouter une bosse

Connecter

10. Ombrer

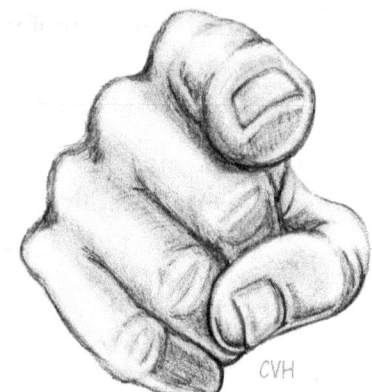

CVH

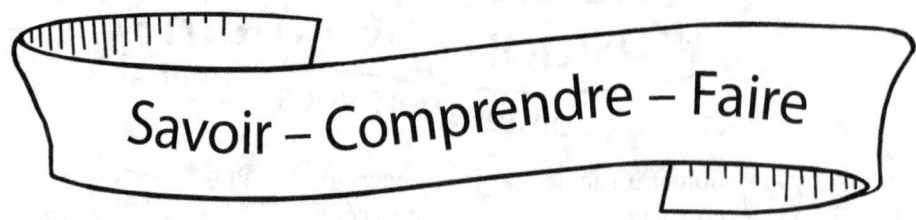

POSITIONS DES MAINS
(tenant une horloge fondante)

SAVOIR :

Perspective, Proportion

COMPRENDRE :

- L'utilisation des proportions, de la perspective et de l'observation pour créer une main tenant un objet
- De subtiles différences de forme et de taille rendent nos mains uniques

FAIRE :

Créer un dessin original d'une main humaine tenant un objet (une horloge fondante). Commencer par une série d'ovales dans une forme d'éventail et développer ces formes, pour finalement les transformer en doigts. Regarder votre propre main en coupe et observer la taille et les angles naturels comme référence. Ne tracer pas. Ombrer.

VOCABULAIRE :

Forme - Une figure en 3D (hauteur, largeur et profondeur) qui renferme un volume.

Mise en évidence - La zone d'une surface qui reflète le plus de lumière ; attirer l'attention sur une zone d'un dessin ou la mettre en valeur par l'utilisation de valeurs.

Perspective - Technique utilisée par les artistes pour projeter une illusion du monde tridimensionnel sur une surface bidimensionnelle. La perspective permet de créer un sentiment de profondeur et de recul de l'espace.

Proportion - Principe de conception, la proportion fait référence à la relation comparative d'une partie d'un objet par rapport à une autre

Extensions :

En 1931, Salvador Dali a peint l'une de ses œuvres les plus célèbres, La persistance de la mémoire, qui présente une image surréaliste de montres de poche molles et fondantes.

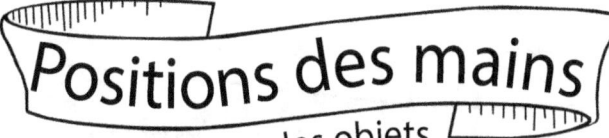 **Positions des mains** Tenant des objets

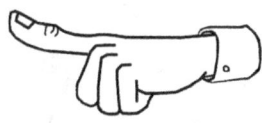

1. Dessiner un ovale angulaire

2. En ajouter un autre

Dessiner des lignes directrices légères pour vous aider à placer vos doigts

légèrement inférieur

3. et une autre légèrement plus petit ici

plus haut

4. Ajouter un petit doigt

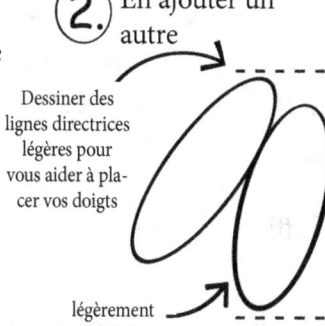

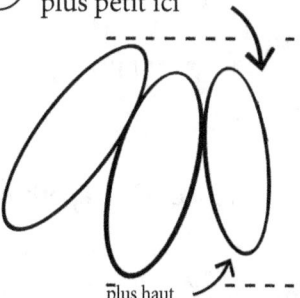

5. Ajouter un pouce

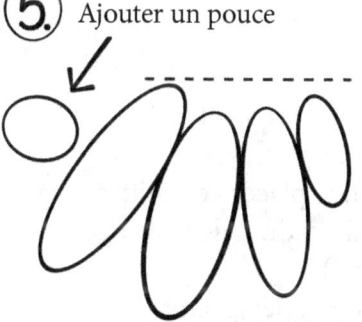

6. Effacer les guides. Ajouter des ongles

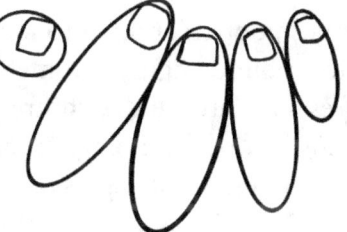

7. Ajouter des « rides » au niveau des articulations.

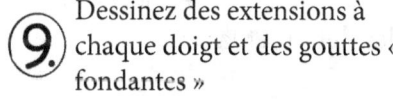

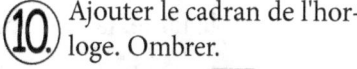

8. Ajouter une forme de cercle dans la zone de la paume pour l'horloge

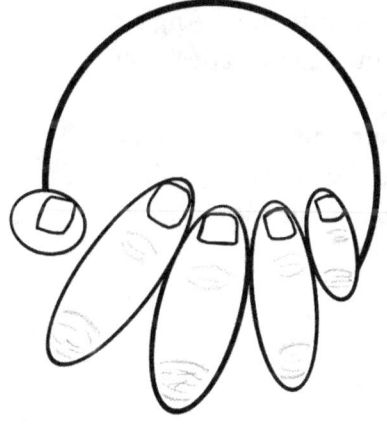

9. Dessinez des extensions à chaque doigt et des gouttes « fondantes »

bosse

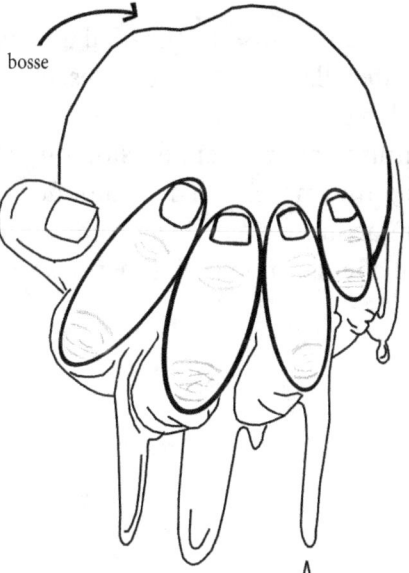

10. Ajouter le cadran de l'horloge. Ombrer.

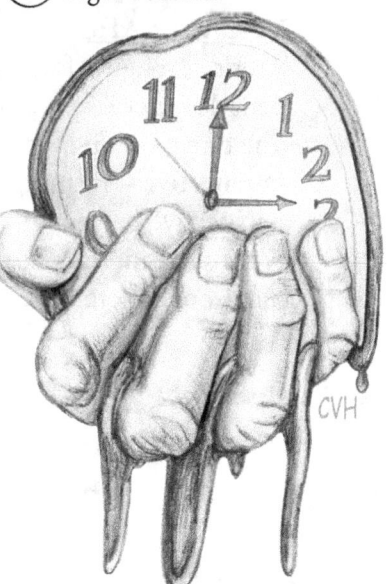

CVH

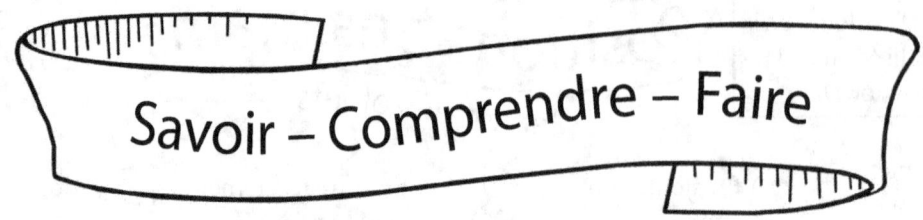

Savoir – Comprendre – Faire

MONTRE DE POCHE

SAVOIR :
Angle, Équilibre, Motif, Perspective, Répétition, Chiffres romains

COMPRENDRE :
Le fait de placer des formes géométriques simples selon un motif spécifique ou un angle peut ajouter au réalisme et aux détails d'un objet, tout en créant un intérêt et une illusion de profondeur.

FAIRE :
- Suivre les étapes fournies pour créer un chronomètre « ouvert » détaillé basé sur des lignes directrices pour de figures géométriques simples.
- En utilisant des chiffres standard ou des chiffres romains, placer ces chiffres de manière égale et dans l'ordre chronologique autour du cadran de l'horloge (par exemple, le numéro 12 est à 180 degrés du numéro 6).
- Utiliser les techniques 3D apprises qui se concentrent sur la perspective pour donner l'illusion de la profondeur. Les élèves prendront également en compte la taille, la position, les détails et la teinte.

VOCABULAIRE :
Angle - La figure formée par deux plans divergeant d'une ligne commune. « Angle » peut désigner l'espace entre de telles lignes ou surfaces, et il peut également désigner une direction ou un point de vue.
Perspective - Technique utilisée pour créer l'illusion du 3D sur une surface 2D. La perspective permet de créer une impression de profondeur ou d'espace en retrait.
Chiffres romains - Le système numérique de la Rome antique, qui utilise des combinaisons de lettres de l'alphabet latin pour signifier des valeurs

Montre de poche

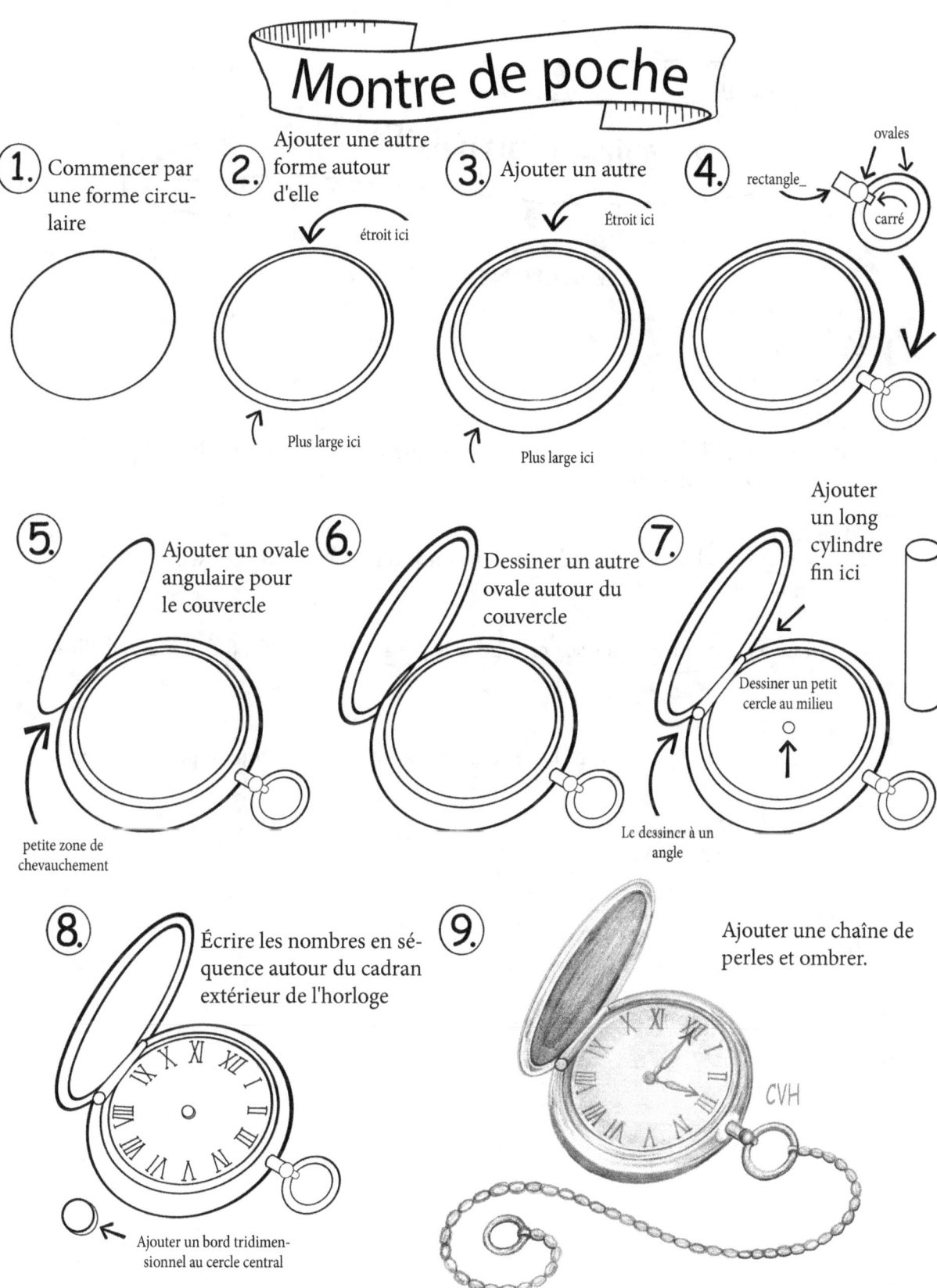

1. Commencer par une forme circulaire

2. Ajouter une autre forme autour d'elle

étroit ici

Plus large ici

3. Ajouter un autre

Étroit ici

Plus large ici

4. ovales

rectangle

carré

5. Ajouter un ovale angulaire pour le couvercle

petite zone de chevauchement

6. Dessiner un autre ovale autour du couvercle

7. Ajouter un long cylindre fin ici

Dessiner un petit cercle au milieu

Le dessiner à un angle

8. Écrire les nombres en séquence autour du cadran extérieur de l'horloge

Ajouter un bord tridimensionnel au cercle central

9. Ajouter une chaîne de perles et ombrer.

CVH

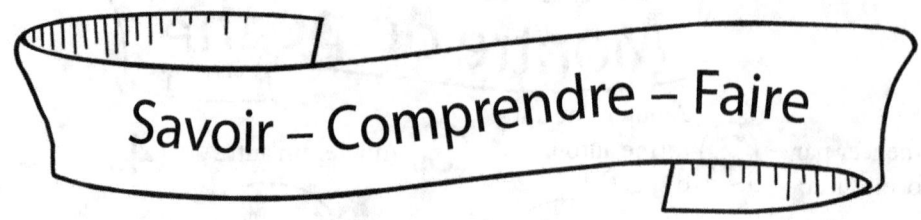

MAILLONS DE CHAÎNE

SAVOIR :

Chevauchement

COMPRENDRE :

Comment créer l'apparence de formes imbriquées en utilisant des techniques de chevauchement et d'ombrage

FAIRE :

- Créer une chaîne réaliste de maillons imbriqués à l'aide des conseils et astuces indiqués
- Ombrer
- Effacer certaines zones sur chaque lien pour créer un effet métallique « brillant »

VOCABULAIRE :

Chevauchement - Quand une chose se trouve au-dessus et recouvre partiellement une autre.

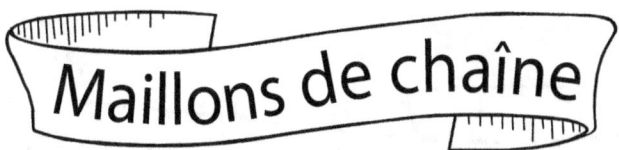

Maillons de chaîne

1. Commencer par un rectangle

à l'intérieur d'un rectangle

2. Arrondir tous les angles

(même à l'intérieur)

3. Ajouter un autre petit rectangle arrondi

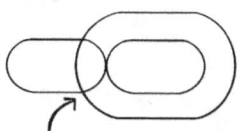

il doit toucher l'autre petit rectangle arrondi

4. Entourer ce petit rectangle arrondi

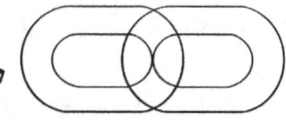

avec un autre grand rectangle.

5. Effacer les zones en pointillés

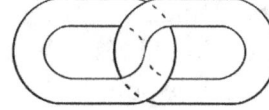

6. Ajouter une partie du prochain maillon

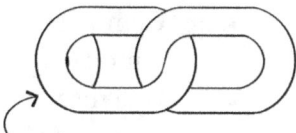

à l'intérieur

7. Compléter le maillon

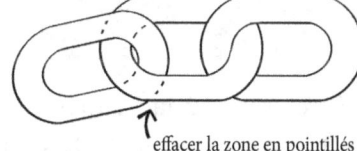

effacer la zone en pointillés

8. Ajouter un autre maillon

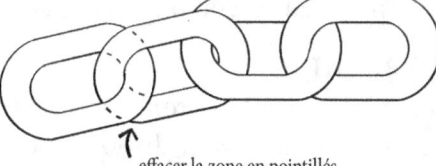

effacer la zone en pointillés

9. Essayer de tourner ce prochain maillon latéralement

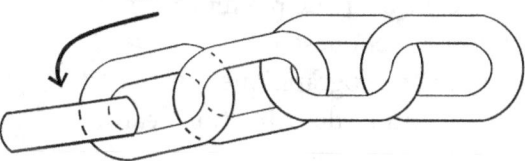

Les maillons ne sont pas toujours orientés dans la même direction

10. Continuer à ajouter des maillons jusqu'à ce que vous obteniez l'effet désiré

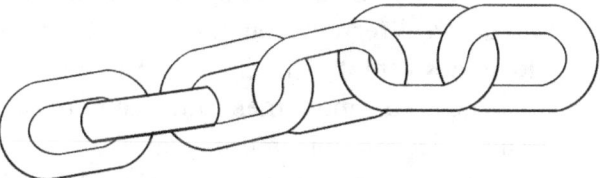

11. Ombrer

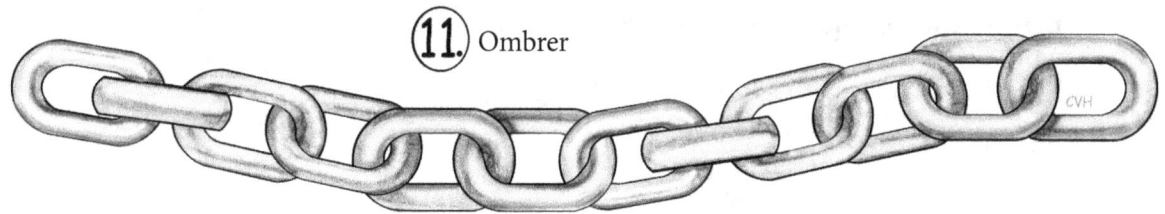

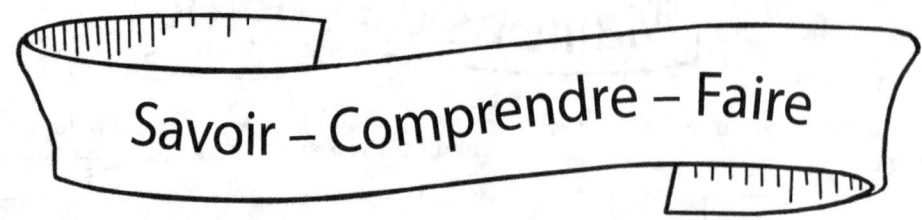

Savoir – Comprendre – Faire

ROSE DES VENTS

SAVOIR
Équilibre, boussole, répétition, symétrie de rotation

COMPRENDRE :
- Comment orienter les éléments d'une œuvre d'art de manière à ce qu'ils semblent symétriques ou équilibrés
- Une rose des vents est utilisée pour afficher l'orientation des directions cardinales et de leurs points intermédiaires.

FAIRE :
- Suivre les étapes indiquées pour créer une Rose des vents originale, en vous concentrant sur la symétrie de rotation
- Ombrer au crayon ou colorer au marqueur

VOCABULAIRE :
Équilibre - Principe de conception, l'équilibre fait référence à la manière dont les éléments artistiques sont disposés pour créer un sentiment de stabilité dans une œuvre ; un arrangement ou une proportion agréable ou harmonieuse de parties ou de zones dans un dessin ou une composition.

Boussole - Instrument de navigation qui mesure les directions dans un cadre de référence stationnaire par rapport à la surface de la terre. Le cadre de référence définit les quatre directions (ou points) cardinaux - nord, sud, est et ouest.

Rose des vents – Une figure sur une boussole, une carte géographique, une carte marine ou un monument, utilisée pour afficher l'orientation des directions cardinales et leurs points intermédiaires

Symétrie rotationnelle - Un objet a la même apparence après un certain ¬mouvement circulaire autour de son centre

Symétrie - Un objet qui est le même des deux côtés

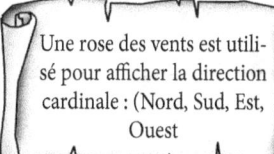 Une rose des vents est utilisé pour afficher la direction cardinale : (Nord, Sud, Est, Ouest

Rose des vents

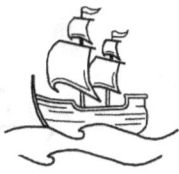

1. Utiliser une règle et dessiner une croix symétrique.

2. Dessiner un « X » à travers la croix.

3. Placer 4 points à intervalles égaux sur la partie « X »

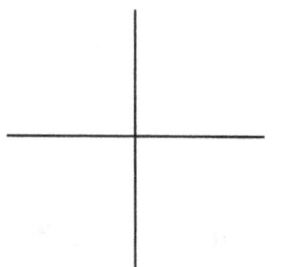

Cela créera 8 angles égaux de 45 degrés

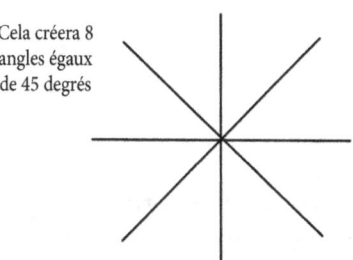

Faire un triangle en utilisant le point supérieur de la croix et les deux points supérieurs

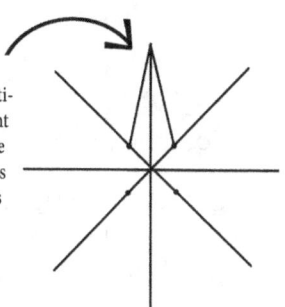

4. Tracer une ligne entre chaque point et le point le plus proche de la première croix.

5. Faire une autre série de points à partir de la précédente

6. Remplir les zones vides restantes avec une couleur plus claire.

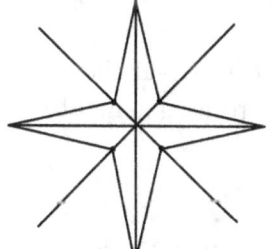

Faire deux points sur chaque « triangle »

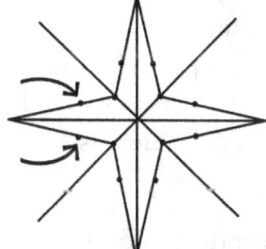

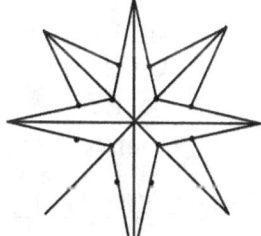

7. Assombrir vos lignes avec un marqueur fin et effacer tout trait de crayon supplémentaire.

8. Remplir le côté droit de chaque triangle avec une couleur sombre.

9. Tracer une ligne entre chaque point et le point le plus proche de la deuxième croix.

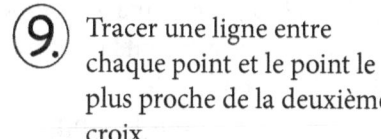

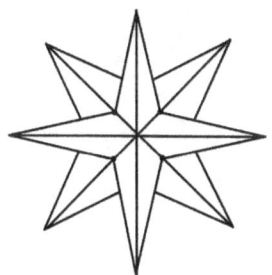

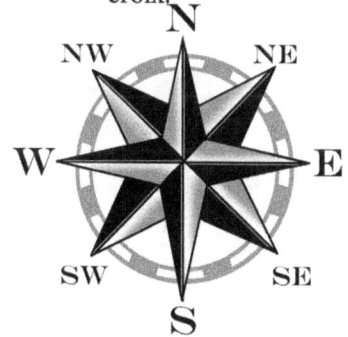

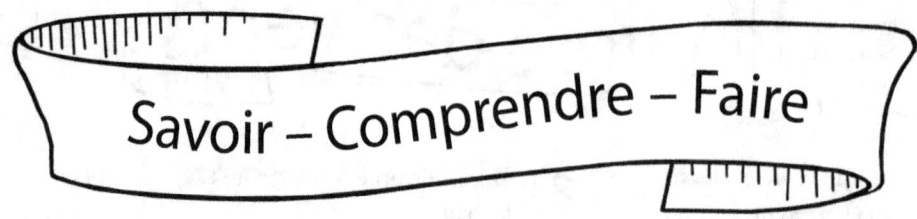

PETITS GÂTEAUX

SAVOIR :
Équilibre, Ellipse, Répétition

COMPRENDRE :
- La différence entre une figure et une forme
- Comment présenter les éléments d'une œuvre d'art de manière à ce qu'ils semblent symétriques ou équilibrés ?
- Dans l'art, les ellipses peuvent contribuer à donner l'apparence d'un objet tri-dimensionnel

FAIRE :
- Suivre les étapes fournies pour créer une conception de petit gâteau original qui commence par des figures simples qui sont finalement connectées pour créer des formes complexes.
- Utilisez les techniques 3D apprises qui se concentrent sur le chevauchement pour donner l'illusion de la profondeur. Les élèves prendront également en compte la taille, la position, les détails et la couleur.

VOCABULAIRE :
Équilibre - Principe de conception, l'équilibre fait référence à la manière dont les éléments artistiques sont présentés pour créer un sentiment de stabilité dans une œuvre ; un arrangement ou une proportion agréable ou harmonieuse de parties ou des éléments dans un dessin ou une composition.
Ovale - (ellipse) Une figure bidimensionnelle qui ressemble à un cercle qui a été étiré pour le rendre plus long.

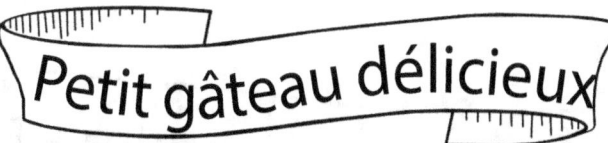
Petit gâteau délicieux

1. Commencer par un ovale fin

2. Ajouter des lignes verticales légèrement inclinées de chaque côté

3. Dessiner un motif de zig-zag atour de l'ovale original.

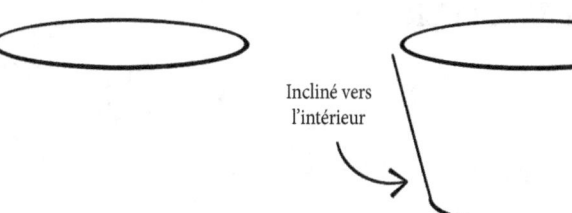

Incliné vers l'intérieur

légèrement courbé

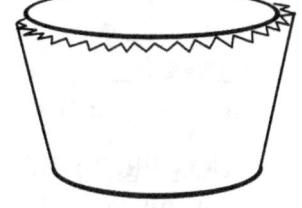

4. Tracer des lignes verticales en partant des points zig-zag

Effacer le haut de l'ovale (représentée par une ligne pointillée)

5. Ajouter une cuillerée de glaçage

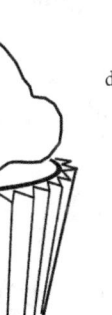

6. Définir les bords du glaçage

Le garnir d'un bonbon

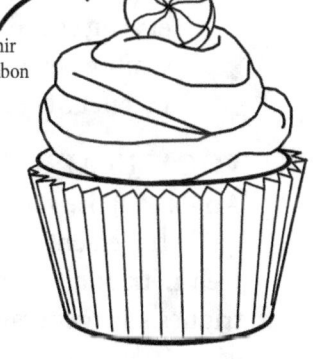

Décorer et ombrer

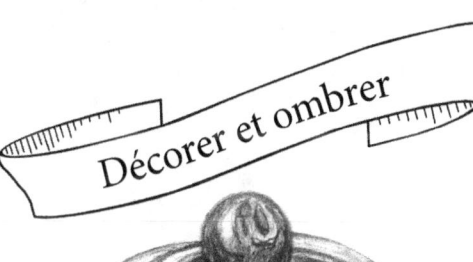

CVH

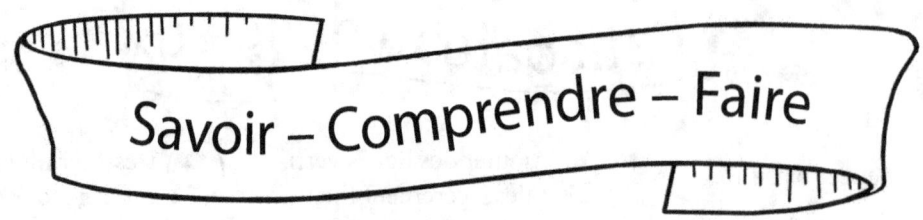

Savoir – Comprendre – Faire

CRÂNE D'EXTRATERRESTRE

SAVOIR :
Figure géométrique, angle

COMPRENDRE :
Un simple cercle peut être le point de départ de toute une série de créations artistiques

FAIRE :
- Créer une version originale d'un crâne d'extraterrestre en utilisant les conseils et astuces indiqués.
- Ombrer le bord extérieur de manière plus foncé que l'intérieur pour obtenir un effet 3D et arrondi.

VOCABULAIRE :
Angle - Figure formée par deux lignes ou arêtes qui partent d'un point commun ou qui le traversent.
Géométrique - Toute forme ayant un dessin mathématique. Les dessins géométriques sont généralement réalisés avec des lignes droites ou des formes issues de la géométrie.

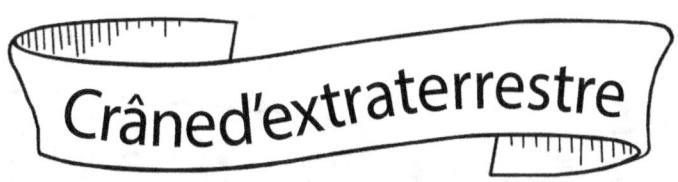

Crâne d'extraterrestre

1. Commencer par un cercle

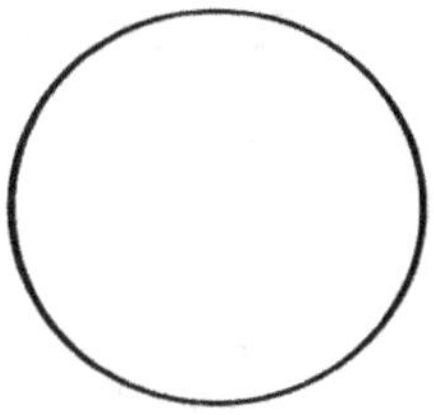

2. Dessiner un court rectangle

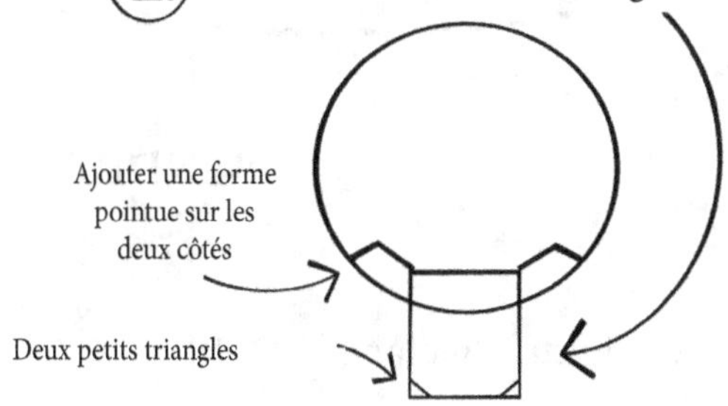

Ajouter une forme pointue sur les deux côtés

Deux petits triangles

3.

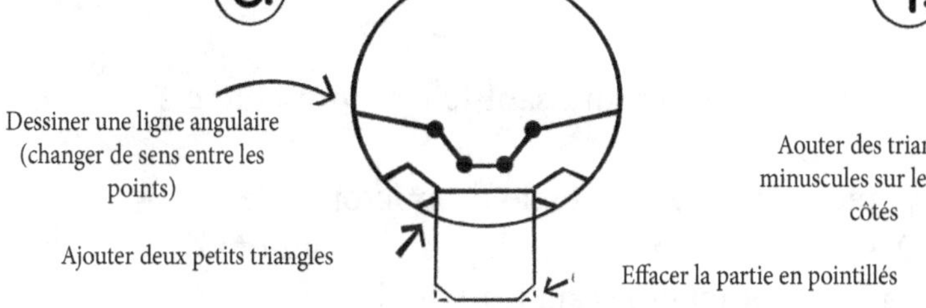

Dessiner une ligne angulaire (changer de sens entre les points)

Ajouter deux petits triangles

Effacer la partie en pointillés

4.

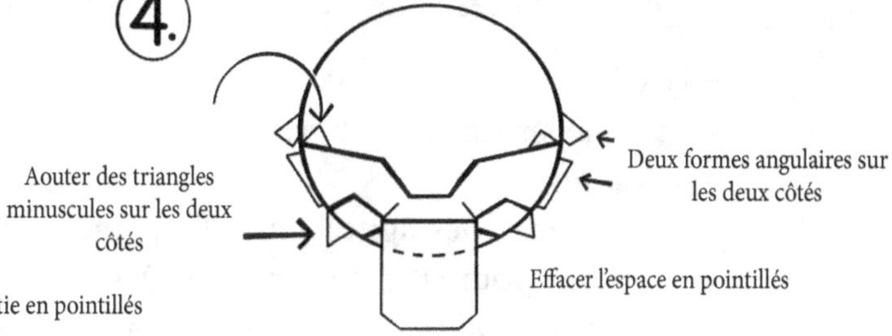

Aouter des triangles minuscules sur les deux côtés

Deux formes angulaires sur les deux côtés

Effacer l'espace en pointillés

5.

Effacer la partie en pointillés

Une forme de la lettre « M »

Une forme de la lettre « M »

6.

Dessiner un nez

Il ressemble à une fusée

Des lignes épaisses pour les dents

Ajouter deux points acérés

7.

Davantage des « M » au-dessus des dents

Effacer les lignes du nez

Commencer à dessiner une paire de tibias en-dessous du crâne

8.

Ajouter vos propres détails

Ombrer

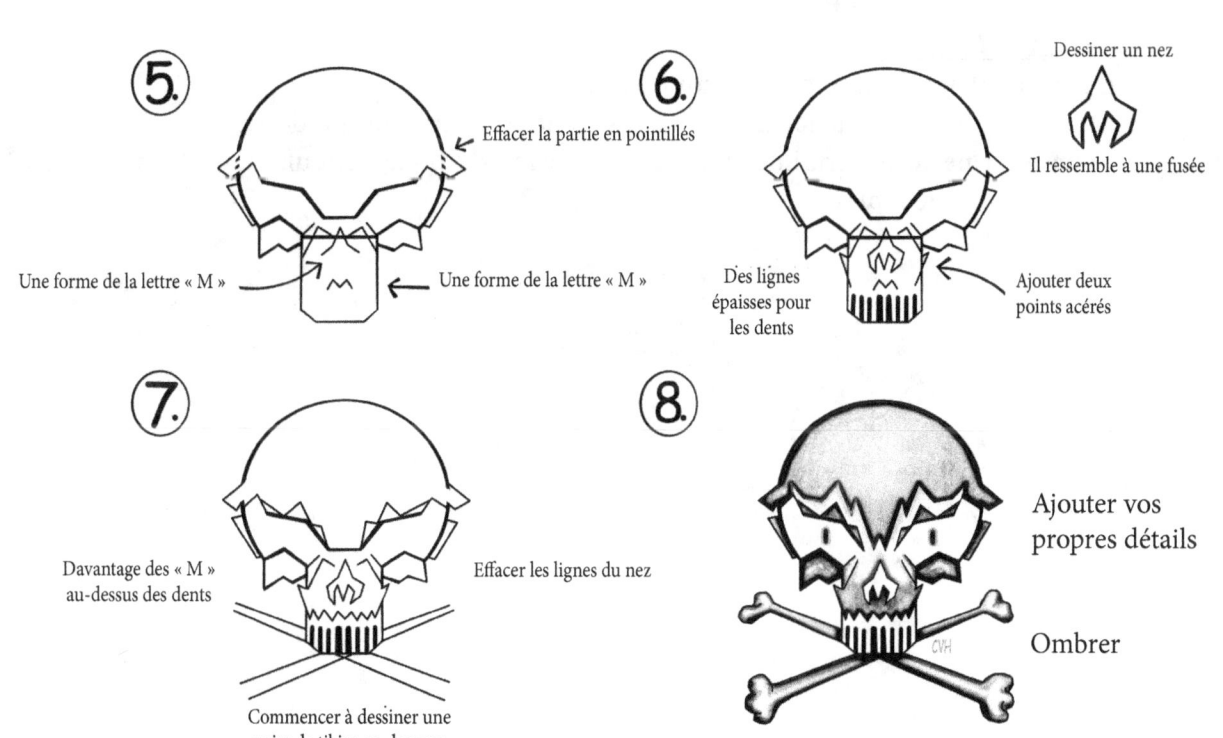

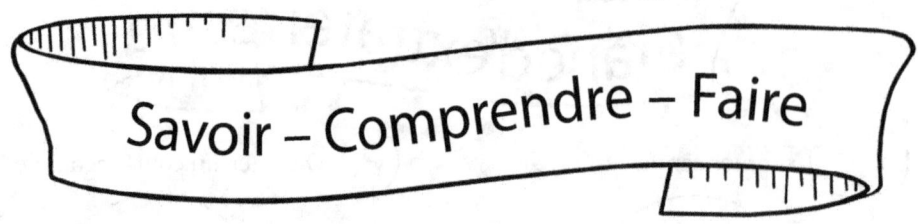

PRENDRE LE MICRO

SAVOIR :
Sphère, Cylindre, Rectangle, Motif

COMPRENDRE :
Relier des figures pour créer des formes reconnaissables et quotidiennes

FAIRE :
- Choisir un style et créer votre propre micro en utilisant le plan présenté ci-après.
- Dessiner des lignes « enveloppantes » autour du cercle du microphone moderne pour créer une sphère. Dessiner des lignes « enveloppantes » autour du microphone de style plus ancien pour indiquer les angles et les bords.
- Ajouter les détails du motif et ombrer

VOCABULAIRE :
Cylindre - Un tube qui semble tridimensionnel.
Motif - La répétition de formes, de lignes ou de couleurs dans un dessin.
Sphère - Une forme tridimensionnelle en forme de boule, circulaire de tous les points de vue possibles.

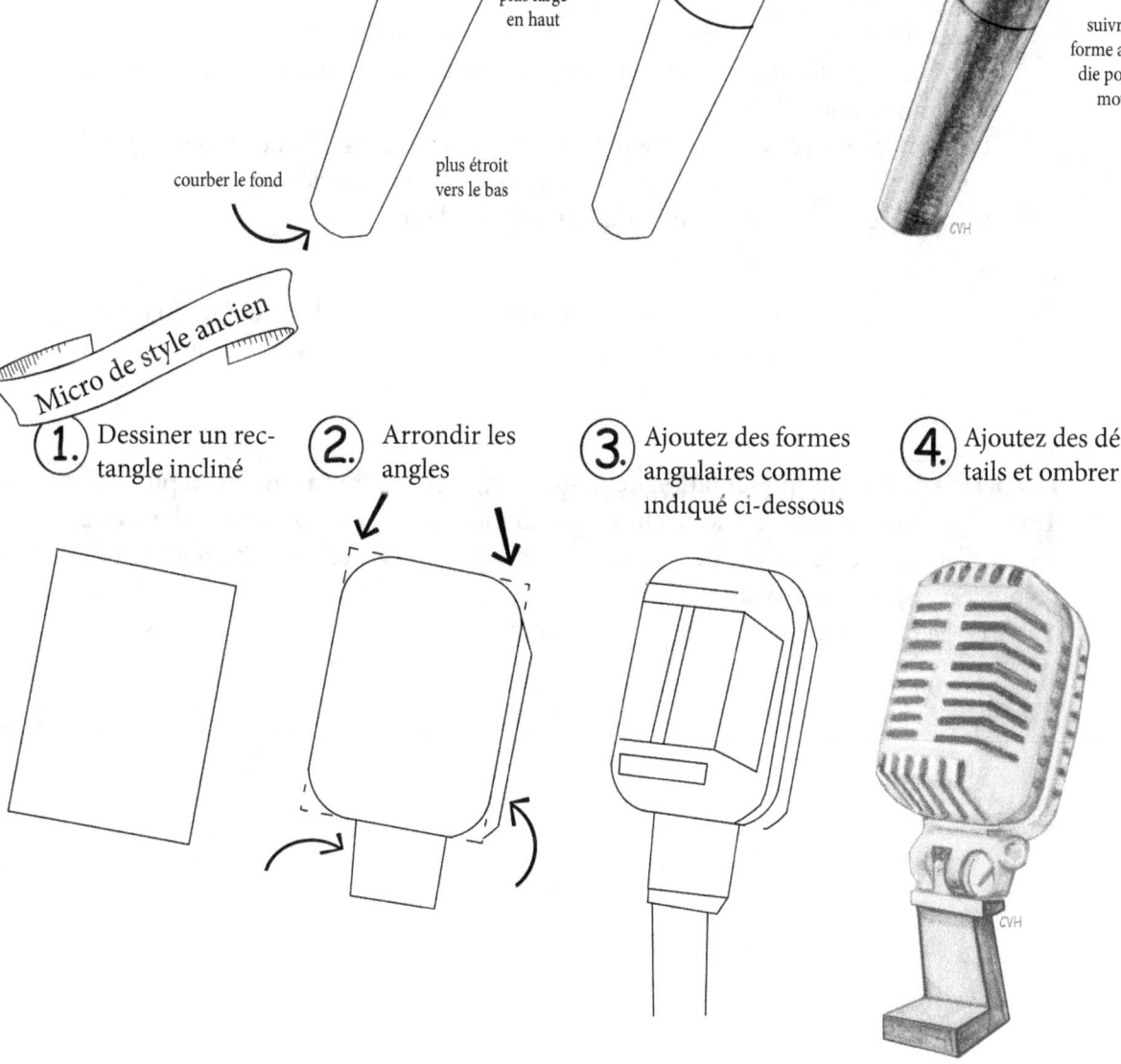

Prendre le micro

Microphone sans fil

1. Commencer par un cercle

2. Ajouter la base

2 lignes angulaires

plus large en haut

courber le fond

plus étroit vers le bas

3. Ajouter des lignes courbes pour montrer la forme

4. Ombrer

suivre la forme arrondie pour le motif

CVH

Micro de style ancien

1. Dessiner un rectangle incliné

2. Arrondir les angles

3. Ajoutez des formes angulaires comme indiqué ci-dessous

4. Ajoutez des détails et ombrer

CVH

189

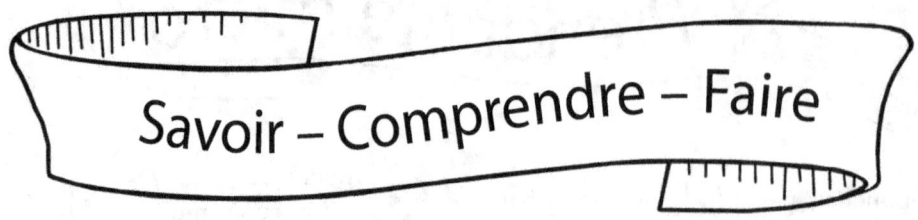

Savoir – Comprendre – Faire

TOMBES AVEC DRAPERIE

SAVOIR :
Draperie, Texture

COMPRENDRE :
- Créer des formes complexes à partir de figures simples
- La texture est utilisée par les artistes pour montrer la sensation d'un objet ou sa composition.
- L'étude des moyens de représenter les draperies est essentielle au développement des compétences d'un artiste. Les plis d'une draperie sont composés de surfaces courbes reflétant des gradations de valeur.

FAIRE :
Créer une scène de cimetière ou un mémorial de pierre tombale comprenant au moins deux tombes présentant des bords en 3D, une texture « aspect bois » et des plis de tissu.

VOCABULAIRE :
Draperie - Tissu ou représentation de tissu arrangé pour être suspendu en plis
Texture - La façon dont quelque chose ressemble à ce qu'il pourrait être dans une œuvre d'art. Les textures simulées sont suggérées par un artiste avec différents coups de pinceau, lignes de crayon, etc.
Valeur - La clarté ou l'obscurité d'une couleur.

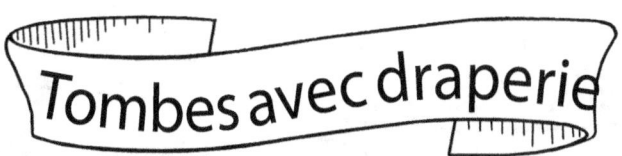

Tombes avec draperie

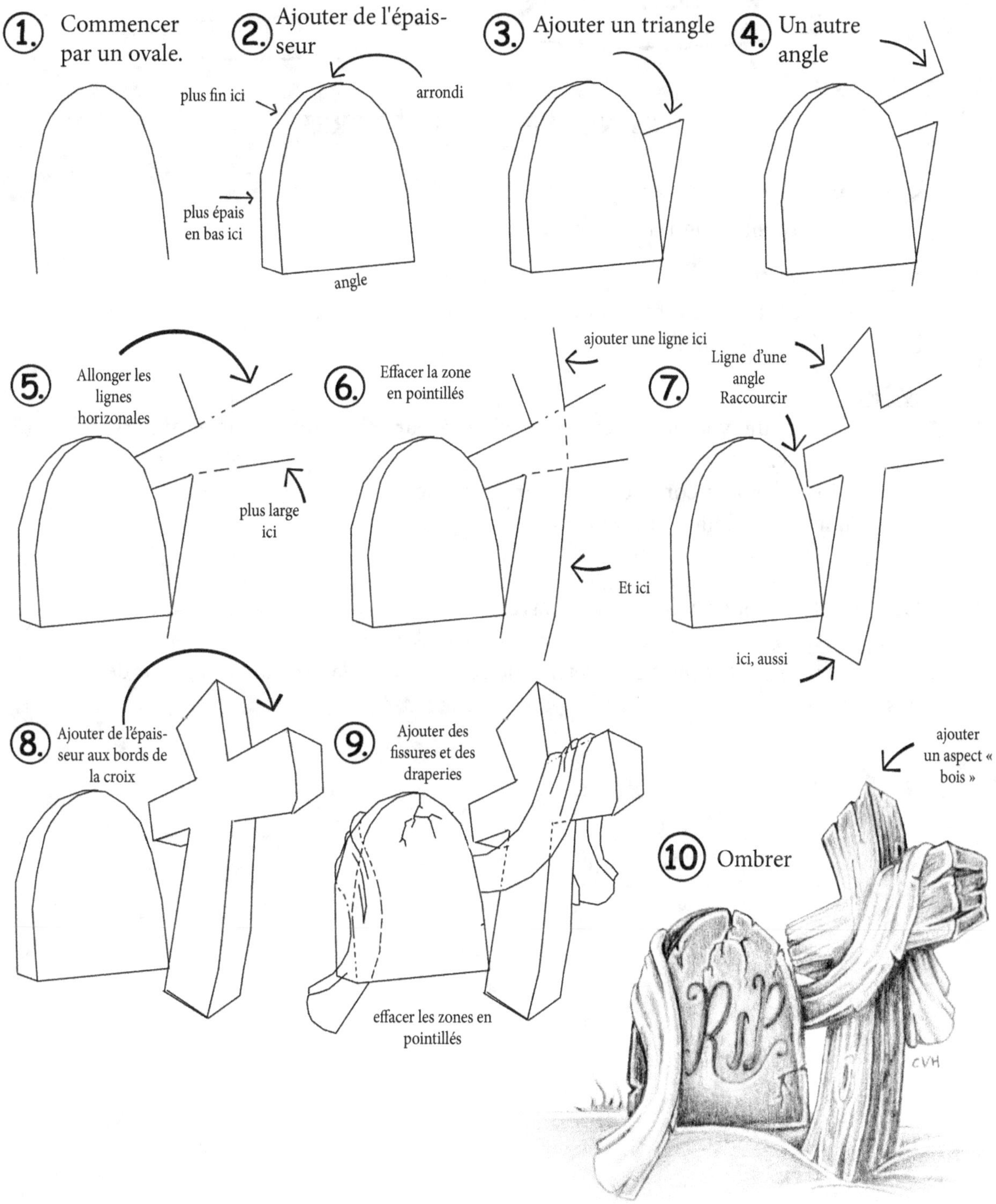

①. Commencer par un ovale.

②. Ajouter de l'épaisseur

plus fin ici

arrondi

plus épais en bas ici

angle

③. Ajouter un triangle

④. Un autre angle

⑤. Allonger les lignes horizonales

plus large ici

⑥. Effacer la zone en pointillés

ajouter une ligne ici

Et ici

⑦. Ligne d'une angle Raccourcir

ici, aussi

⑧. Ajouter de l'épaisseur aux bords de la croix

⑨. Ajouter des fissures et des draperies

effacer les zones en pointillés

⑩ Ombrer

ajouter un aspect « bois »

CVH

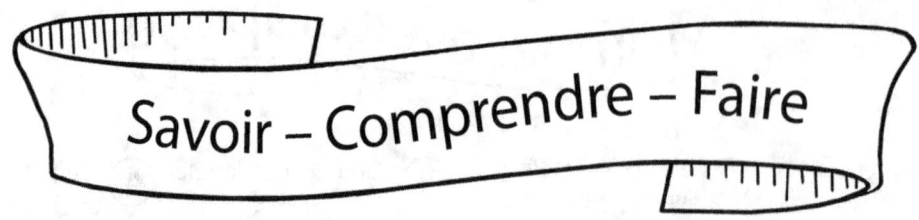

DESSINER LA PLANÈTE TERRE

SAVOIR :
Sphère, Continents, Lignes courbes

COMPRENDRE :
Les lignes et les formes tracées de manière incurvée au-dessus d'un cercle contribuent à créer l'illusion d'une sphère.

FAIRE :
- Choisir une vue de la Terre à dessiner à partir du document ou d'un globe terrestre.
- « Enrouler » les continents autour du cercle
- Ajouter des détails et ombrer

VOCABULAIRE :
Continents - Les grandes masses terrestres de la Terre avec sept régions : Asie, Afrique, Amérique du Nord, Amérique du Sud, Antarctique, Europe et Australie.
Sphère - Forme tridimensionnelle en forme de boule, circulaire de tous les points de vue possibles.

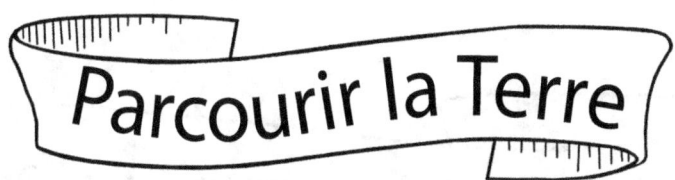

Parcourir la Terre

Ce tutoriel ne montre que deux des nombreuses vues de notre planète.

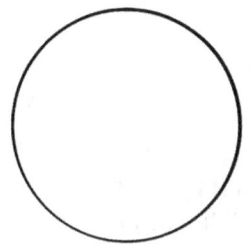 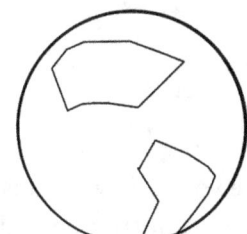 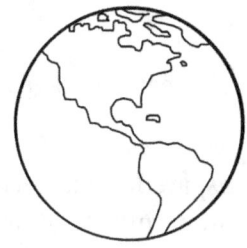 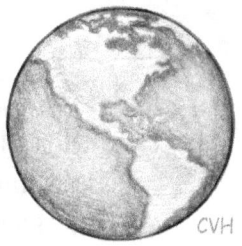

(1.) Commencer par un cercle   (2.) Créer des simples formes pour les continents   (3.) Ajouter plus de détails   (4.) Ombrer

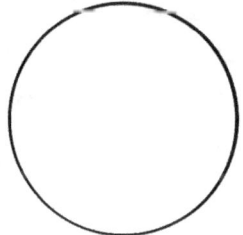 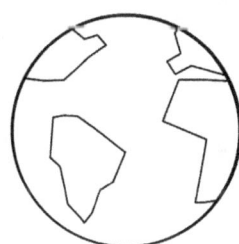 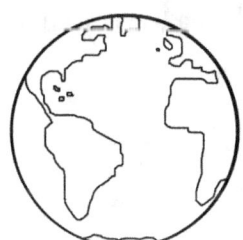 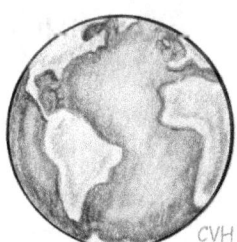

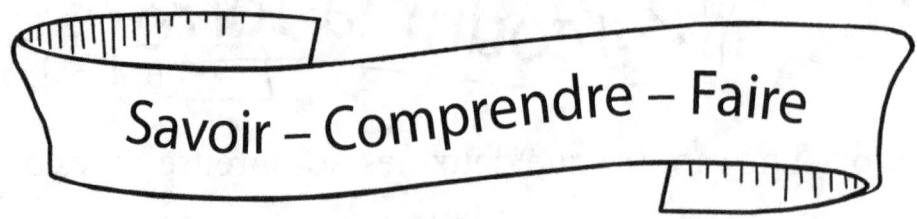

Savoir – Comprendre – Faire

CAGE À OISEAUX

SAVOIR :
Les étapes simples pour créer une cage à oiseaux en 3D

COMPRENDRE :
- Un cylindre transparent nous permet de voir la forme sous tous les angles.
- Les lignes qui entourent le haut de la forme contribuent à créer l'illusion de la forme.

FAIRE :
- Suivre les étapes fournies pour créer une cage à oiseaux. Veiller à tracer des lignes sur le « devant » et le « derrière » pour donner l'illusion de la tridimensionnalité
- Ajouter des éléments supplémentaires comme un oiseau

VOCABULAIRE :
Cylindre – Un tube qui semble tridimensionnel
Ellipse – Un cercle vu sous un angle (dessiné comme un ovale)
Transparent – Un objet à travers lequel on peut voir

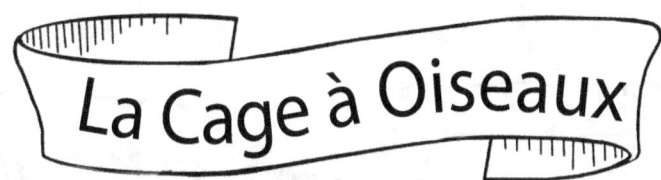

La Cage à Oiseaux

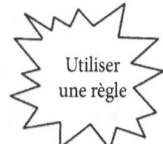

Utiliser une règle

1. Commencer par un rectangle arrondi sur le dessus

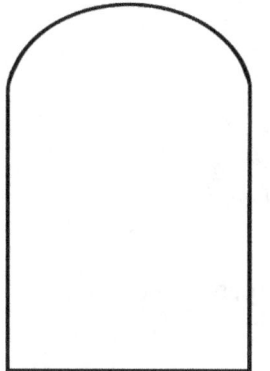

2. Ajoutez un ovale à l'intérieur près du fond

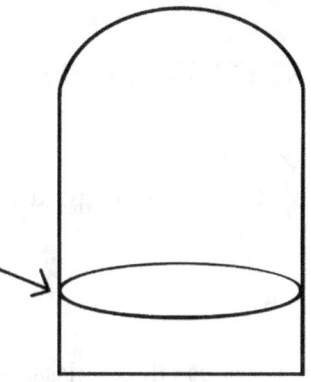

3. Ajouter une ligne courbe pour rendre l'ovale plus épais

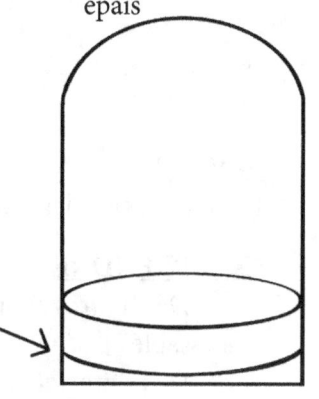

4. Effacer la zone sous l'ovale (voir la zone en pointillés)

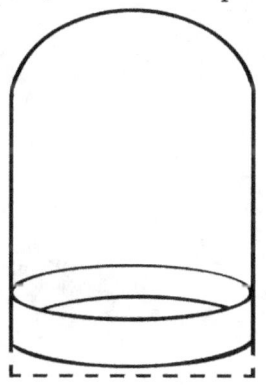

5. Ajouter 2 autres ovales

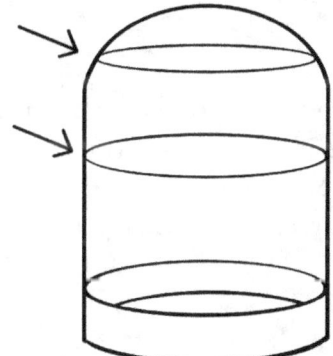

6. Ajouter des lignes parallèles courbes vers le haut pour les barreaux

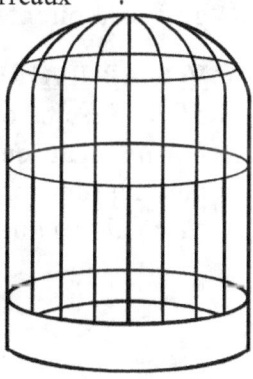

7. Ajoutez des barreaux à l'extrémité de la cage

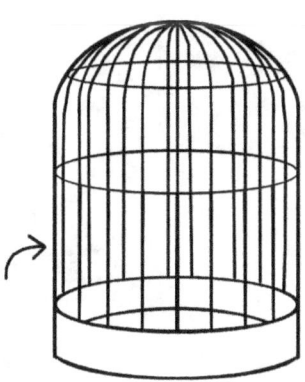

8. Ajoutez un sommet décoratif et une porte ouverte

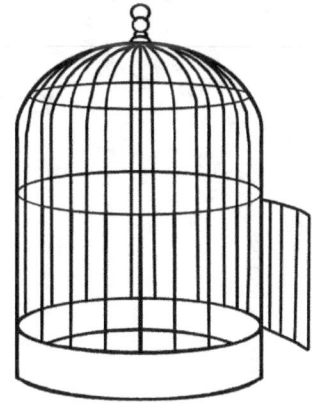

9. Ajouter des détails d'ombrage et des éléments supplémentaires

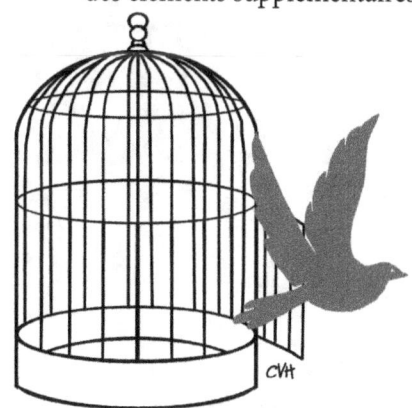

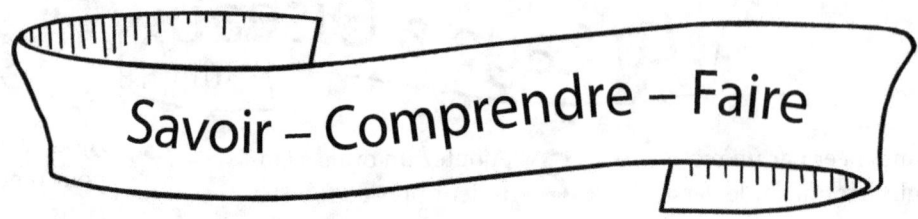

PATTES ET GRIFFES

SAVOIR :

Les étapes simples pour créer des empreintes de pattes et des griffes déchirantes

COMPRENDRE :

- Des figures simples combinées ensemble peuvent créer des formes reconnaissables
- De petits détails peuvent créer des effets puissants en dessin

FAIRE :

Suivre les étapes fournies pour créer une empreinte de patte et un ensemble de griffes déchirantes

VOCABULAIRE :

Effet - Résultat ou conséquence d'une action ou d'un processus

Forme organique - Une forme irrégulière que l'on pourrait trouver dans la nature, plutôt qu'une forme mécanique ou angulaire

Vertical - La direction allant directement vers le haut et vers le bas

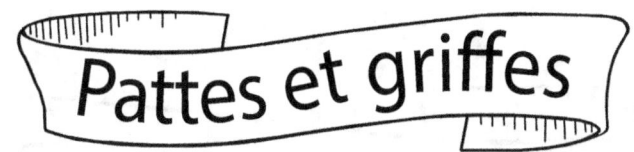 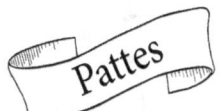

Pattes et griffes

Pattes

1. Commencez par une large forme d'œuf

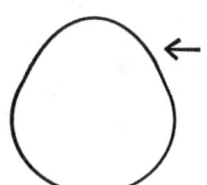

étroit ici

plus large ici

2. Ajouter 2 lignes

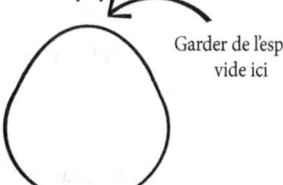

Garder de l'espace vide ici

3. Dessiner des diagonales

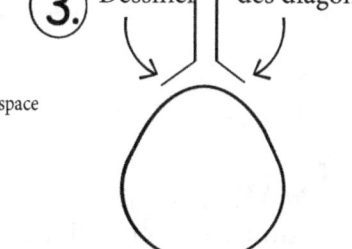

4. Arrondir les bords

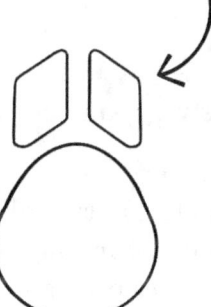

5. Ajouter deux orteils supplémentaires

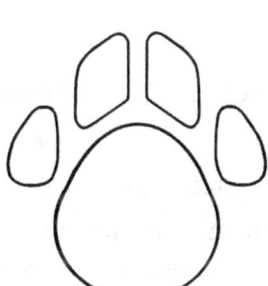

6. Ajouter des petits triangles courbes pour les griffes

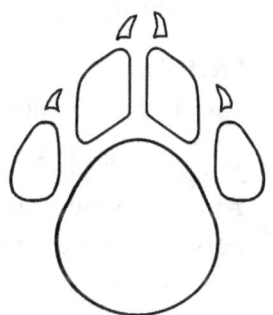

Griffes

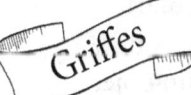

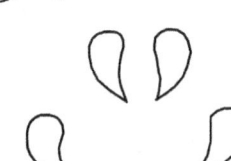

faire une forme de goutte d'eau

La tourner à l'envers et la faire courbée

1. Commencer par 4 griffes courbées

2. Dessiner un long triangle à partir du haut de chaque griffe

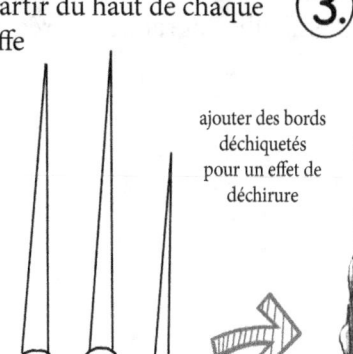

3. Ombrer

ajouter des bords déchiquetés pour un effet de déchirure

Assombrir l'intérieur de chaque triangle

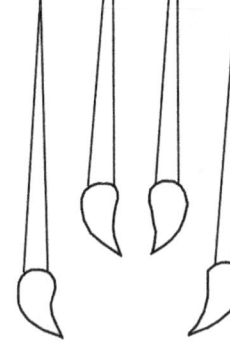

CVH

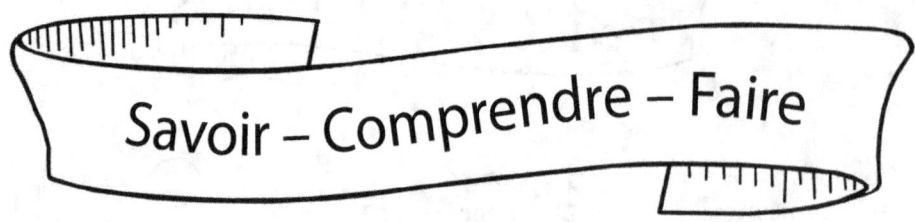

Savoir – Comprendre – Faire

ANIMÉ

SAVOIR :
Animé, Caractéristiques exagérées, Caricature

COMPRENDRE :
* Caractéristiques de l'art Animé
* Utilisation de l'exagération et de la distorsion dans une œuvre d'art pour créer un style particulier.

FAIRE :
Suivre les étapes fournies pour créer un personnage original de style « Animé »

VOCABULAIRE :
Anime - Style d'animation japonais, qui exagère souvent les traits du visage d'un personnage. Le terme est emprunté au mot français « animation » et mélange les impressions traditionnelles japonaises à la planche avec le design des personnages à l'américaine.
Caricature - Représentation dans laquelle les traits distinctifs ou les particularités du sujet sont délibérément exagérés pour produire un effet comique ou grotesque
Distorsion - Modifier l'apparence d'une chose - parfois déformer ou étirer un objet ou une figure hors de sa forme normale pour en exagérer les caractéristiques
Exagérer - exagérer, embellir ; agrandir ou réduire en taille.

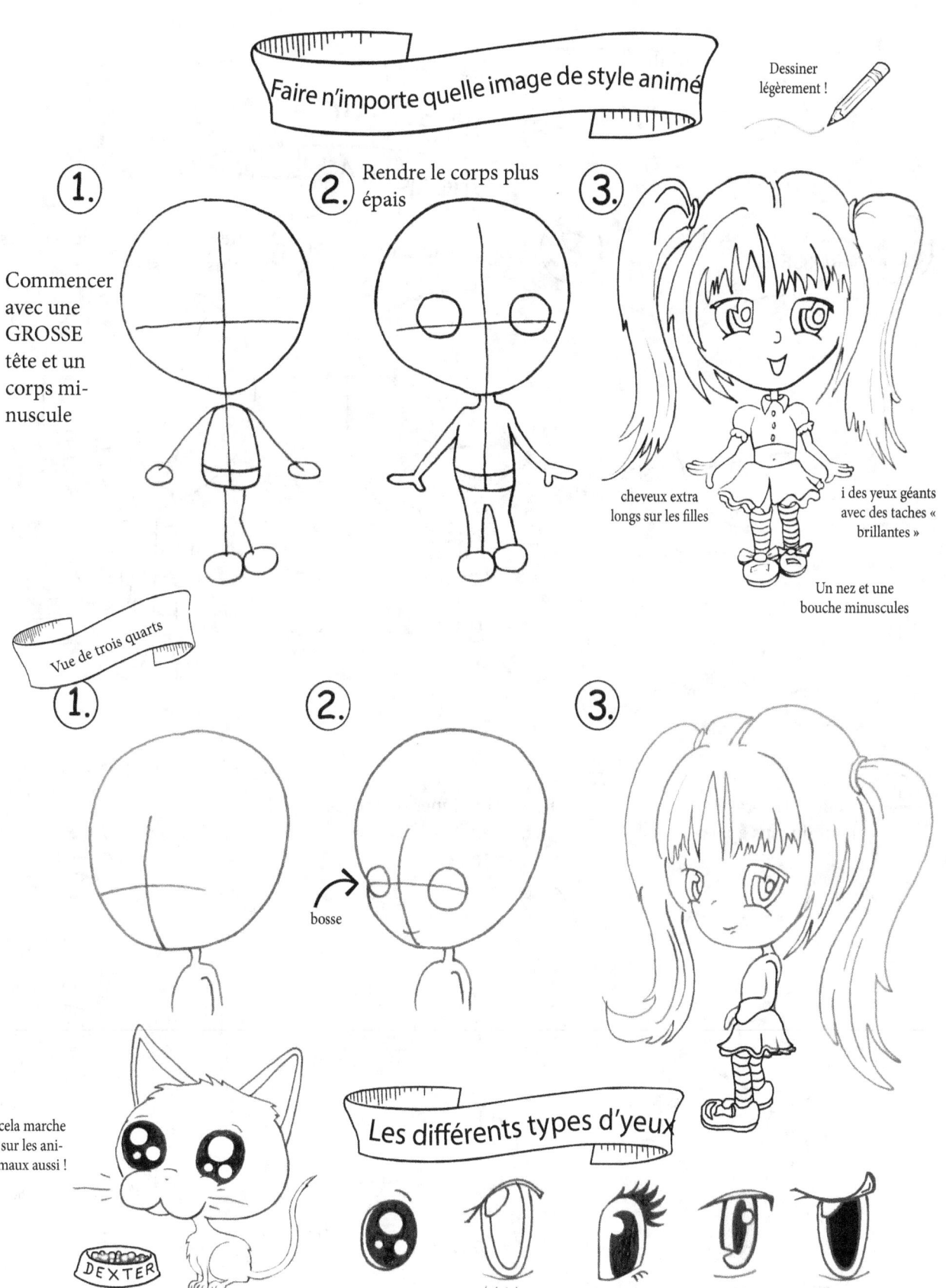

Faire n'importe quelle image de style animé

Dessiner légèrement !

1.

Commencer avec une GROSSE tête et un corps minuscule

2. Rendre le corps plus épais

3.

cheveux extra longs sur les filles

i des yeux géants avec des taches « brillantes »

Un nez et une bouche minuscules

Vue de trois quarts

1.

2.

bosse

3.

cela marche sur les animaux aussi !

DEXTER

Les différents types d'yeux

Garçon animé
Vue de 3/4

夢 *Rêve*
和 Harmonie

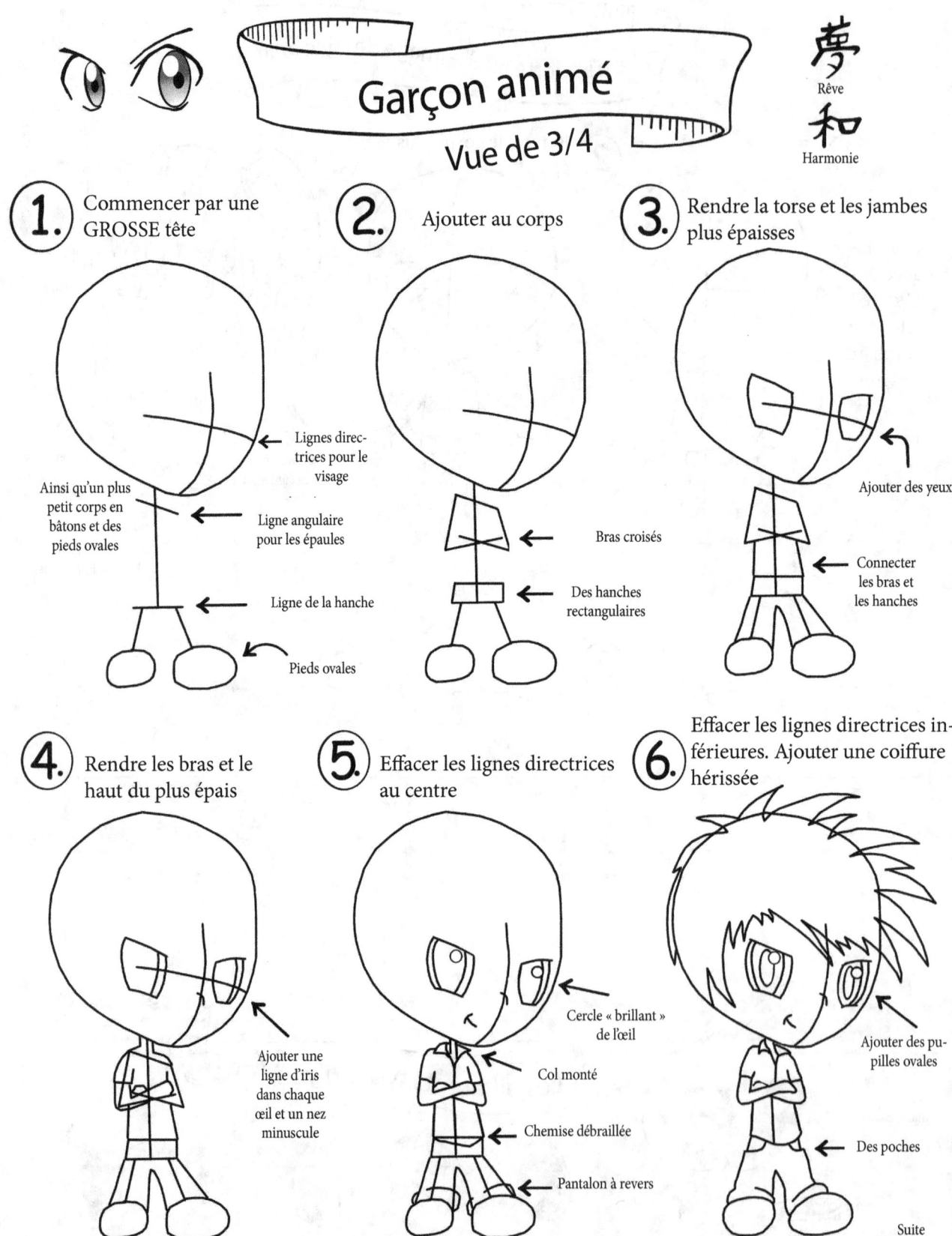

1. Commencer par une GROSSE tête

Lignes directrices pour le visage

Ainsi qu'un plus petit corps en bâtons et des pieds ovales

Ligne angulaire pour les épaules

Ligne de la hanche

Pieds ovales

2. Ajouter au corps

Bras croisés

Des hanches rectangulaires

3. Rendre la torse et les jambes plus épaisses

Ajouter des yeux

Connecter les bras et les hanches

4. Rendre les bras et le haut du plus épais

Ajouter une ligne d'iris dans chaque œil et un nez minuscule

5. Effacer les lignes directrices au centre

Cercle « brillant » de l'œil

Col monté

Chemise débraillée

Pantalon à revers

6. Effacer les lignes directrices inférieures. Ajouter une coiffure hérissée

Ajouter des pupilles ovales

Des poches

Suite

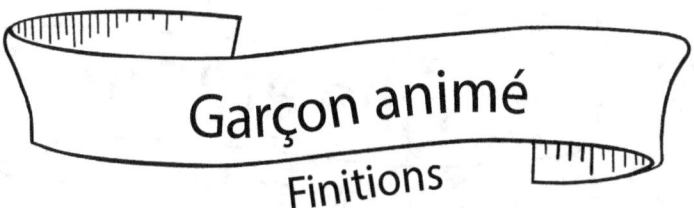

7. Effacer les lignes directrices de la tête et de la chemise

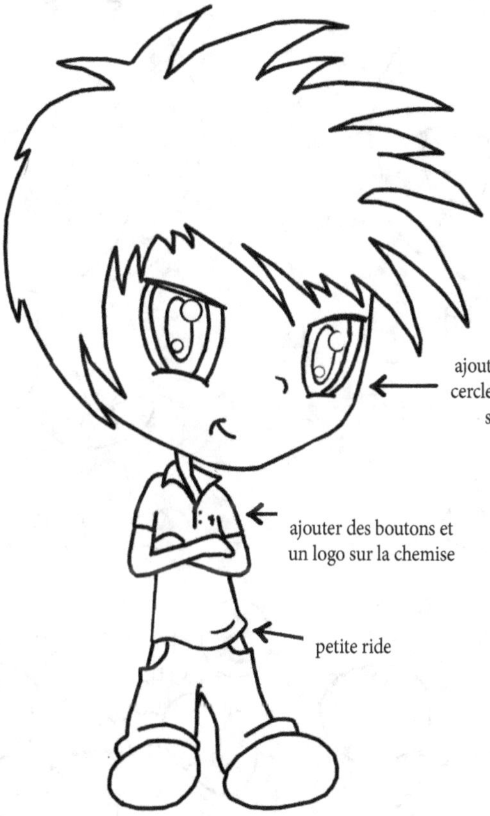

ajouter un autre
cercle « brillant »
sur l'œil

ajouter des boutons et
un logo sur la chemise

petite ride

8. Ajouter des détails

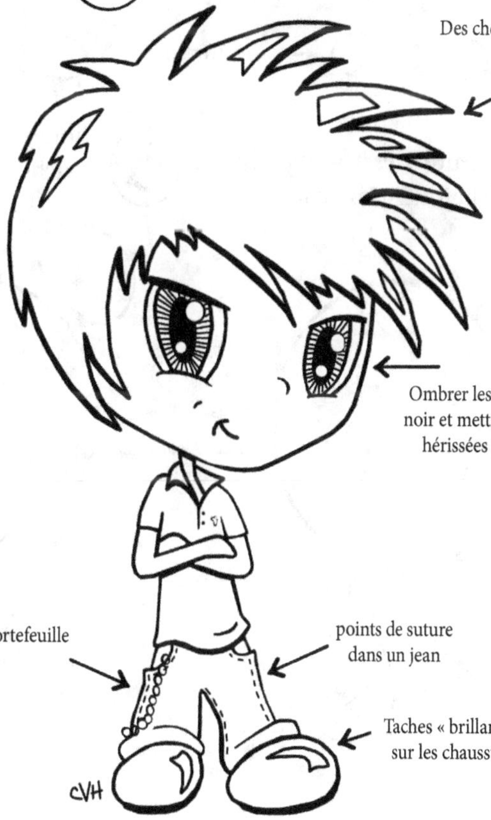

Des cheveux hérissés

Ombrer les pupilles en
noir et mettre des lignes
hérissées dans l'iris

Chaîne de portefeuille

points de suture
dans un jean

Taches « brillantes »
sur les chaussures

CVH

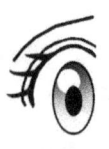 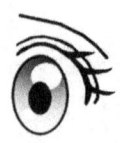

Fille animé
Vue de 3/4

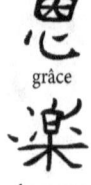

grâce

heureuse

1. Commencer par une GROSSE tête

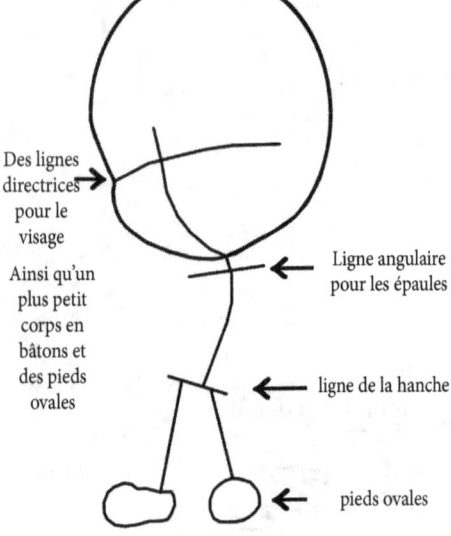

Des lignes directrices pour le visage

Ainsi qu'un plus petit corps en bâtons et des pieds ovales

← Ligne angulaire pour les épaules

← ligne de la hanche

← pieds ovales

2. Ajouter au corps

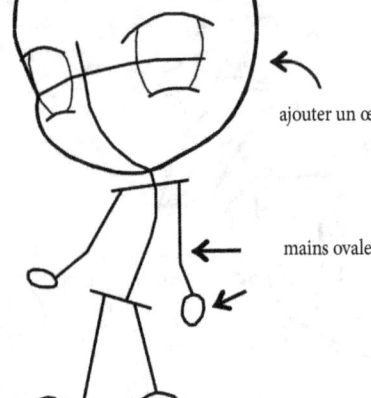

 ajouter un œil

← mains ovales

3. Épaissir le torse et ajouter la forme de la jupe

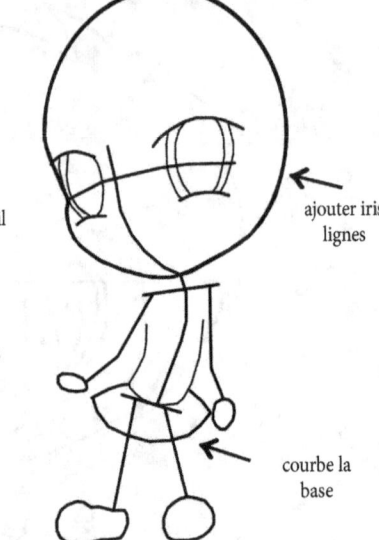

← ajouter iris lignes

courbe la base

4. Rendre les bras plus épais et ajouter une chemise

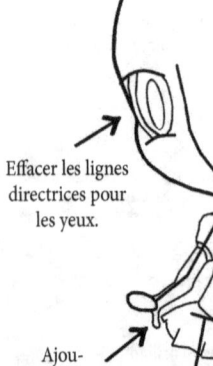

Effacer les lignes directrices pour les yeux.

← Ajouter une pupille ovale.

Ajouter un pouce.

Ajouter des volants à la jupe

5. Ajouter un nez, une bouche et des chignons

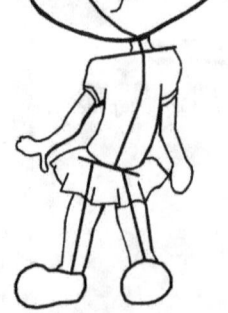

6. Effacer les lignes directrices au centre. Ajouter des cheveux.

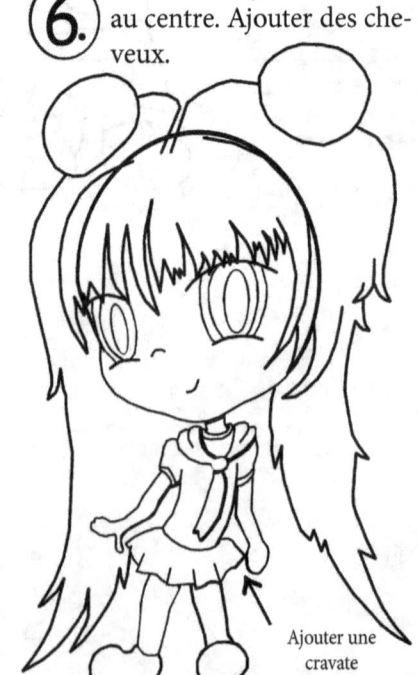

Ajouter une cravate
Suite

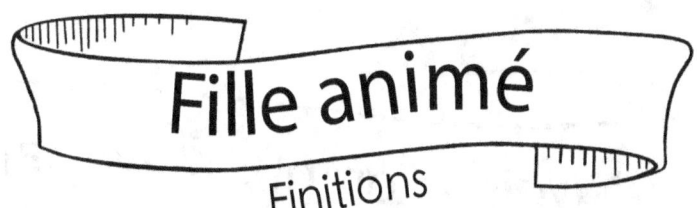

Fille animé
Finitions

7. Effacer les lignes de tête

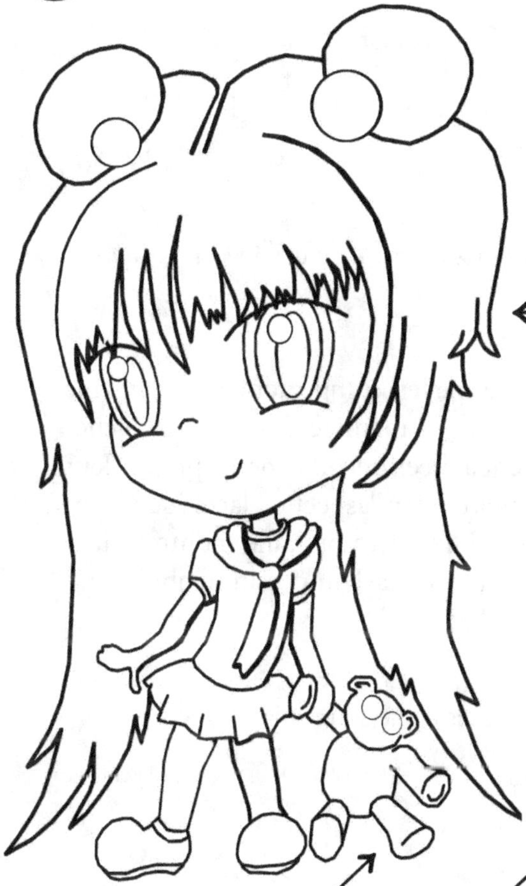

Ajouter un cercle «
brillant » aux yeux.

8. Ajouter des détails

Ajouter des
épingles à cheveux

taches de rousseur
sur le nez

rayures sur les bas

et d'autres éléments
supplémentaires

Mèches

Ajouter un ours en peluche si
vous voulez

Ombrer les pupilles en
noir et mettre des lignes
hérissées dans l'iris

Des taches « brillantes » sur les
chaussures

CVH

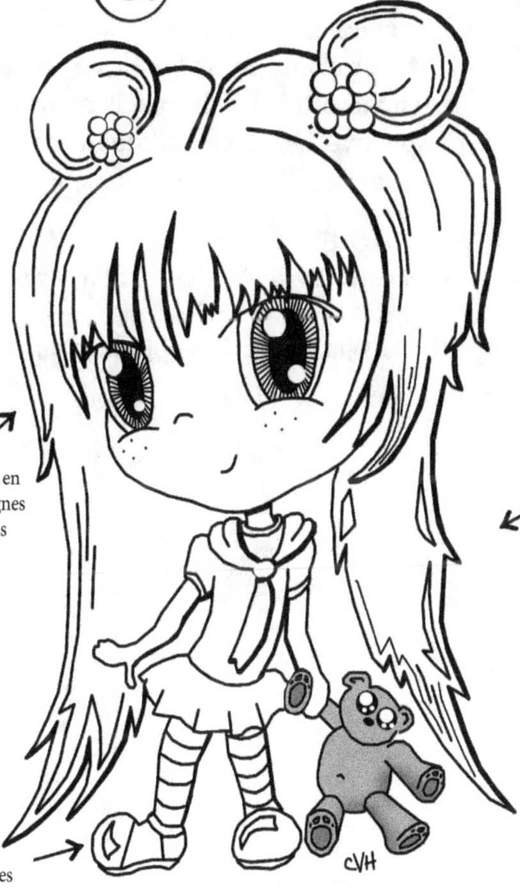

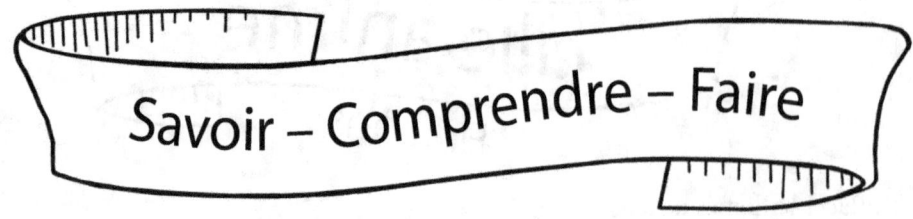

Savoir – Comprendre – Faire

DESSINER UN CORSET LACÉ

SAVOIR :
Chevauchement

COMPRENDRE :
Comment créer l'illusion de couches pour que certaines parties d'un dessin semblent être devant ou derrière d'autres parties ?

FAIRE :
- Discuter d'exemples d'images bidimensionnelles comportant des éléments proches et éloignés, en vous concentrant sur la manière dont le chevauchement et les différences de taille contribuent à créer une illusion de profondeur
- Suivre les étapes sur la feuille de travail pour créer l'aspect de lacets superposés/enchevêtrés. Le chevauchement et les différences de taille montreront la perspective. Les élèves indiqueront quelles parties de leur dessin semblent être en haut et quelles parties semblent être en bas.

VOCABULAIRE :
Chevauchement - Lorsqu'une chose se trouve au-dessus d'une autre et la recouvre partiellement
Perspective - Point de vue d'un objet ou d'une scène

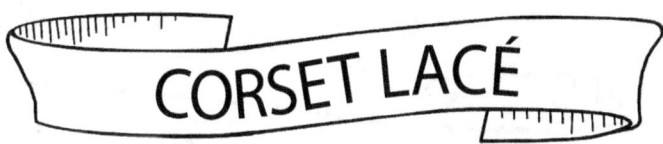

CORSET LACÉ

1. Commencer par une forme en V ouverte en bas

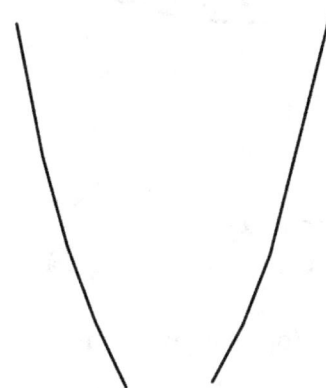

2. Ajouter un 1/2 ovale de chaque côté pour les crochets.

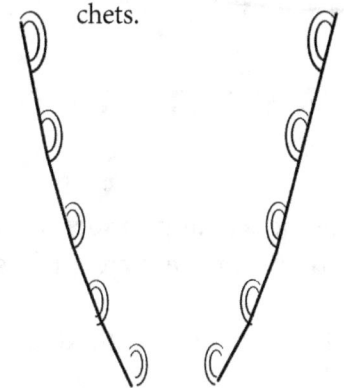

3. Effacer les lignes de guidage V. Ajouter le zig-zag comme indiqué

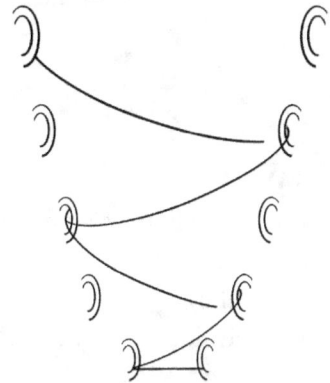

4. Ajouter du zig-zag sur le côté opposé pour créer des formes en X courbes

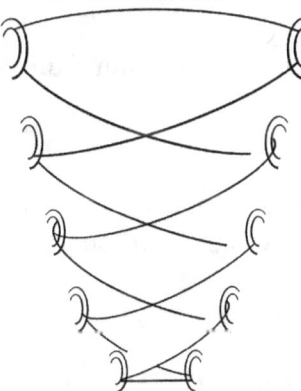

5. Rendre les lacets plus épais en ajoutant une ligne additionnelle à chaque « X »

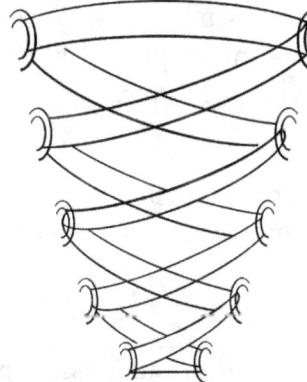

6. Effacer certaines lignes pour qu'il semble que certains lacets chevauchent d'autres.

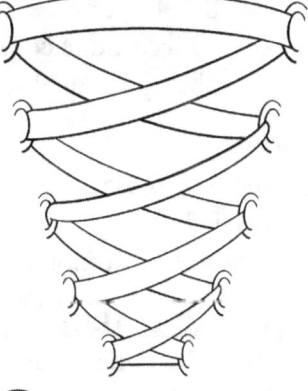

7. Ajoutez un nœud

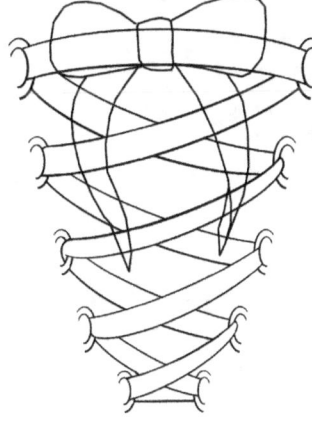

8. Effacer la zone derrière le nœud

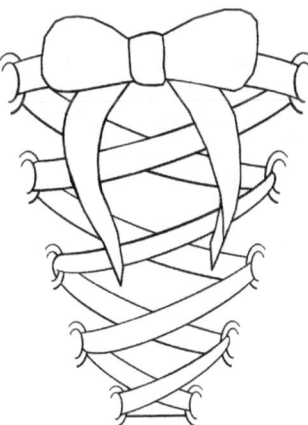

9. Ombrer

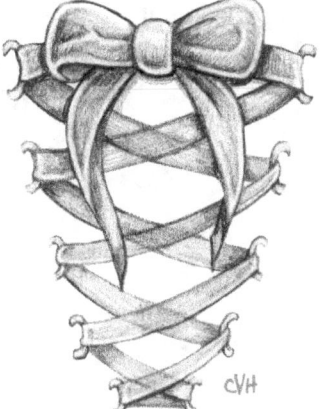

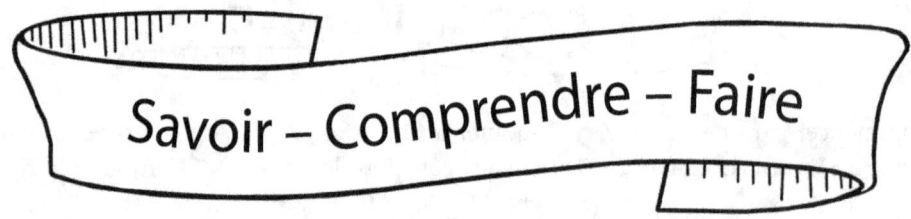

UNE TASSE DE THÉ RAFFINÉE

SAVOIR :

- Des figures simples combinées pour créer des objets complexes
- La section transversale d'un cône peut créer l'illusion d'un récipient (tasse à thé).
- L'ajout de motifs et d'ombres à un objet lui donne une forme et une dimension.

COMPRENDRE :

- Utiliser les principes d'un cylindre (base arrondie et sommet en forme d'ellipse) pour créer un objet qui semble avoir un volume
- La technique consistant à « envelopper » des lignes et des motifs autour d'un objet pour qu'il semble avoir une forme.

FAIRE :

Créer une œuvre d'art originale représentant une tasse à thé et une soucoupe qui se chevauchent. Ajouter des éléments supplémentaires comme un sachet de thé ou une cuillère et une ombre.

VOCABULAIRE :

Cône - Deux lignes au bord d'une ellipse qui finissent par se rejoindre

Ellipse - Un cercle vu sous un angle (dessiné comme un ovale)

Chevauchement - Lorsqu'une chose se trouve au-dessus d'une autre, la recouvrant partiellement

Volume - Fait référence à l'espace dans une forme

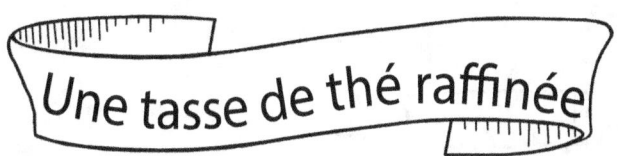

Une tasse de thé raffinée

1. Commencer avec un long ovale fin

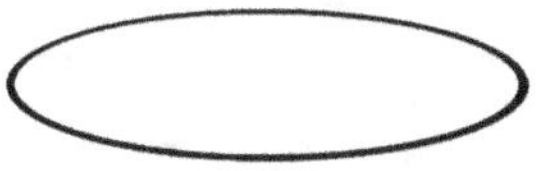

2. Ajouter 2 lignes verticales angulaires

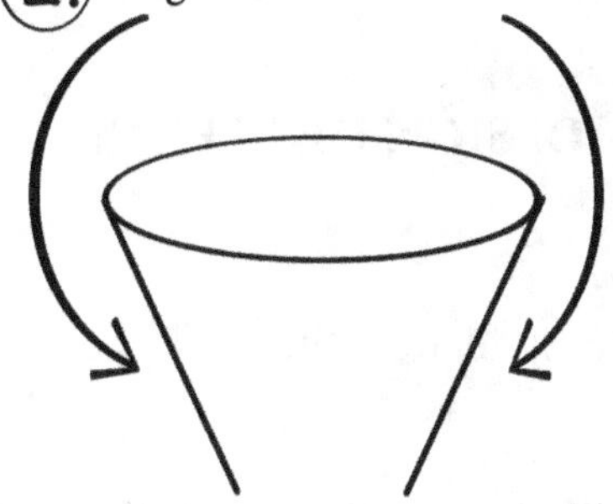

3. Arrondir le fond

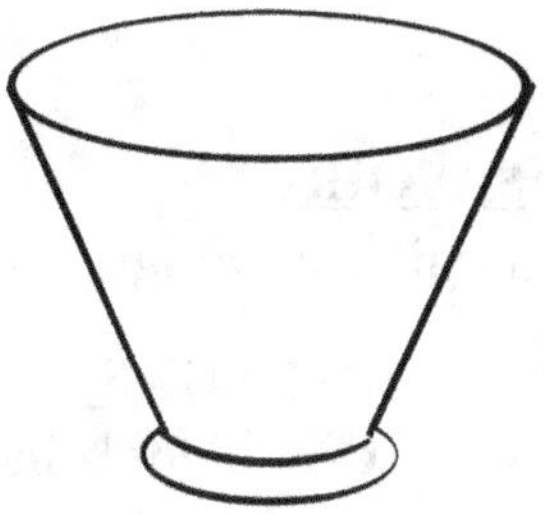

4. Ajouter une courbe aux deux côtés

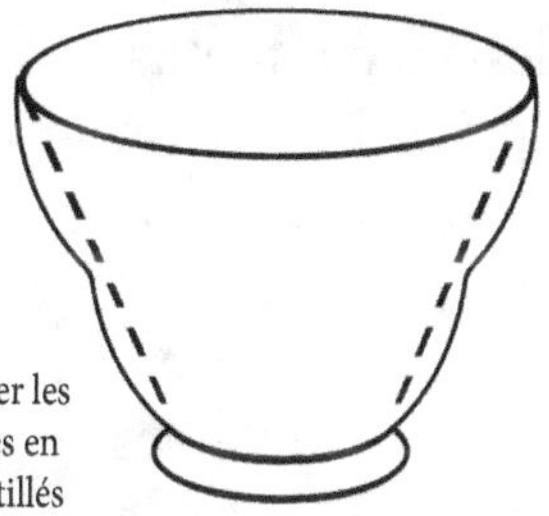

Effacer les zones en pointillés

5. Ajouter deux ovales

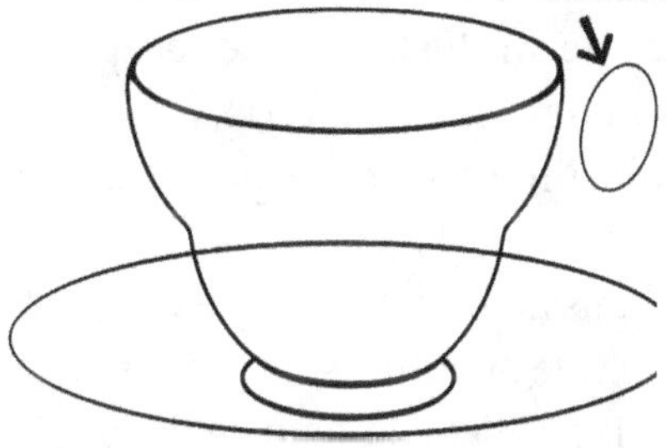

Un ovale ici

Le plus grand ovale pour la soucoupe

6.

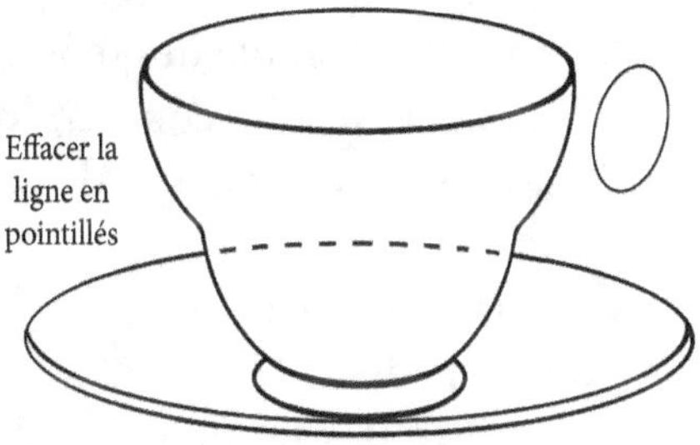

Effacer la ligne en pointillés

Ajouter de l'épaisseur au bord

7.

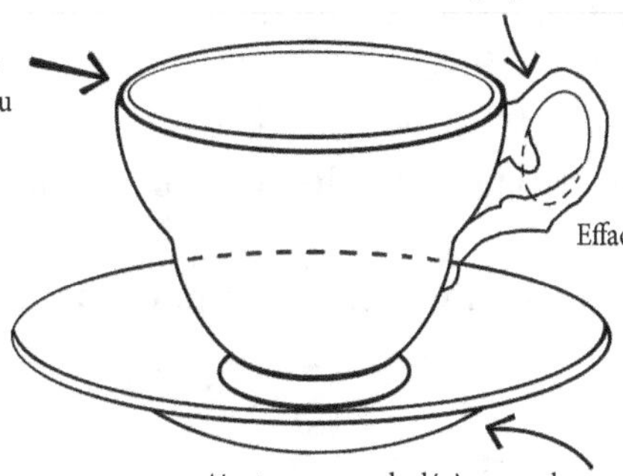

Ajouter de l'épaisseur au bord

Utiliser l'ovale pour en faire une poignée raffinée

Effacer la ligne en pointillés

Ajouter une courbe légère pour la base de la soucoupe

8. Ajouter un motif raffiné comme des fleurs ou des tourbillons.

Ombrer

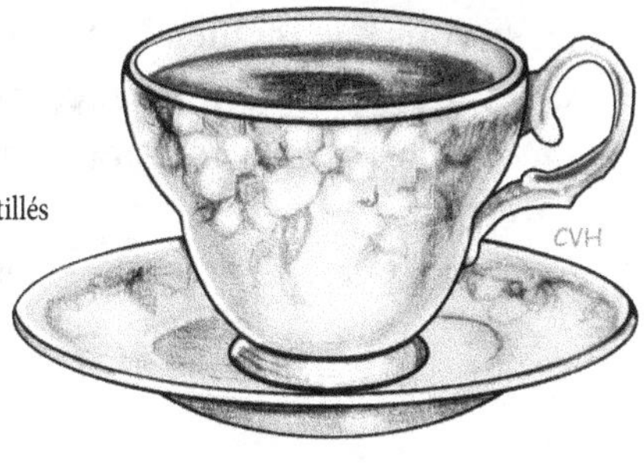

CVH

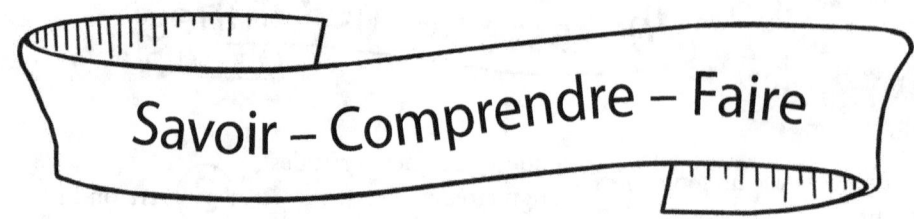

DESIGN DES TENNIS

SAVOIR :
Équilibre, Design, Fonction, Ligne, Répétition

COMPRENDRE :
- Comment la mode peut créer et diviser les structures sociales
- La mode peut refléter l'identité et être une extension de la personnalité d'une personne
- Comment créer un design original à partir d'une structure existante

FAIRE :
De la conceptualisation au produit final, les étudiants créeront un modèle de chaussure. Tenir compte des tendances de l'industrie, des concepts de design, des motifs, des matériaux, des couleurs, des lignes, de la symétrie, de la personnalité du porteur, de son sexe, de son âge, de ce qu'il aime ou n'aime pas, etc. lors de la conception de la chaussure.

Ne pas oublier : L'usage de la chaussure (sport, tenue décontractée, etc.), la forme de la chaussure (haute, basse, etc.), les coutures, les zones renforcées, les logos, les lacets/bandes/fermetures velcro, les œillets, la texture de la semelle, les étiquettes à accrocher, etc.

PRÉSENTATION ET RÉFLEXION :
Vous devrez inclure une déclaration d'artiste/une réflexion personnelle avec votre pièce. Sous forme de paragraphe, veuillez inclure les informations suivantes ainsi que le vocabulaire clé utilisé en classe.

1. Décrire le design de vos chaussures et vos inspirations. Quelle identité cherchez-vous à véhiculer ? (À qui sont destinées les chaussures ? etc.)
2. Quels domaines ont été faciles ou difficiles dans le processus de conception ?
3. Décrire les points forts et les points faibles de la conception de votre chaussure.
4. Si vous deviez répéter ce projet, que feriez-vous différemment et pourquoi ?

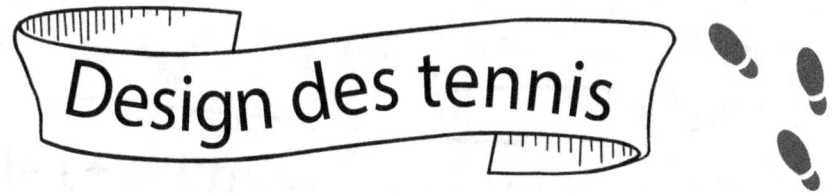

Design des tennis

Tâche : Créer un design original de tennis. Réfléchir à votre concept en utilisant les idées ci-dessous.

1.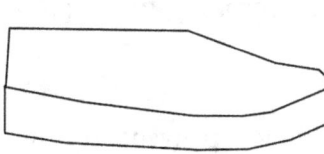

2.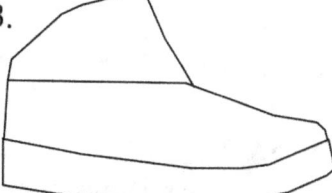

3.

4.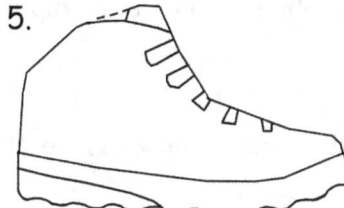

5.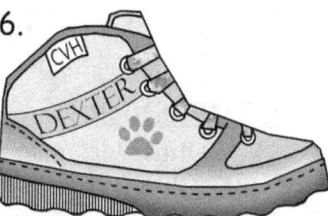

6.

Quelques formes génériques de baskets

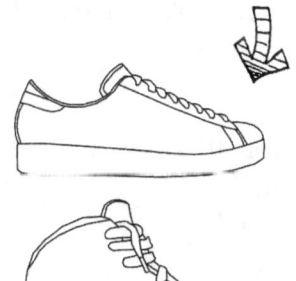

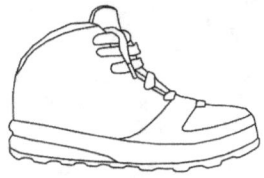

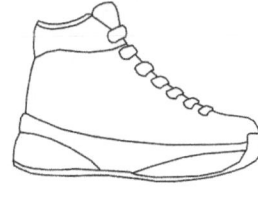

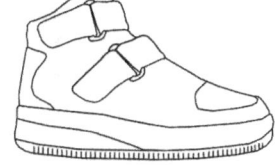

Qu'est-ce que vos chaussures disent de vous ?

1. Penser aux éléments de design que vous aimez et faire une liste. Il peut s'agir de mots, de polices, de dessins, de motifs, etc.

2. Décider des éléments que vous voulez inclure dans votre conception (ligne, police, texte, graffiti, etc.).

3. Décider de l'identité que vous essayez de transmettre. À qui les chaussures sont-elles destinées ?

Considérations sur l'art :
tendances du secteur
motif
matériaux
couleur
équilibre
ligne
symétrie

Ne pas oublier :
objectif de la chaussure
forme de la chaussure
couture
logo (endossement ?)
lacets/sangles
œillets
texture de la semelle

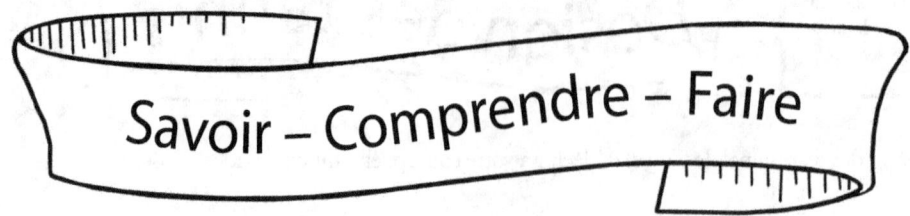

COFFRE À TRÉSORS

SAVOIR :

- Des figures simples combinées peuvent créer des objets complexes
- L'ajout de motifs et d'ombres à un objet lui donne une forme et une dimension.

COMPRENDRE :

- Utiliser les principes d'un cube pour créer un objet qui semble contenir du volume.
- L'utilisation de lignes de fuite pour montrer la perspective
- Une méthode pour créer un simple cube 3D

FAIRE :

Créer une œuvre d'art originale d'un coffre à trésor qui démontre la perspective. Ajouter beaucoup d'éléments supplémentaires à l'intérieur du coffre. Le placer dans une scène.

VOCABULAIRE :

Cube - Un polyèdre ayant six faces carrées ; un carré qui apparaît en 3D
Perspective - Le point à partir duquel un objet ou une scène est vu
Lignes fuyantes - Lignes qui s'éloignent ou reculent du premier plan.

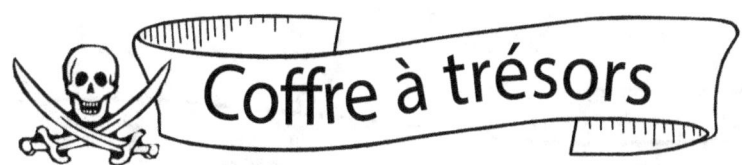

Coffre à trésors

1. Commencer avec un rectangle angulaire

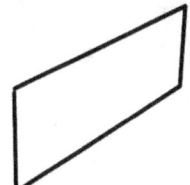

2. Ajouter 3 lignes fuyantes

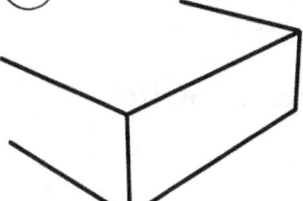

3. Connecter

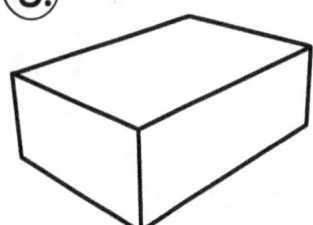

4. Dessiner le couvercle ouvert

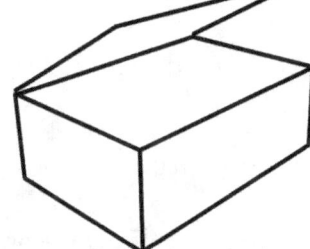

5. Ajouter de l'épaisseur au couvercle

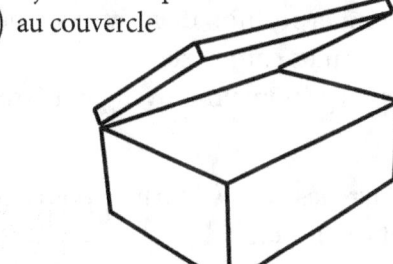

6.

Dessiner un arc

Ajouter une poignée

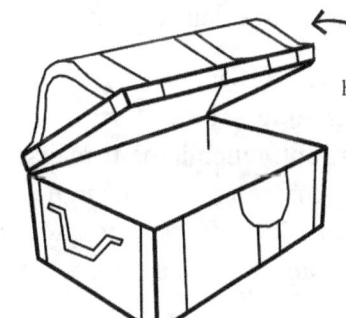

7.

Connecter le haut de la boîte

Ajouter des détails

8.

Serrure détaillée

1.

2.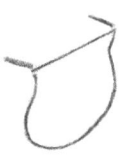

3.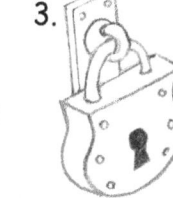

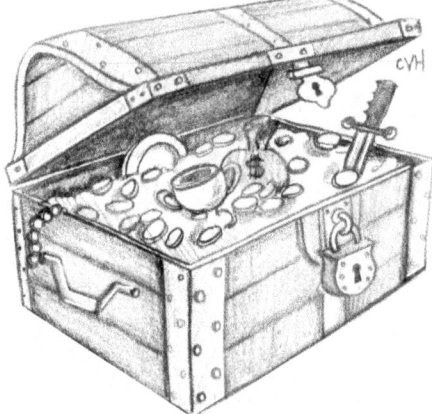

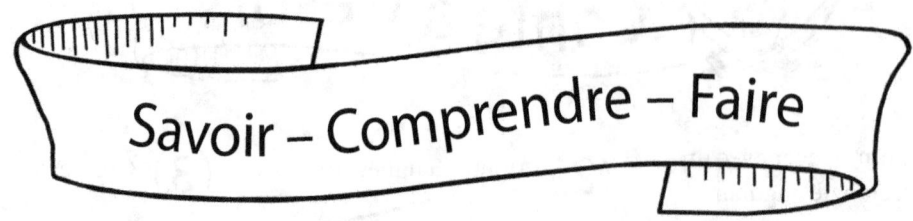

PIRATE SQUELETTE

SAVOIR :
Formes géométriques, chevauchement et superposition

COMPRENDRE :
* La superposition de formes simples peut être la première étape de la création de formes complexes.
* Le corps humain moyen peut être mesuré comme « 7 têtes de haut ».

FAIRE :
* Suivre les étapes fournies pour créer votre propre version d'un pirate « squelette » unique.
* Ajouter beaucoup d'éléments supplémentaires, comme un coffre à trésor, un bateau pirate ou une carte au trésor en forme de rouleau.
* Le mettre dans une scène et ombrer

VOCABULAIRE :
Géométrique - Toute forme ayant un dessin mathématique. Les dessins géométriques sont généralement réalisés à l'aide de lignes droites ou de formes géométriques (contrairement aux lignes organiques, de forme libre).
Superposition - Placer quelque chose sur une autre surface ou sur des objets
Chevauchement - Lorsqu'une chose se trouve au-dessus d'une autre et la recouvre partiellement.

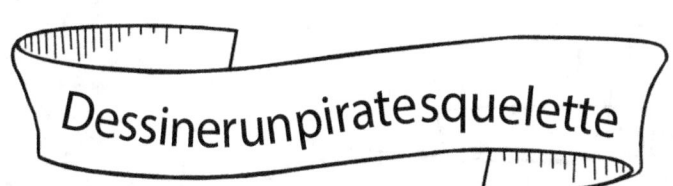
Dessinerunpiratesquelette

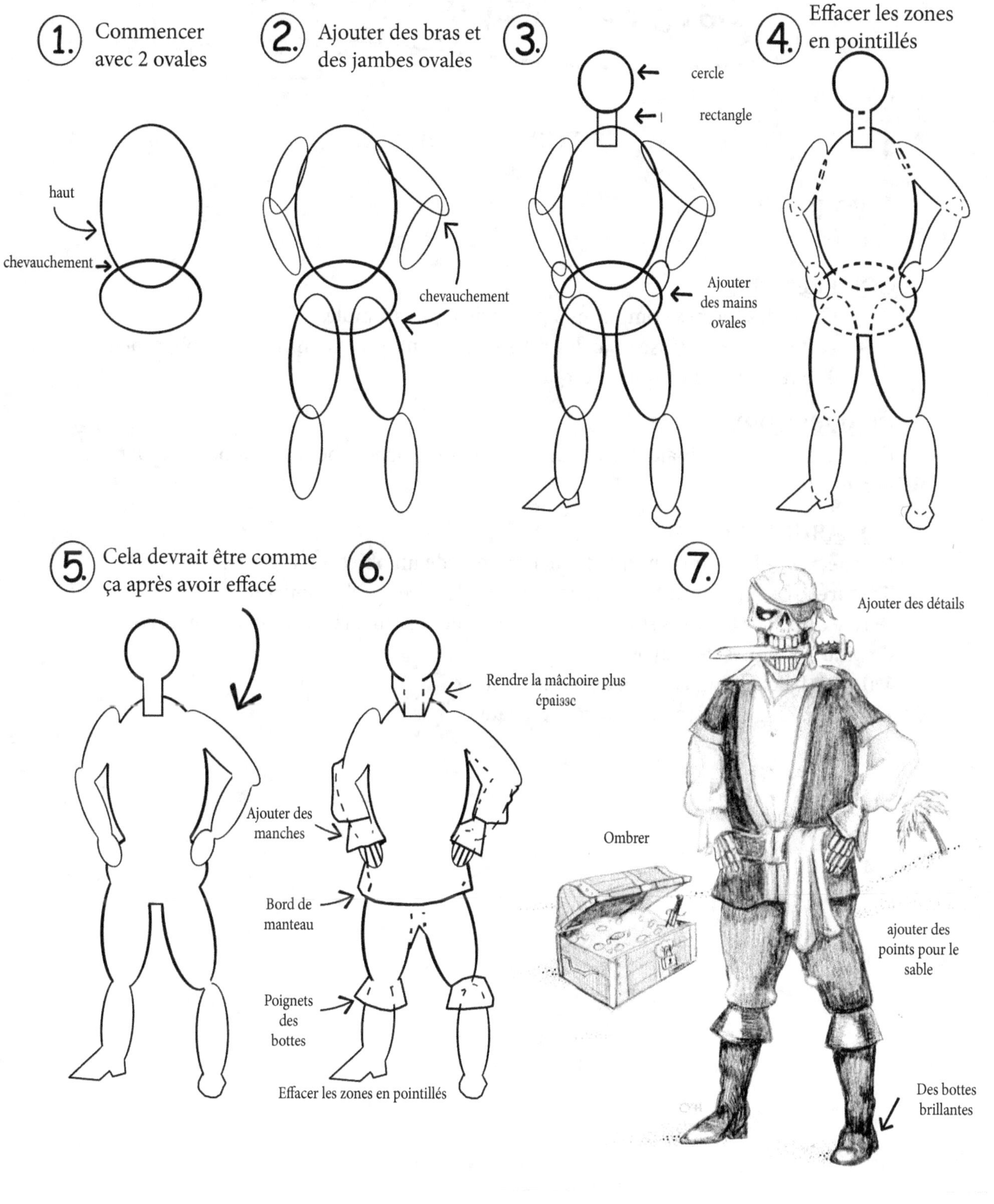

1. Commencer avec 2 ovales

haut →

chevauchement →

2. Ajouter des bras et des jambes ovales

chevauchement

3.

cercle ←

rectangle ←

Ajouter des mains ovales →

4. Effacer les zones en pointillés

5. Cela devrait être comme ça après avoir effacé

Ajouter des manches →

Bord de manteau →

Poignets des bottes →

6.

Rendre la mâchoire plus épaisse ←

Effacer les zones en pointillés

7. Ajouter des détails

Ombrer

ajouter des points pour le sable

Des bottes brillantes →

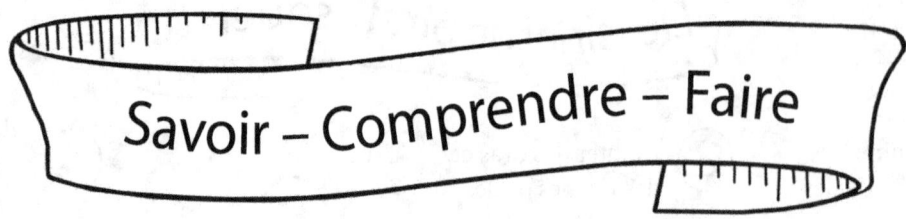

CROIX EN BOIS

SAVOIR :
Texture

COMPRENDRE :
- Créer des formes complexes à partir de figures simples
- La texture est utilisée par les artistes pour montrer comment un objet peut être ressenti ou de quoi il est fait

COMPRENDRE :
Créer une croix originale qui inclut une texture « aspect bois » et montre la perspective

VOCABULAIRE :
Perspective - Le point à partir duquel on regarde un objet ou une scène.
Texture - La façon dont une chose ressemble à ce qu'elle pourrait être dans une œuvre d'art. Les textures simulées sont suggérées par un artiste avec différents coups de pinceau, lignes de crayon, etc.
Valeur - La clarté ou l'obscurité d'une couleur.
Verticale - Lignes parallèles tracées de haut en bas.

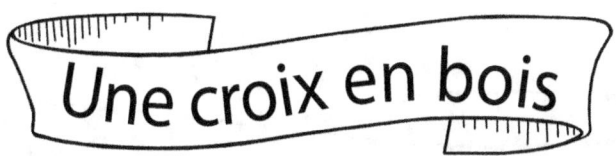
Une croix en bois

1. Commencer par 2 lignes verticales

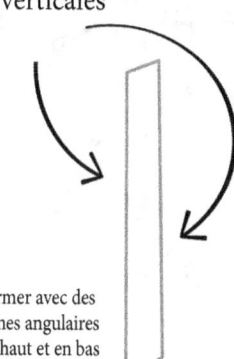

fermer avec des lignes angulaires en haut et en bas

2. Ajouter 2 lignes horizontales pour un « t » minuscule

l'incliner

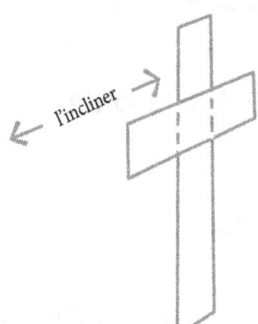

3. Dessiner 7 courtes lignes angulaires

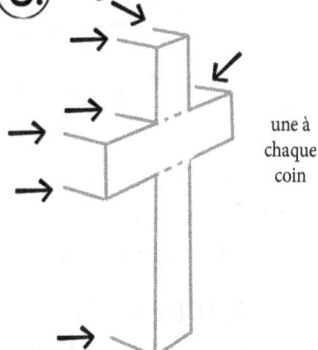

une à chaque coin

4. Relier les lignes pour donner l'illusion du 3-D

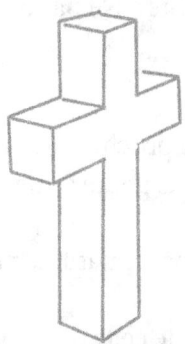

5. Ajouter 2 lignes angulaires parallèles

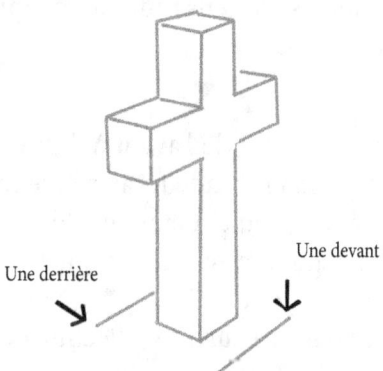

Une derrière

Une devant

6. Relier les lignes pour créer la base

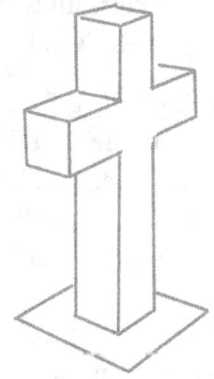

7. Ajouter 2 formes en « V » pour la base

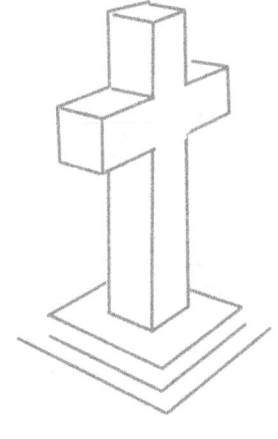

8. Fermer la base avec des lignes verticales

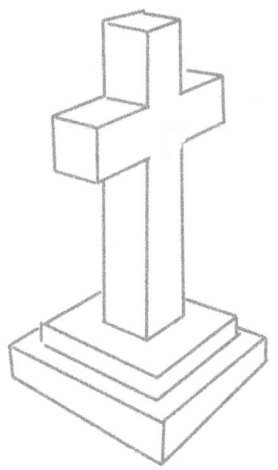

9. Ombrer avec un « aspect bois ».

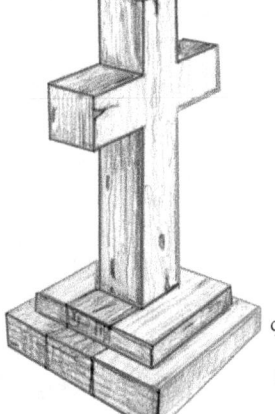

ÉCHANTIL-LON DE BOIS

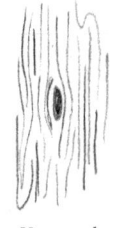

Une grande quantité de lignes allant dans la même direction avec un nœud ici et là

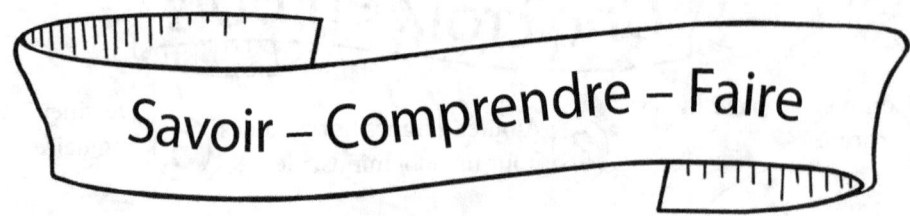

FLAQUE D'EAU

SAVOIR :
Forme organique, réflexion, profondeur

COMPRENDRE :
Comment créer l'apparence de la profondeur en dessinant des formes organiques

FAIRE :
Créer une flaque d'eau originale montrant la profondeur, l'épaisseur et des propriétés réfléchissantes en utilisant les conseils indiqués ci-après. Ombrer. Ne pas oublier les gouttes d'eau !

VOCABULAIRE :
Profondeur - La distance apparente de l'avant à l'arrière ou du proche au lointain dans une œuvre d'art. Lorsque la profondeur fait référence à la plus petite dimension d'un objet, cette distance peut également être appelée épaisseur.
Organique - Une forme irrégulière que l'on peut trouver dans la nature, plutôt qu'une forme régulière et mécanique.
Réflexion - Image renvoyée par une surface réfléchissante, comme celle d'un miroir ou d'une eau calme.

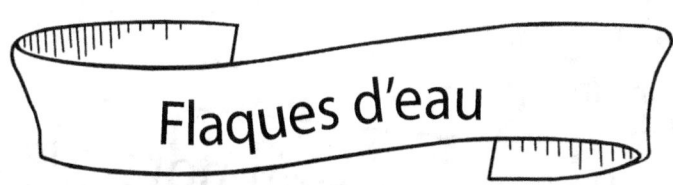

Flaques d'eau

1. Commencer par une forme organique

2. Ajouter une épaisseur qui suit le contour de la forme sur un côté.

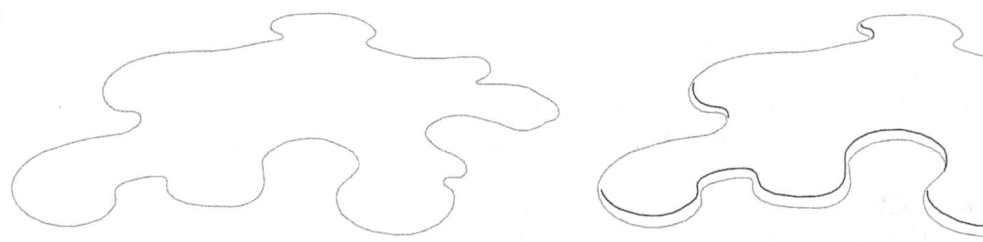

3. Ombrer le bord que vous venez de créer

Laissez quelques taches blanches pour ajouter des points saillants

4. Ajouter quelques gouttes d'eau aléatoires

5. Ombrer légèrement les bords arrondis sur le dessus de la flaque d'eau

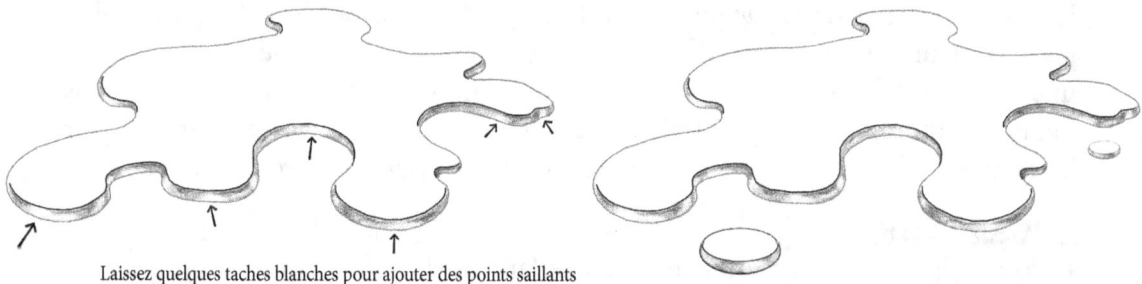

Vous pouvez utiliser cette même technique lorsque vous dessinez des pièces de puzzle, aussi !

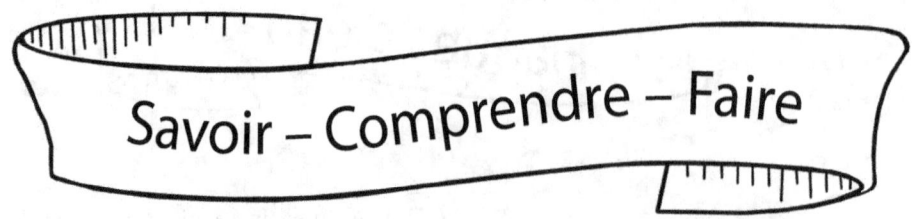

OBJETS FLOTTANTS DANS UNE FLAQUE D'EAU

SAVOIR :
- Construction de formes de base en dessin
- La forme est l'un des sept éléments de l'art.

COMPRENDRE :
- La différence entre la figure et la forme
- Volume
- Ombrage
- Superposition/chevauchement

FAIRE :
Utiliser les connaissances acquises dans le projet de dessin sur les « Flaques d'eau » pour créer une flaque d'eau. Choisir un objet sur la feuille « Objets flottants dans une flaque d'eau » (ou choisissez le vôtre) qui « flottera » sur votre flaque. Ne pas oublier d'ombrer votre objet, d'effacer certaines parties de la flaque pour indiquer les qualités réfléchissantes et d'ajouter des rides d'eau pour montrer le mouvement !

VOCABULAIRE :
Forme – Figure tridimensionnelle (hauteur, largeur et profondeur) qui renferme un volume
Réflexion - Image renvoyée par une surface réfléchissante, comme celle d'un miroir ou d'une eau calme.
Forme - Un espace clos
Volume - L'espace à l'intérieur d'une forme

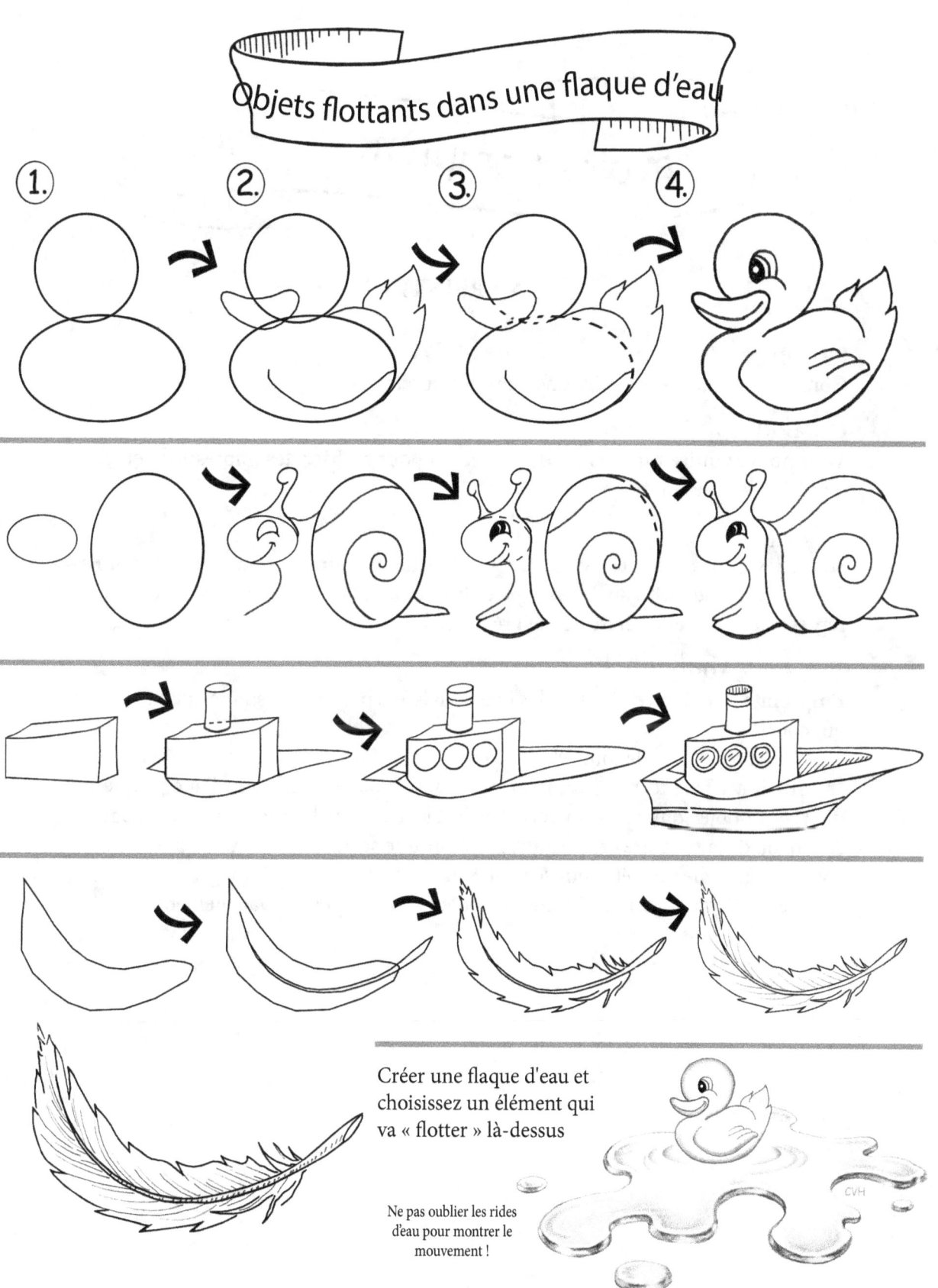

Objets flottants dans une flaque d'eau

1. 2. 3. 4.

Créer une flaque d'eau et choisissez un élément qui va « flotter » là-dessus

Ne pas oublier les rides d'eau pour montrer le mouvement !

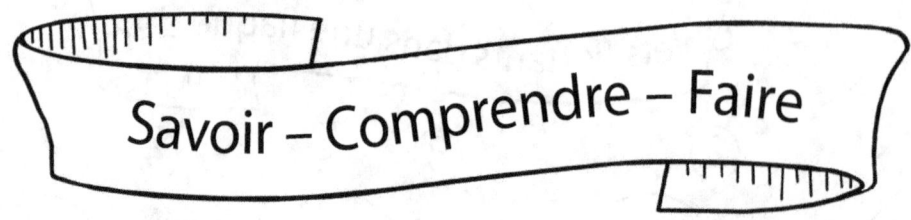

EMPREINTES

SAVOIR :
Conseils et astuces pour faire une « mini-empreinte »

COMPRENDRE :
Vous pouvez utiliser des objets du quotidien pour réaliser des impressions et créer des dessins et des motifs

FAIRE :
Suivre les étapes fournies pour créer un dessin de « mini empreinte de pied ». Essayer de créer le pied gauche et le pied droit et les placer en quinconce pour qu'ils représentent une empreinte de pied réaliste.

VOCABULAIRE :
Empreinte - Les impressions ou les images laissées par une personne qui marche ou qui court.
Motif - La répétition de toute chose, y compris les formes, les lignes ou les couleurs.
Impression - Une forme ou une marque faite à partir d'un bloc, d'une plaque ou d'un autre objet qui est recouvert d'un agent colorant humide (généralement de l'encre ou de la peinture) et ensuite pressé sur une surface plane. Ainsi, une certaine couleur ou forme peut être utilisée plusieurs fois dans la même image.
Décaler - Disposer de manière inégale ou en zigzag ou en chevauchement.

Il faudra peut-être un peu de pratique pour le perfectionner, mais c'est une façon amusante et intéressante de faire une « empreinte ».

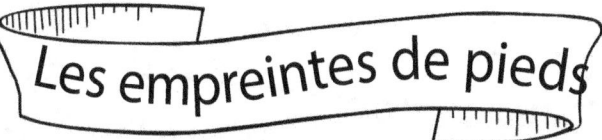 **Les empreintes de pieds**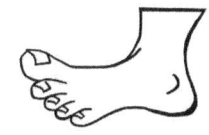

1. Commencer par une peinture acrylique ou tempera à base d'eau

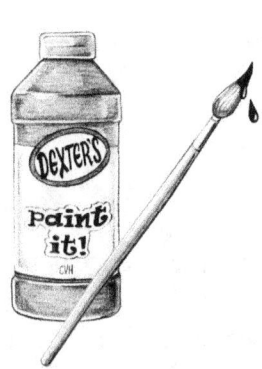

2. Serrer le poing. Peigner le côté extérieur de votre main.

Peignez le côté où se trouve votre petit doigt - pas votre pouce

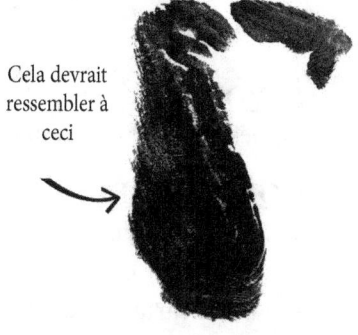

3. Sur du papier brouillon, tamponner votre main pour enlever tout excès de peinture

Cela devrait ressembler à ceci

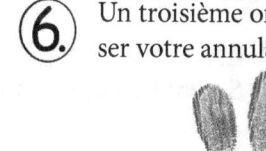

4. Sur une nouvelle feuille de papier, tamponner encore et ajouter un gros orteil (utiliser votre pouce).

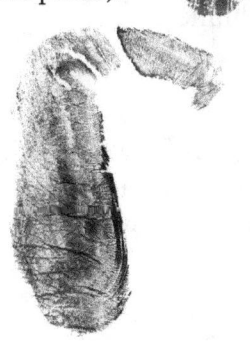

5. Ajouter un deuxième orteil (utiliser votre index).

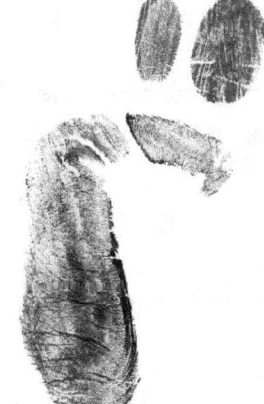

6. Un troisième orteil (utiliser votre annulaire).

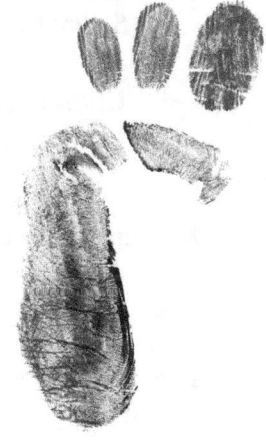

7. En ajouter un quatrième

Utiliser votre annulaire

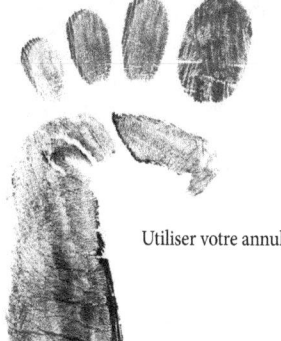

8. Ajouter le dernier orteil

Utilizer votre petit doigt

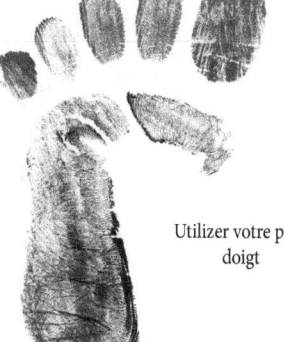

9. Répéter les étapes 2-8 en utilisant l'autre main, en échelonnant les impressions

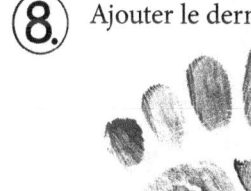
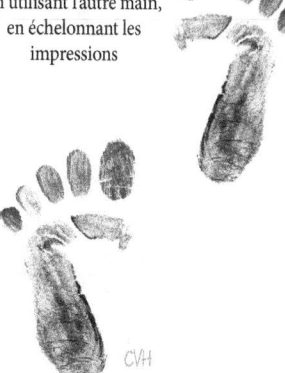

CVH

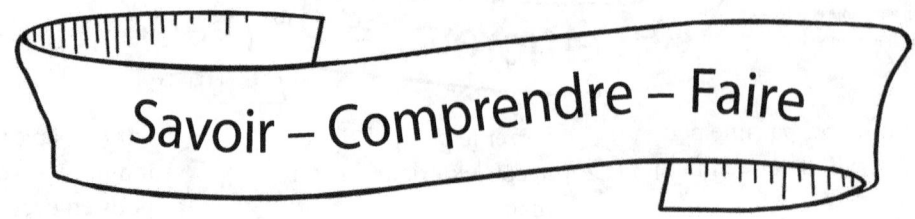

COMMENT DESSINER LE FEU

SAVOIR :
Lignes aléatoires, chevauchement, surbrillance, valeur

COMPRENDRE :
- La superposition de figures simples permet de mettre en évidence la profondeur et de créer des formes.
- La variation de la valeur des tons lors de l'ombrage peut aider à créer de l'intérêt et du réalisme.

FAIRE :
- Suivre les étapes indiquées pour créer votre propre représentation d'un incendie.
- Utiliser la valeur pour indiquer les zones d'ombre et de lumière.
- Effacer certaines zones pour créer des reflets

VOCABULAIRE :
Mise en évidence - La zone d'une surface qui reflète le plus de lumière ; pour attirer l'attention ou pour mettre en valeur une zone d'un dessin par l'utilisation de valeurs
Chevauchement - Lorsqu'une chose se trouve au-dessus d'une autre, la recouvrant partiellement.
Lignes aléatoires – Au hasard, des lignes qui n'ont pas ne de modèle.
Valeur - La clarté ou l'obscurité d'une couleur ou d'un ton.

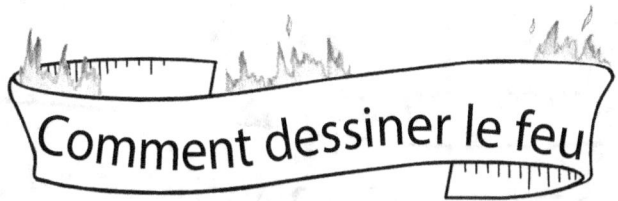
Comment dessiner le feu

1. Commencez par une forme de goutte d'eau

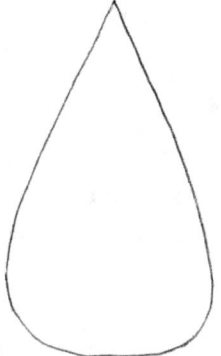

2. Dessiner des lignes courbes aléatoires à l'intérieur

effacer les zones en pointillés

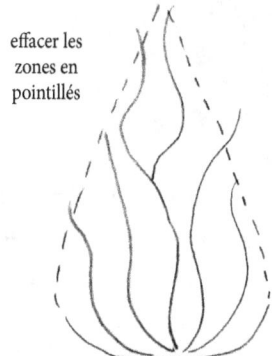

3. Ajouter des lignes dans les zones en pointillés pour rendre les flammes plus épaisses

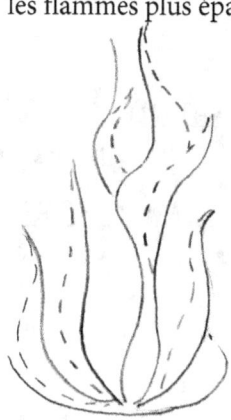

4. Ajouter un peu plus des flammes aléatoires et courbées

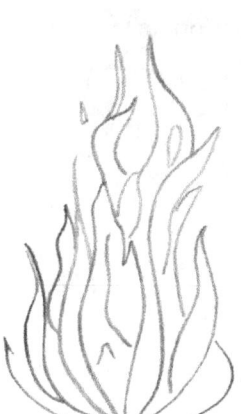

5. Ombrer légèrement l'ensemble de la flamme, effaçant partiellement les lignes au centre

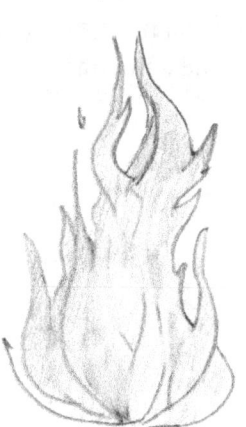

6. Ombrer

effacer certaines zones pour les mettre en évidence

Ajouter des petites flammes séparées

Assombrir les points

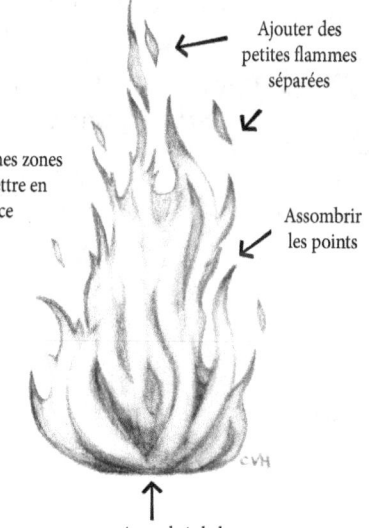

Assombrir la base

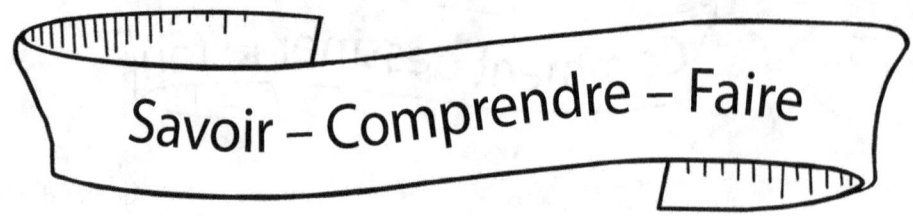

COMMENT DESSINER UNE BOUGIE

SAVOIR :

Cylindre, mise en évidence, valeur

COMPRENDRE :

- Les cylindres dans l'art donnent l'apparence d'un tube circulaire en 3D
- Varier la valeur des tons lors de l'ombrage peut aider à rendre une œuvre plus intéressante et réaliste

FAIRE :

- Suivre les étapes indiquées pour créer votre propre représentation d'une bougie allumée.
- Utiliser la valeur pour indiquer les zones d'ombre et de lumière.
- Effacer certaines zones pour les mettre en évidence (plus près de la flamme).

VOCABULAIRE :

Cylindre - Un tube qui semble tridimensionnel

Surligner - La zone d'une surface qui reflète le plus de lumière ; attirer l'attention sur une partie particulière d'un dessin ou la mettre en valeur par l'utilisation de la valeur

Valeur - La clarté ou l'obscurité d'une couleur ou d'un ton

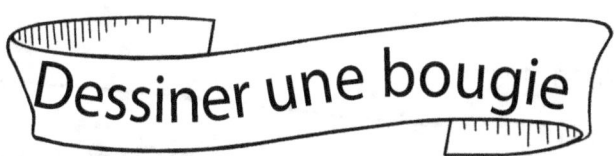

Dessiner une bougie

1. Commencer par un grand rectangle étroit

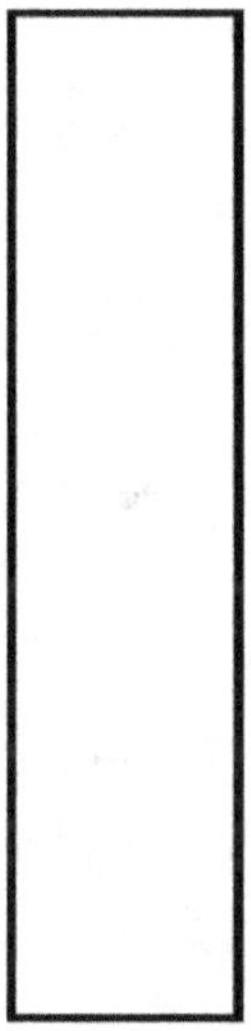

2. Ajouter un ovale en haut et en bas pour créer un cylindre.

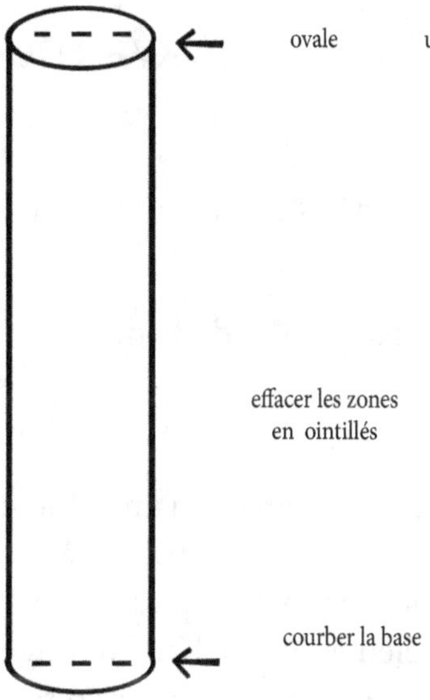

ovale ←

effacer les zones en ointillés

courber la base ←

3. Ajouter un ovale →

une ligne pour la mèche

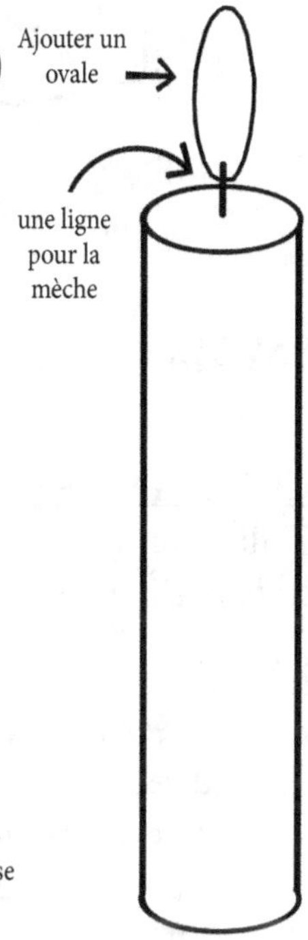

4. Ajouter un point

courber la base de la flamme

Ajouter des « gouttes »

effacer les zones en pointillés <

goutte

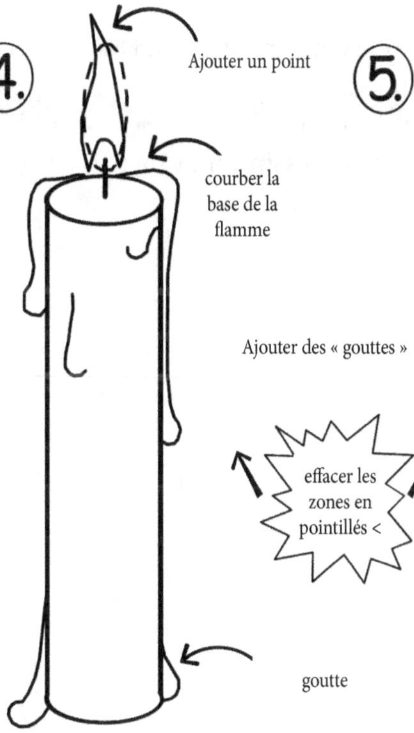

5.

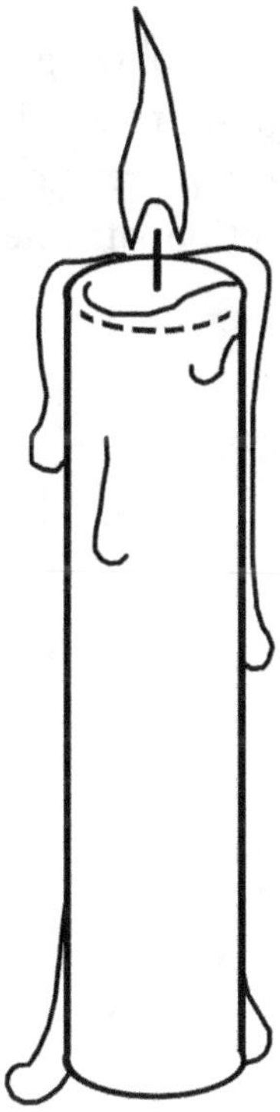

6. Ombrer

Effacer certaines zones pour créer des reflets (plus près de la flamme).

Le détail de la mèche ressemble à cela.

cVH

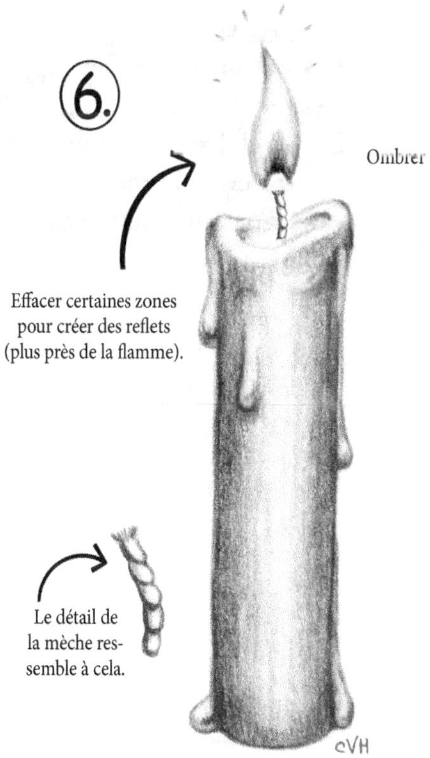

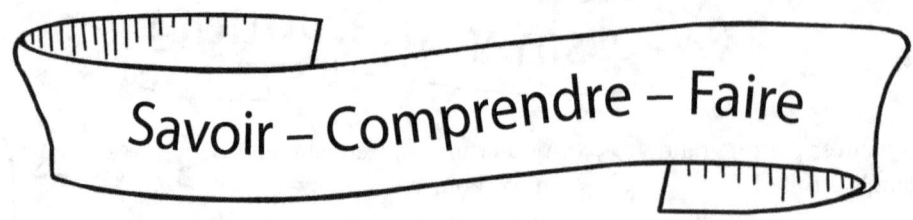

CRÂNE AVEC DES FLAMMES

SAVOIR :
Exagération des caractéristiques, mise en évidence, valeur

COMPRENDRE :
Utilisation de l'exagération et de la distorsion dans une œuvre d'art pour créer un style particulier

FAIRE :
- Créer votre propre version d'un crâne stylisé avec des flammes en utilisant les directives fournies OU S'entraîner à dessiner un crâne humain générique et à en exagérer les caractéristiques
- Ajouter des éléments supplémentaires et de l'ombrage
- Effacer certaines zones pour faire ressortir les flammes

VOCABULAIRE :
Distorsion - modifier l'apparence d'un objet, parfois en le déformant ou en l'étirant
Exagérer - magnifier, embellir ; agrandir ou réduire en taille.
Zones claires - la zone d'une surface qui reflète le plus de lumière
Mettre en évidence - attirer l'attention sur une zone d'un dessin ou la mettre en valeur par l'utilisation de valeurs.

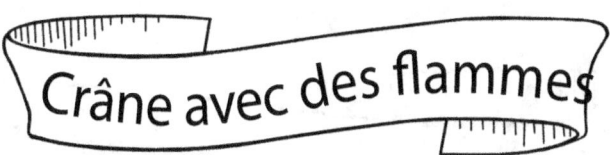

Crâne avec des flammes

1. Empiler ces quatre formes

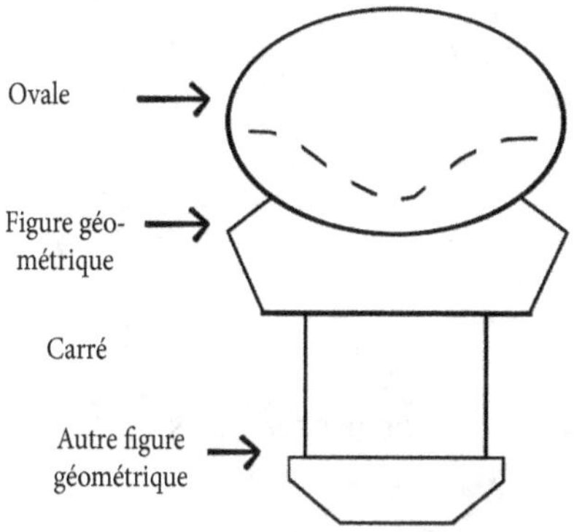

Ovale →

Figure géométrique →

Carré

Autre figure géométrique →

2. Ajouter des détails

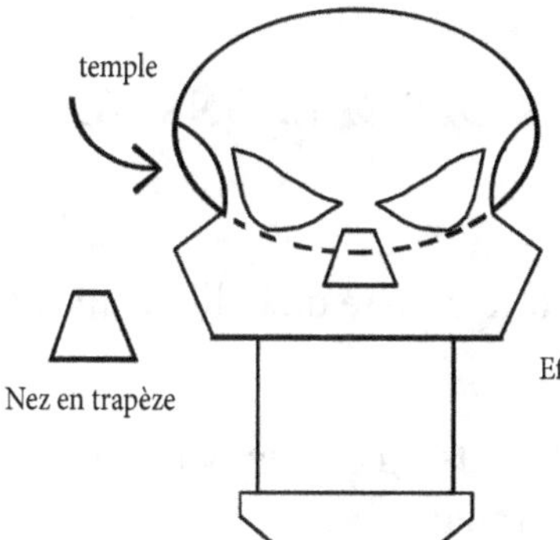

temple →

Nez en trapèze

3. Ajouter une forme de rectangle sur les deux côtés

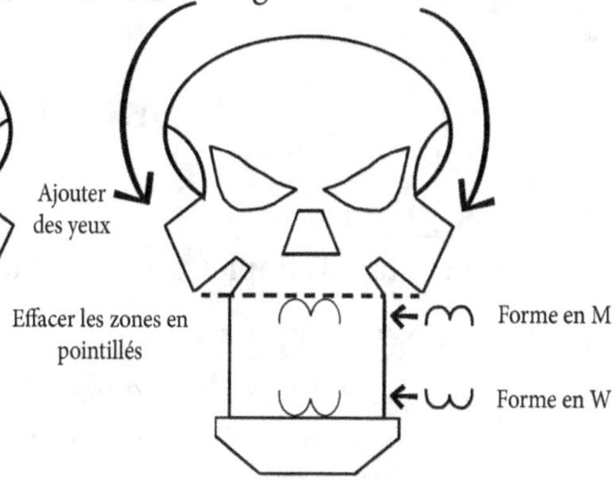

Ajouter des yeux

Effacer les zones en pointillés

← Forme en M

← Forme en W

4.

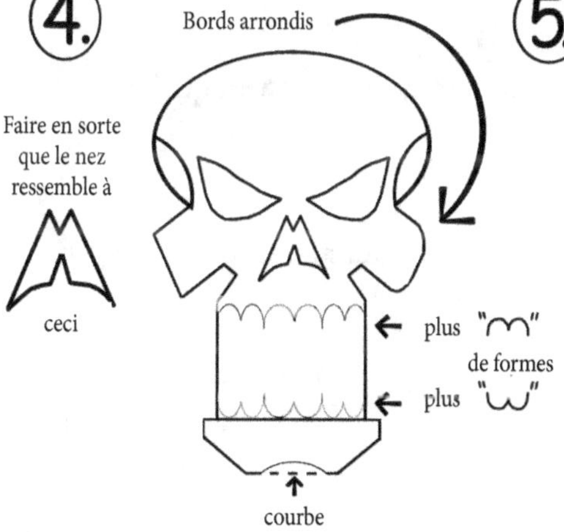

Bords arrondis

Faire en sorte que le nez ressemble à

ceci

← plus "M" de formes

← plus "W"

courbe

5.

Ajouter deux lignes courbes pour les dents

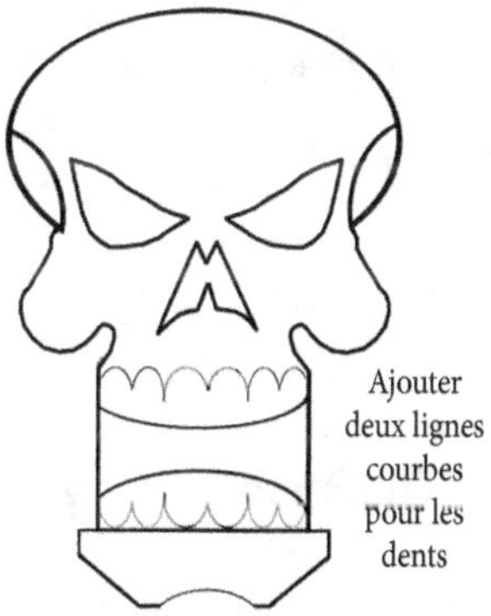

6. Rendre l'orbite oculaire plus épaisse

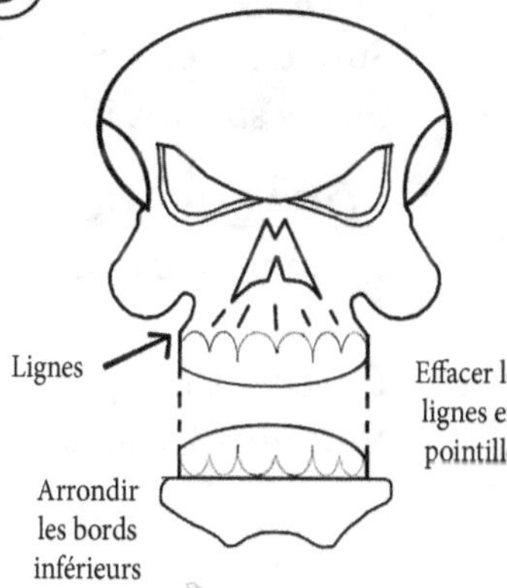

Lignes →

Effacer les lignes en pointillé

Arrondir les bords inférieurs

7. Ajouter des fissures partout

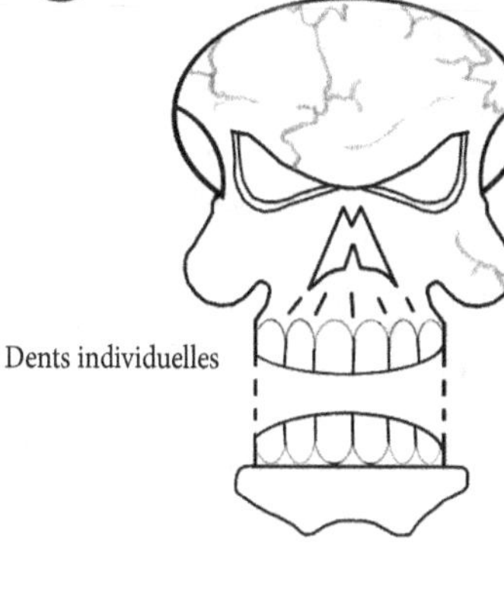

Dents individuelles

8. Ombrer

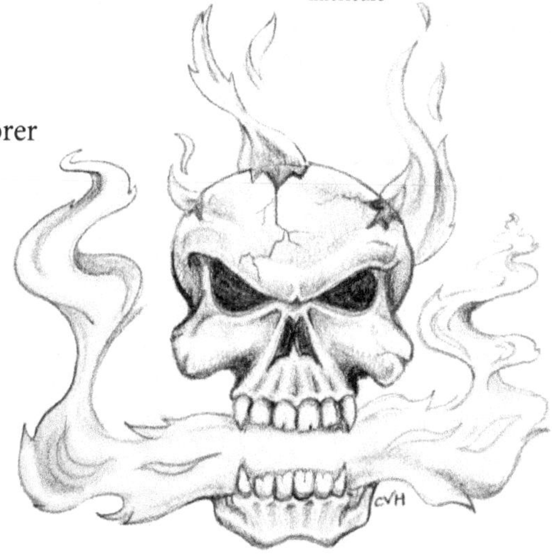

CVH

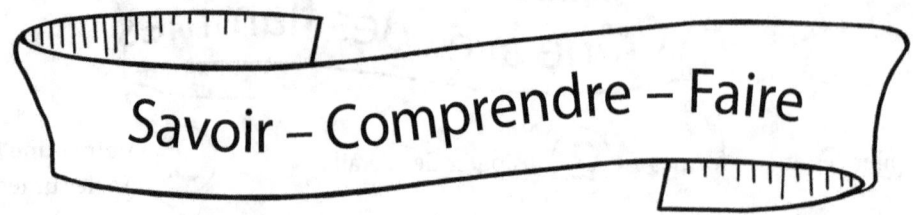

DESSINER DES BALLONS DE SPORT

SAVOIR :

Les étapes simples pour créer une variété de ballons de sport

COMPRENDRE :

- De petits changements/ajouts aux formes de base peuvent aider à créer des images spécifiques et reconnaissables.
- La différence entre la forme et l'apparence
- L'ombrage et les motifs peuvent aider à transformer les figures en formes.

FAIRE :

Suivre les étapes indiquées ci-après pour créer au moins deux des quatre équipements sportifs illustrés. Ombrer.

VOCABULAIRE :

Forme - Une figure tridimensionnelle (hauteur, largeur et profondeur) qui renferme un volume
Figure - Un espace clos
Volume - Désigne l'espace à l'intérieur d'un forme

Dessiner les ballons de sport

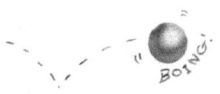

BALLON DE BASKET

1. Dessiner un cercle

2. Ajouter une diagonale légèrement incurvée

3. Ajouter trois courbes comme indiqué ci-dessous

4. Ombrer

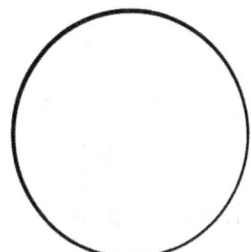
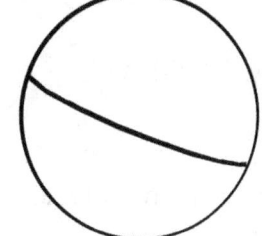
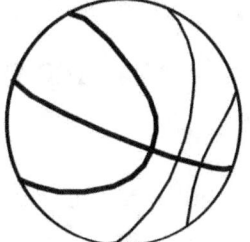
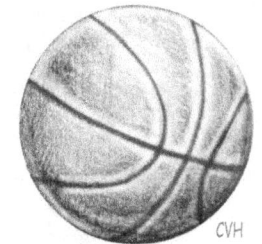

BALLON DE FOOT-BALL AMÉRICAIN

1. Commencer avec un ovale

Ajouter une diagonal courbe

2. Ajouter des bandes arrondies aux extrémités

3. Ajouter des formes en « H » pour les lacets

4. Ombrer

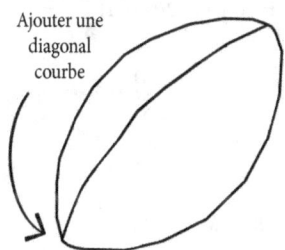
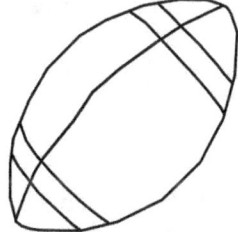
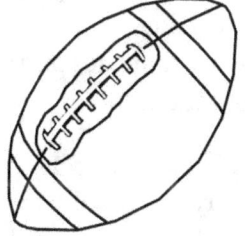
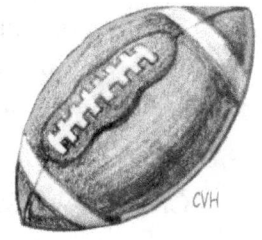

BALLE DE BASEBALL

1. Commencer avec un cercle

2. Ajouter deux lignes légères s'incurvant au centre

3. Ajouter un V ouvert pour les détails des points de couture

4. Ombrer

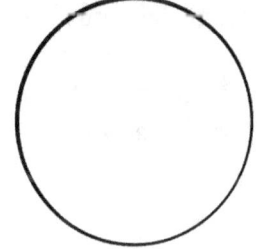
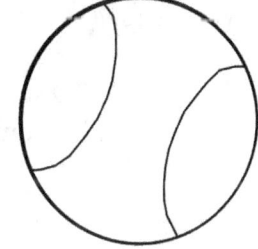
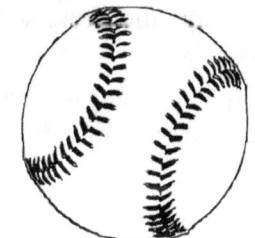
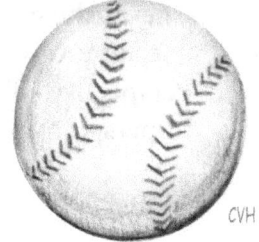

RONDELLE DE HOCKEY

1. Commencer avec un ovale

2. Dessiner deux lignes parallèles sur les côtés

3. Arrondir la base pour la connecter

4. Ombrer

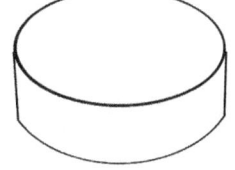
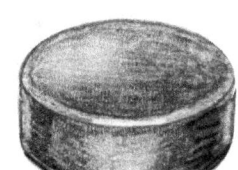

229

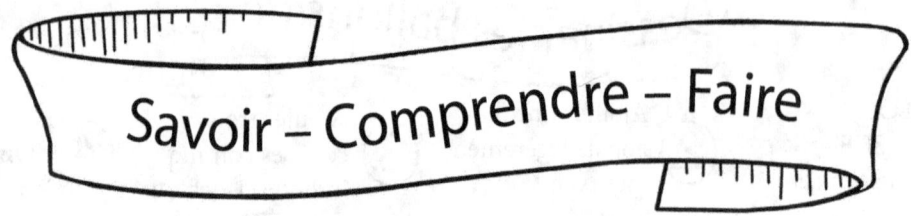

PANIER DE BASKET-BALL

SAVOIR :
- Des formes simples combinées ensemble peuvent créer des objets plus complexes
- Chevauchement

COMPRENDRE :
- Le chevauchement et la superposition des éléments contribuent à créer un sentiment de réalisme.
- Les différences de taille des parties d'un objet peuvent contribuer à créer l'illusion de la profondeur.

DO :
Créer une œuvre d'art originale d'un panier de basket en suivant les étapes indiquées. Essayer d'abord la version facile, puis la version plus difficile. Ne tracer pas. Ombrer.

VOCABULAIRE :
Chevauchement - Lorsqu'une chose se trouve au-dessus et recouvre partiellement une autre
Perspective - Technique utilisée pour créer l'illusion de la 3D sur une surface en 2D. La perspective permet de créer une impression de profondeur ou d'espace en retrait

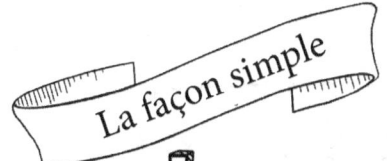 La façon simple

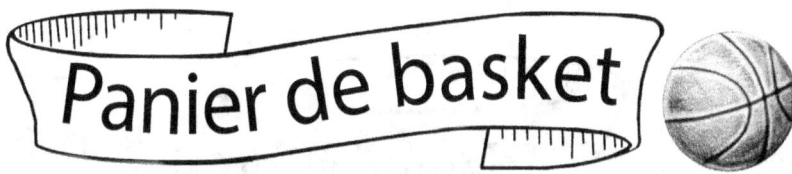 Panier de basket

1. Commencer par un ovale
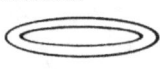

2. Mettre un ovale plus petit à l'intérieur
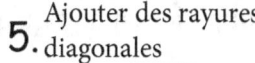

3.

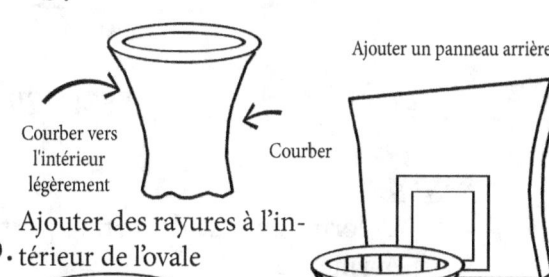

Courber vers l'intérieur légèrement

Courber

Ajouter un panneau arrière

4. Ajouter des rayures (suivre le contour des côtés)
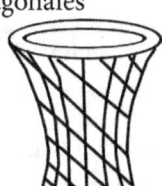

5. Ajouter des rayures diagonales
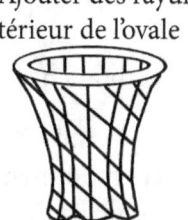

6. Ajouter des rayures à l'intérieur de l'ovale
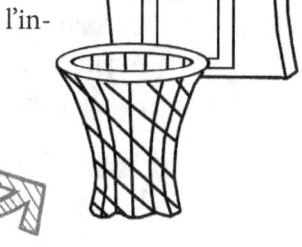

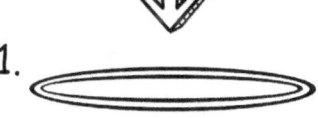 Plus de détails

1.
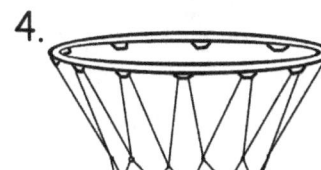

2.

3.

4.

5.
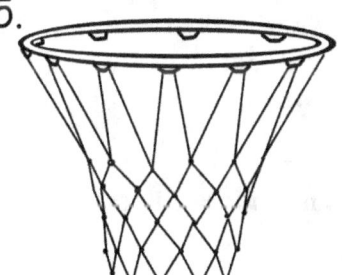

6.
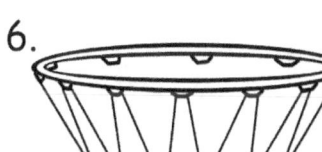

7.
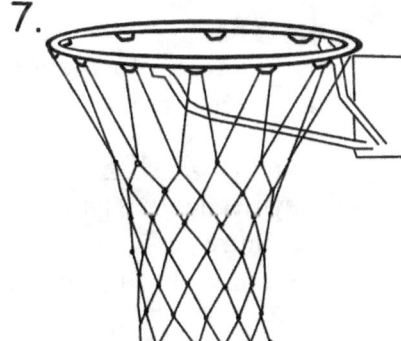

8.
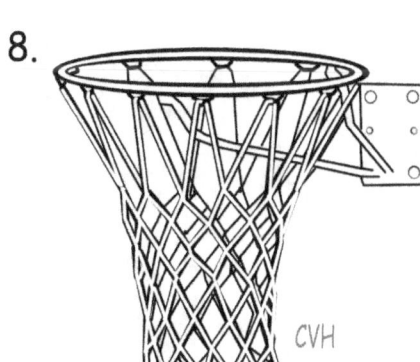

CVH

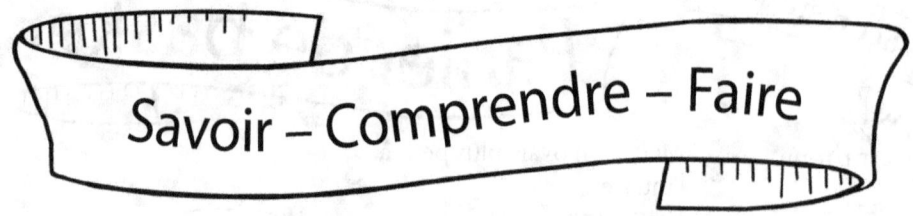

Savoir – Comprendre – Faire

DESSINER UN ARBRE NU

SAVOIR :
- La forme de base d'un arbre peut être simplifiée en tant qu'un cylindre.
- Asymétrie
- L'astuce du « Y » (les branches ressemblent à la lettre Y)

COMPRENDRE :
- Les cylindres dans l'art donnent l'apparence d'un tube circulaire en 3D
- Les branches de la plupart des arbres poussent vers le haut et vers l'extérieur (et non vers le bas).
- Chaque arbre est unique - il n'y en a pas deux qui se ressemblent.
- Les arbres peuvent être similaires des deux côtés, mais pas symétriques.

FAIRE :
- Créez votre propre arbre en utilisant l'astuce du « Y »
- Ombre

VOCABULAIRE :
Asymétrie - Les parties d'un dessin sont organisées de telle sorte qu'un côté diffère de l'autre.
Cylindre - Un tube qui semble tridimensionnel.

Dessiner un ârbre nu

Sur de nombreux arbres, les branches poussent vers le soleil.

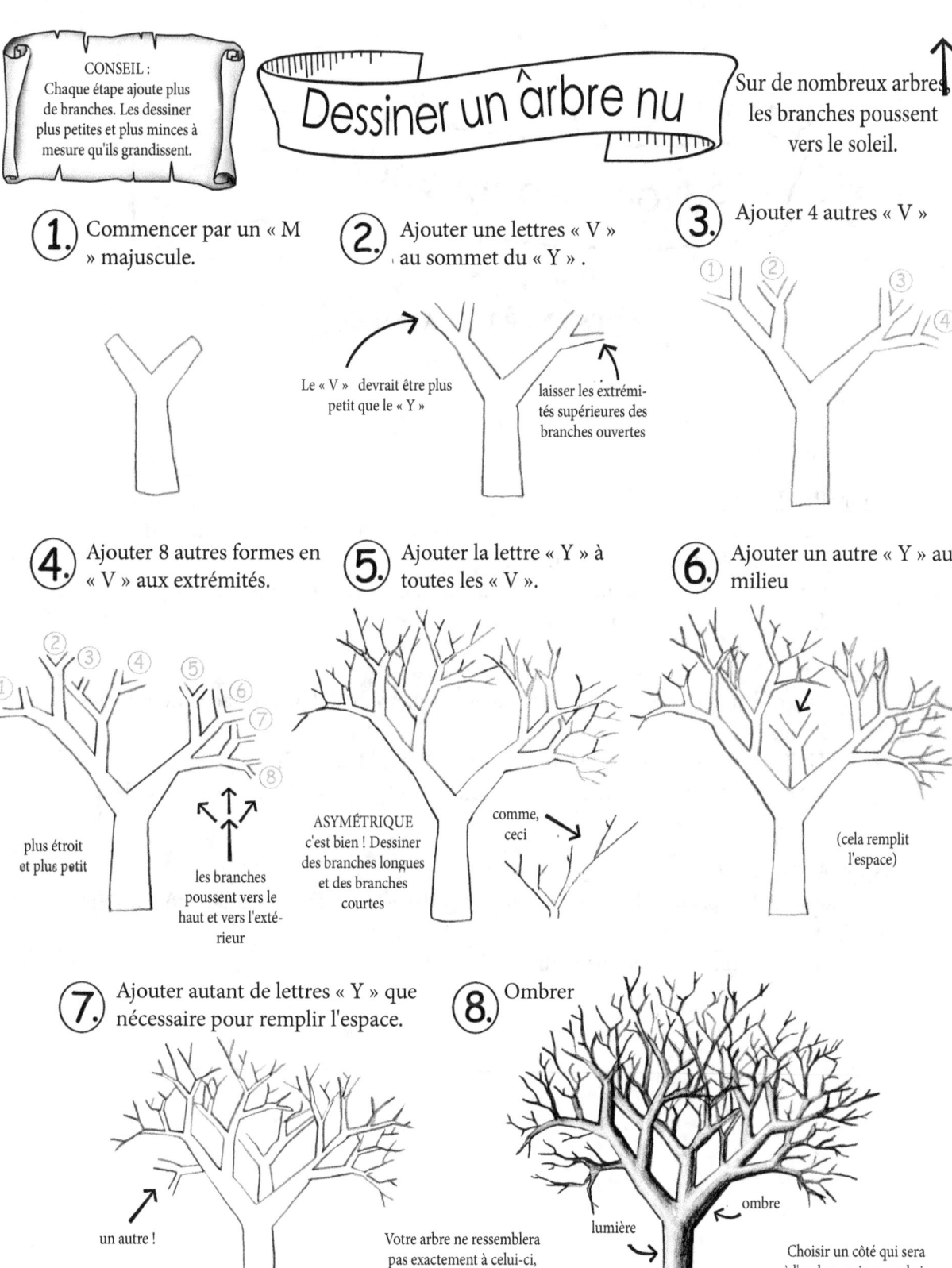

1. Commencer par un « M » majuscule.

2. Ajouter une lettres « V » au sommet du « Y ».

Le « V » devrait être plus petit que le « Y »

laisser les extrémités supérieures des branches ouvertes

3. Ajouter 4 autres « V »

4. Ajouter 8 autres formes en « V » aux extrémités.

plus étroit et plus petit

les branches poussent vers le haut et vers l'extérieur

5. Ajouter la lettre « Y » à toutes les « V ».

ASYMÉTRIQUE c'est bien ! Dessiner des branches longues et des branches courtes

comme, ceci

6. Ajouter un autre « Y » au milieu

(cela remplit l'espace)

7. Ajouter autant de lettres « Y » que nécessaire pour remplir l'espace.

un autre !

Votre arbre ne ressemblera pas exactement à celui-ci, mais c'est bien ainsi ! Chaque arbre est unique.

8. Ombrer

lumière

ombre

Choisir un côté qui sera à l'ombre, puis assombrir toutes les branches de ce côté, en gardant l'autre côté clair.

CVH

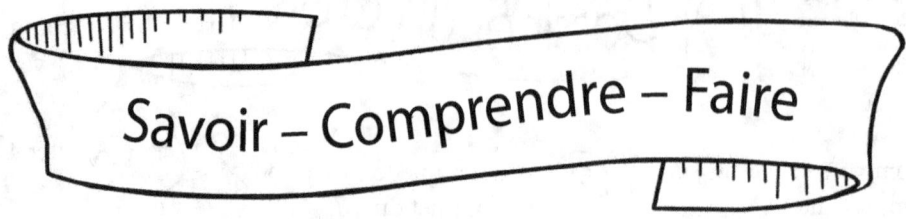

DESSINER UN PALMIER

SAVOIR :
- La forme de base d'un arbre peut être simplifiée comme un cylindre.
- Asymétrie

COMPRENDRE :
- La simplification d'une œuvre d'art consiste à décomposer les principales parties d'un objet en formes simples.
- Chaque arbre est unique - il n'y en a pas deux qui se ressemblent.
- Les arbres sont asymétriques

FAIRE :
- Suivre les étapes fournies pour créer un palmier détaillé à partir de simples lignes
- Utiliser un tronc cylindrique pour donner l'illusion de la profondeur. Les élèves prendront également en compte la taille, la position, les détails et l'ombrage.

VOCABULAIRE :
Asymétrie - Les parties d'un dessin sont organisées de telle sorte qu'un côté diffère de l'autre
Cylindre - Un tube qui semble tridimensionnel

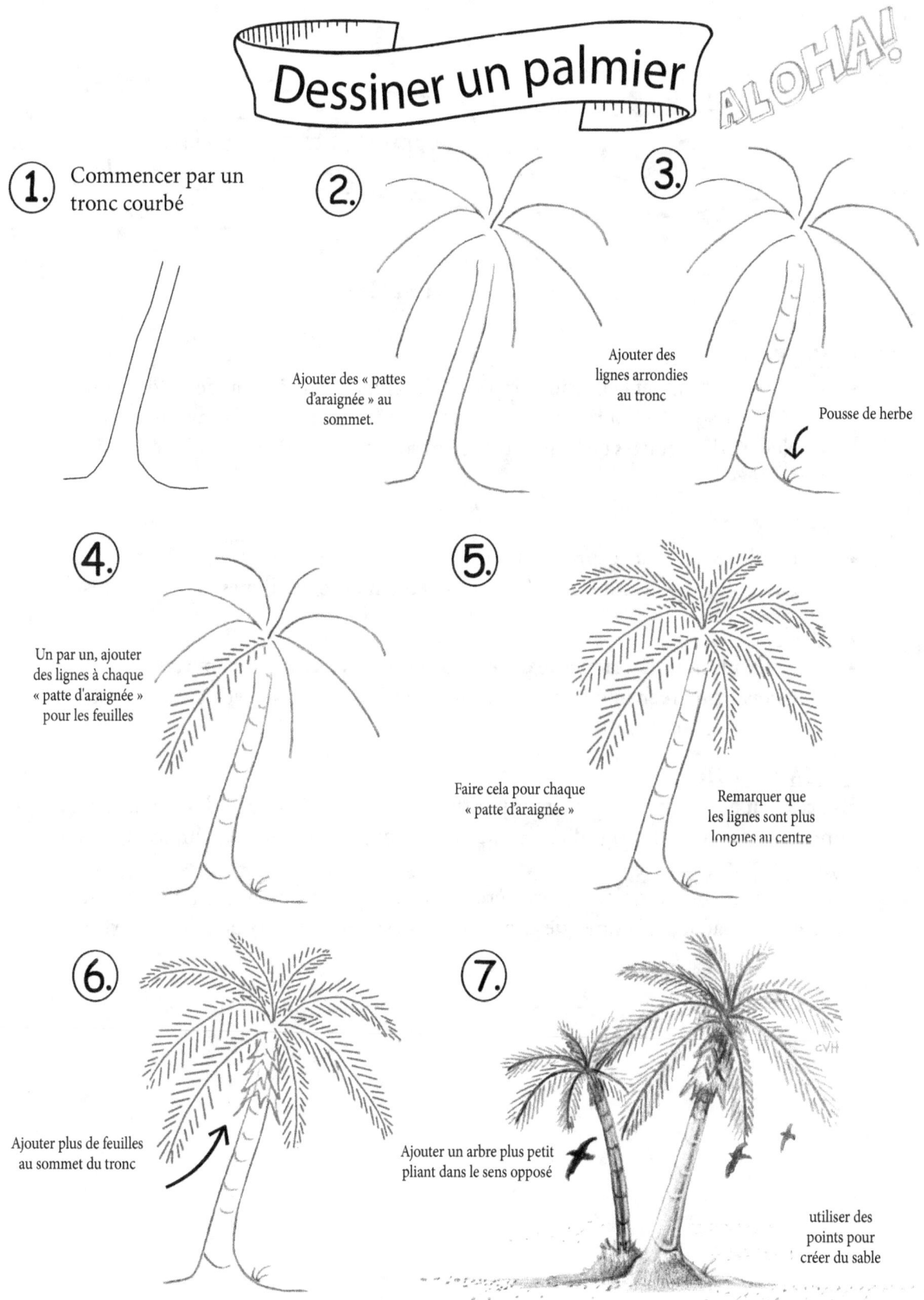

Dessiner un palmier

ALOHA!

1. Commencer par un tronc courbé

2. Ajouter des « pattes d'araignée » au sommet.

3. Ajouter des lignes arrondies au tronc

Pousse de herbe

4. Un par un, ajouter des lignes à chaque « patte d'araignée » pour les feuilles

5. Faire cela pour chaque « patte d'araignée »

Remarquer que les lignes sont plus longues au centre

6. Ajouter plus de feuilles au sommet du tronc

7. Ajouter un arbre plus petit pliant dans le sens opposé

utiliser des points pour créer du sable

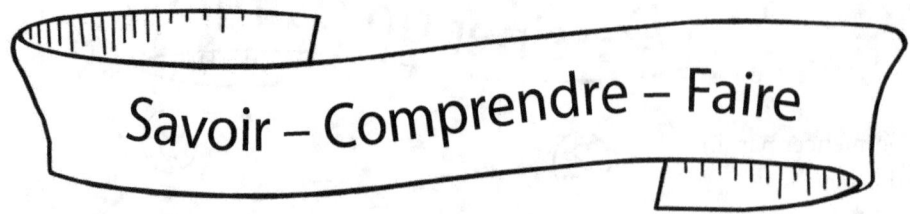

ART GRAFFITI

SAVOIR :
- L'art du graffiti et la musique rap sont devenus populaires au début des années 1970, lorsque les cours d'art et de musique ont été supprimés dans les écoles de New York et que les étudiants avaient besoin d'un exutoire pour leur créativité.
- Texture

COMPRENDRE :
- La nécessité pour l'expression artistique
- Les textures peuvent être créées visuellement avec des lignes et des ombres.

FAIRE :
- Créer un mur de briques texturé en utilisant les techniques apprises
- Choisir ou créer une police et/ou un dessin à placer sur votre mur. Veiller à ajouter des ombres.

VOCABULAIRE :
Expression artistique - S'exprimer par des créations d'art visuel, des chansons, de la poésie, etc. Les émotions d'un artiste communiquées par la couleur, le sujet et le style

Police - Ensemble complet de caractères avec un espacement et une taille unique

Texture - La façon dont quelque chose a l'air de se sentir dans une œuvre d'art.

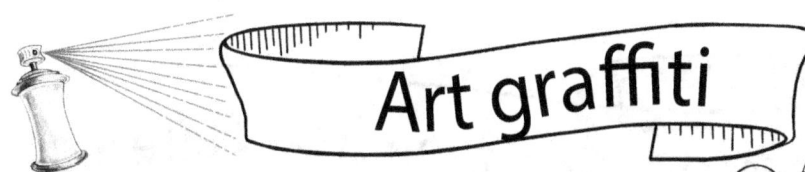

Art graffiti

1. Commencer avec deux longs rectangles

2. Centrer une troisième brique en-dessous des deux premières

3. Ajouter une autre brique (en les décalant)

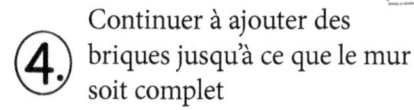

4. Continuer à ajouter des briques jusqu'à ce que le mur soit complet

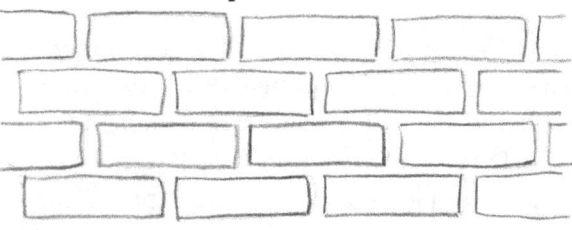

ASTUCE : Vous pouvez utiliser une règle pour espacer uniformément les briques, puis effacer les lignes qui se trouvent au milieu, mais le résultat est plus authentique si les briques ne sont pas des rectangles parfaits

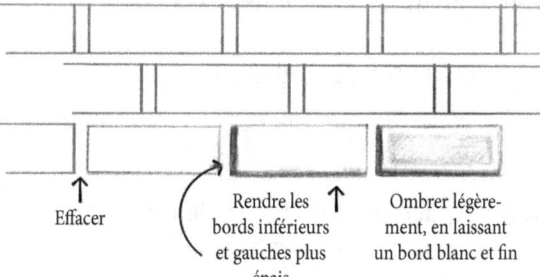

Effacer

Rendre les bords inférieurs et gauches plus épais

Ombrer légèrement, en laissant un bord blanc et fin

Tacher avec votre doigt

5.

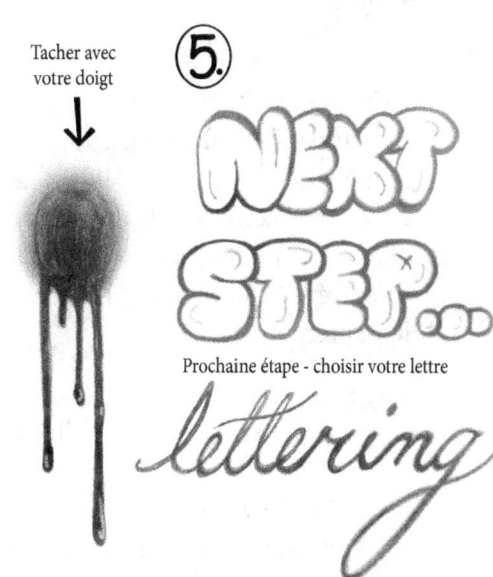

Prochaine étape - choisir votre lettre

lettering

* Dessiner votre mot en lettres épaisses sur le dessus des briques.

 * - Effacer un peu l'intérieur des lettres (c'est mieux quand-même qu'un peu de la brique reste visible).

 * - Ajouter quelques « gouttes » à la base de chaque lettre.

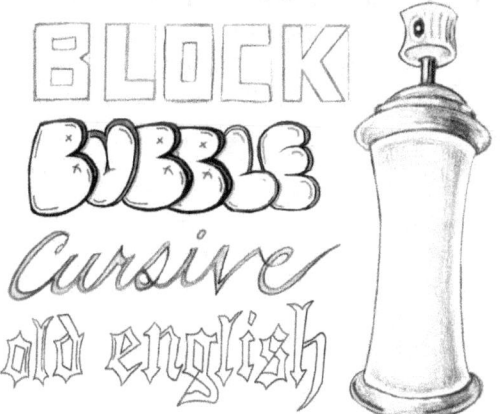

Choisir l'un de ces styles ou inventer votre propre style de lettrage

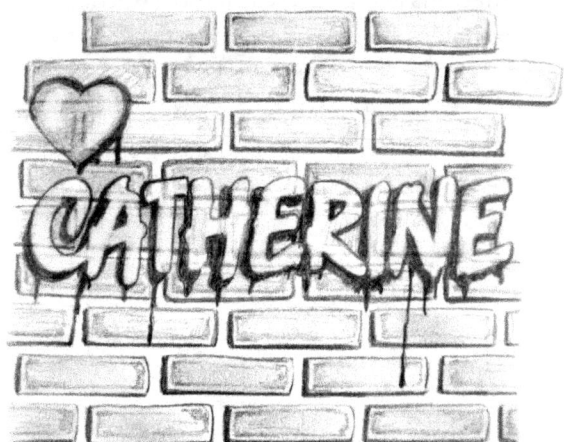

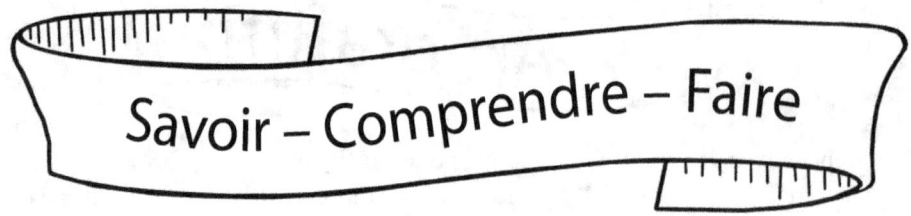

Savoir – Comprendre – Faire

STYLES DE LETTRAGE COOL

<u>SAVOIR :</u>
- Police, typographie, lettrage

<u>COMPRENDRE :</u>
Le « type » est une forme de lettre produite électroniquement ou photographiquement, le plus souvent à l'aide d'un ordinateur. Avant que les ordinateurs ne prennent en charge cette fonction à la fin du vingtième siècle, les caractères d'imprimerie étaient un petit bloc de métal ou de bois portant une lettre ou un caractère en relief à l'extrémité supérieure, qui laissait une impression lorsqu'il était encré et pressé sur le papier.

<u>DO :</u>
- Créer votre propre police de caractères ou choisir l'un des styles présentés sur la feuille de travail
- Écrire votre nom ou l'alphabet avec votre police. Ne pas oublier d'ajouter des détails, de l'épaisseur ou de l'ombrage.

<u>VOCABULAIRE :</u>
Police - Ensemble complet de caractères avec un espacement et une taille unique
Police de caractères - Ensemble complet de formes de lettres, de chiffres, de ponctuations et d'autres caractères unifié par des qualités visuelles cohérentes (également appelées police)

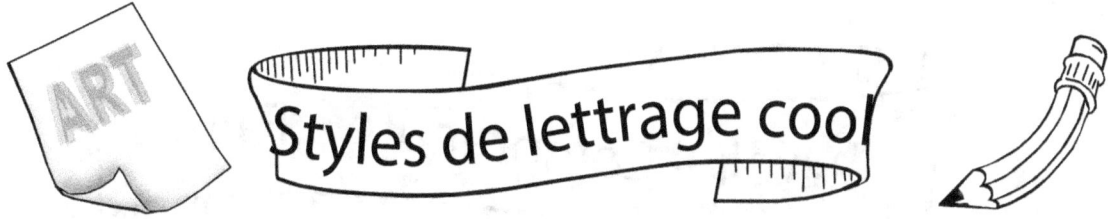

Styles de lettrage cool

Lettres en bloc : Fabriquer une boîte, écrire les lettres à l'intérieur avec des lignes droites (pas de courbes), puis effacer les parties de la boîte qui ne sont pas utilisées pour la lettre.

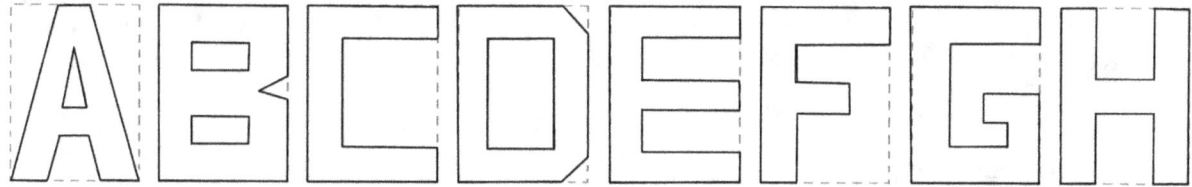

Lettres à bulles : Prendre le bloc de lettres et les « gonfler » pour qu'il n'y ait plus de lignes droites. Les lettres deviennent comme des bulles !

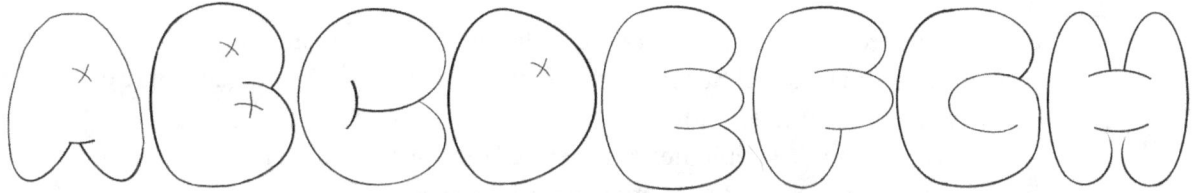

Le lettrage ombragé : La lettre est visible grâce au bord 3D de la lettre ombragé - pas la lettre elle-même.

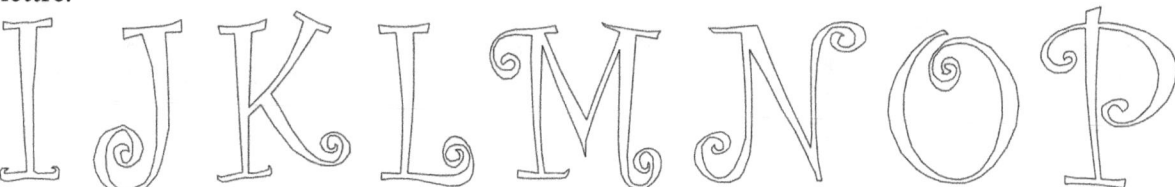

Fantaisie : Faire un côté de la lettre plus fin que l'autre. Dessiner une boucle à la fin de chaque lettre.

Conseils pour faire des graffitis :
Faire chevaucher vos lettres, créer un motif intéressant à l'intérieur de celles-ci, les décaler (placer certaines lettres légèrement plus bas sur la page) et ajouter de l'ombrage !

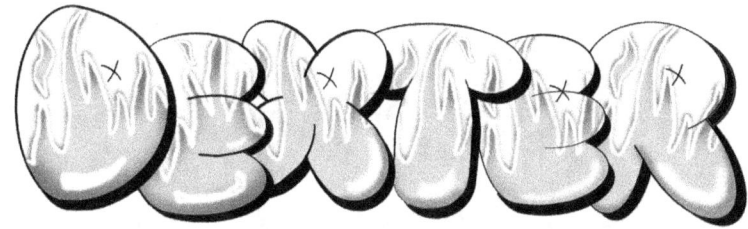

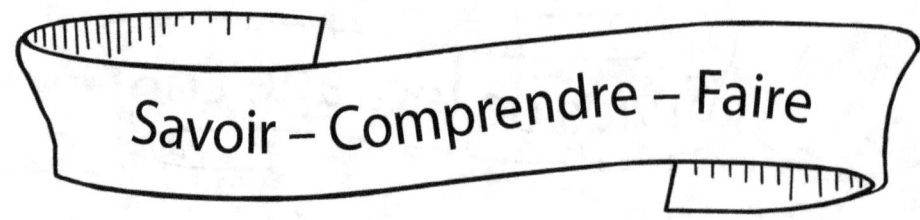

CRÂNE DE POTE

SAVOIR :
Exagération des caractéristiques, distorsion, valeur

COMPRENDRE :
Utilisation de l'exagération et de la distorsion dans une œuvre d'art pour créer un style particulier

FAIRE :
- Créer votre propre version d'un crâne stylisé avec un chapeau en utilisant les instructions fournies OU S'entraîner à dessiner un crâne humain générique et à en exagérer les caractéristiques par la suite.
- Ajouter des éléments supplémentaires et de l'ombre
- Effacer certaines zones pour les mettre en évidence

VOCABULAIRE :
Distorsion - Modifier l'apparence d'un objet, parfois en le déformant ou en l'étirant
Exagérer - Magnifier, embellir ; agrandir ou réduire en taille.
Zone en surbrillance - La zone d'une surface qui reflète le plus de lumière
Mettre en évidence – attirer l'attention sur une zone d'un dessin ou la mettre en valeur par l'utilisation de valeurs

不良少年のドクロ

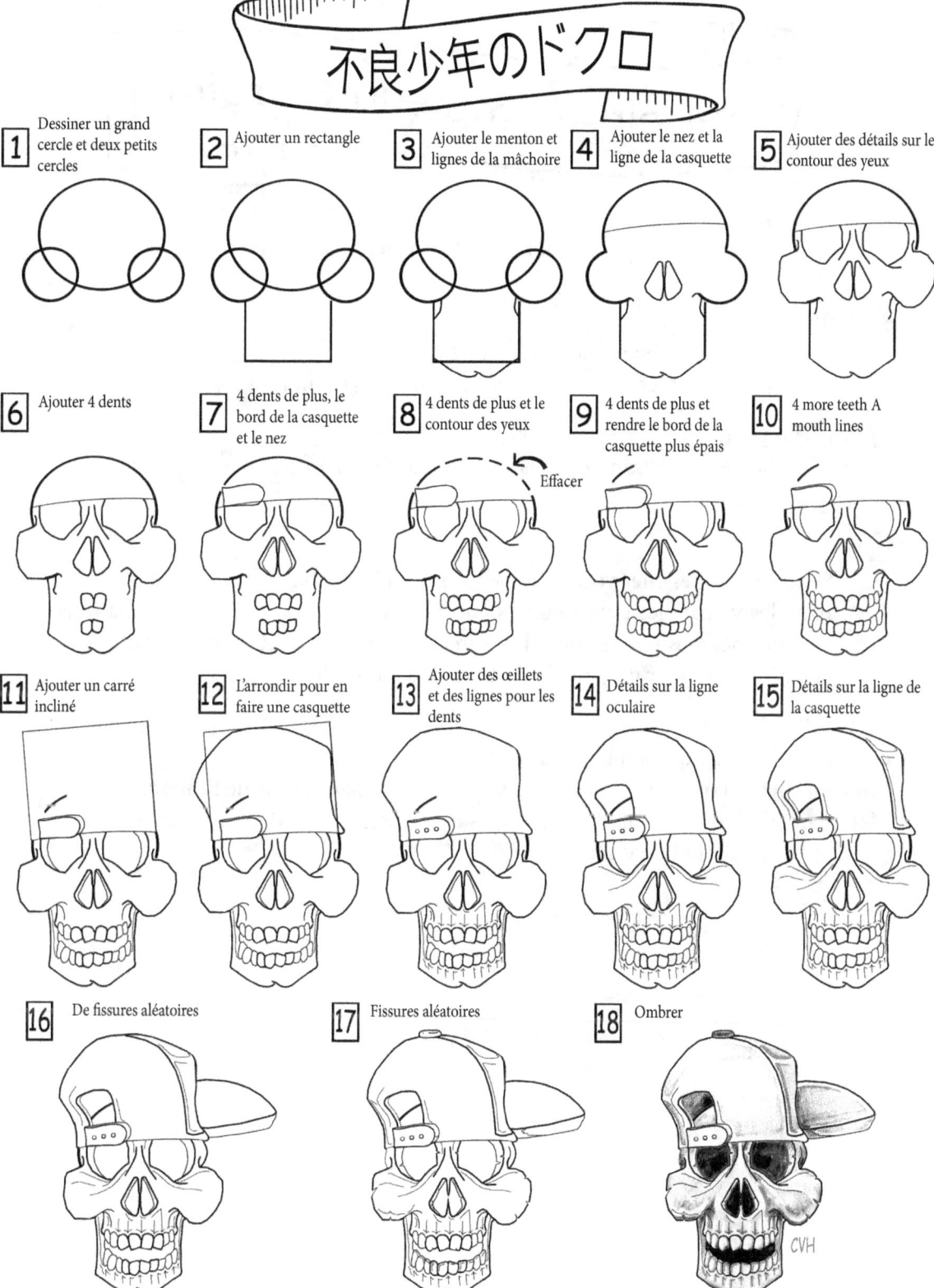

1 Dessiner un grand cercle et deux petits cercles

2 Ajouter un rectangle

3 Ajouter le menton et lignes de la mâchoire

4 Ajouter le nez et la ligne de la casquette

5 Ajouter des détails sur le contour des yeux

6 Ajouter 4 dents

7 4 dents de plus, le bord de la casquette et le nez

8 4 dents de plus et le contour des yeux — Effacer

9 4 dents de plus et rendre le bord de la casquette plus épais

10 4 more teeth A mouth lines

11 Ajouter un carré incliné

12 L'arrondir pour en faire une casquette

13 Ajouter des œillets et des lignes pour les dents

14 Détails sur la ligne oculaire

15 Détails sur la ligne de la casquette

16 De fissures aléatoires

17 Fissures aléatoires

18 Ombrer

CVH

241

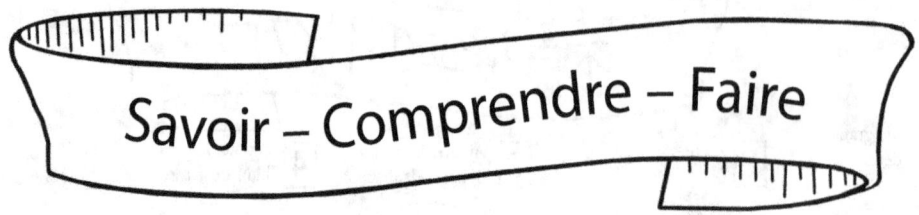

LE DOS DE LA MAIN

SAVOIR :
- Créer une ressemblance à partir d'une observation
- De nombreux objets (anthropogènes et naturels) sont basés sur le cylindre

COMPRENDRE :
Faisant l'ombrage en utilisant les tons de l'échelle de valeur permettra d'obtenir une image plus réaliste.

FAIRE :
- S'entraîner à dessiner votre main en utilisant les techniques proposées
- Faire les valeurs les plus sombres entre les doigts et les plis des articulations. Effacer quelques points sur la jointure, le doigt central et la partie centrale de la main pour créer un effet de surbrillance naturelle.

VOCABULAIRE :
Cylindre - Un tube qui semble tridimensionnel
Zone en surbrillance - La zone d'une surface qui reflète le plus de lumière
Mettre en évidence – attirer l'attention sur une zone d'un dessin ou la mettre en valeur par l'utilisation de valeurs

Dos de la main

1.

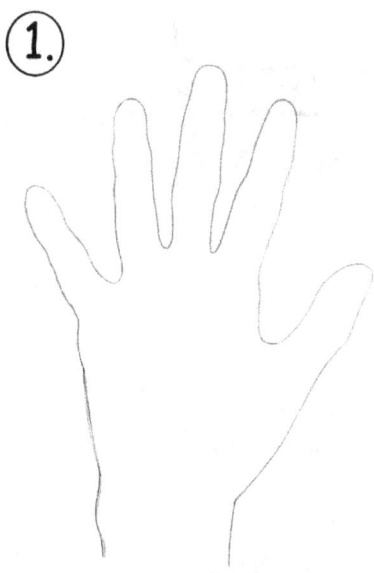

Commencer par tracer votre main.
Si vous êtes droitier, tracez votre main gauche, etc.
CONSEIL : Pour obtenir la meilleure forme de main, gardez votre crayon à un angle de 90°.

2.

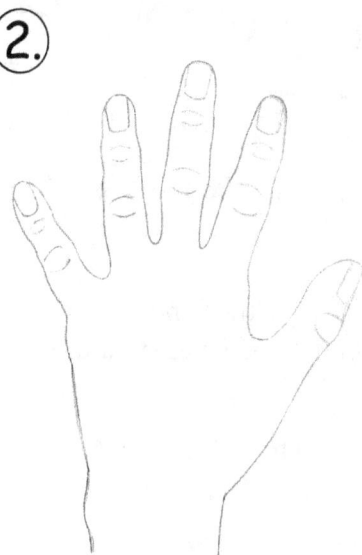

nsuite, ajouter des ongles et une Forme de cercle pour chaque articulation.
REMARQUE : Il y a deux articulations dans un doigt humain.

3.

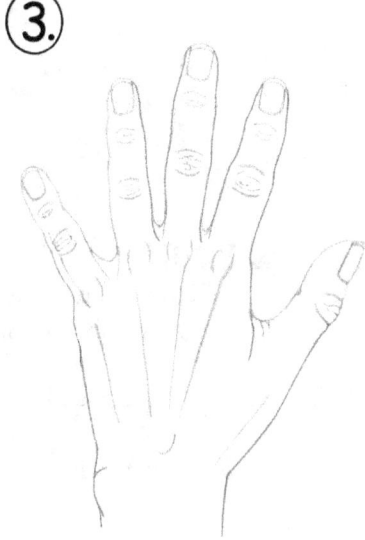

Regarder votre main.
Voyez-vous la peau au-dessus des ongles ?
Avez-vous des bouts blancs sur vos ongles ?
Pouvez-vous voir les os fins de la main ?
Avez-vous beaucoup de lignes d'articulation ?
Si oui, veiller les ajouter.

4.

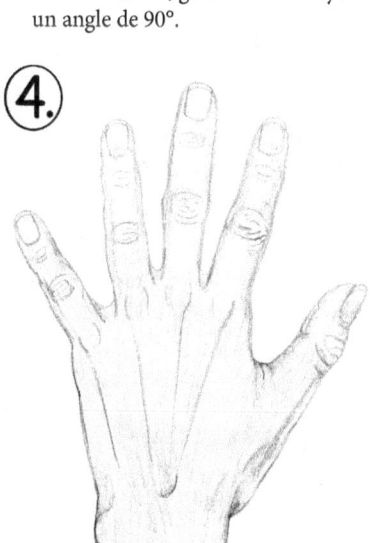

Ombrer légèrement toute la main en gris. Assombrir le contour des bords de la main et les articulations.

5.

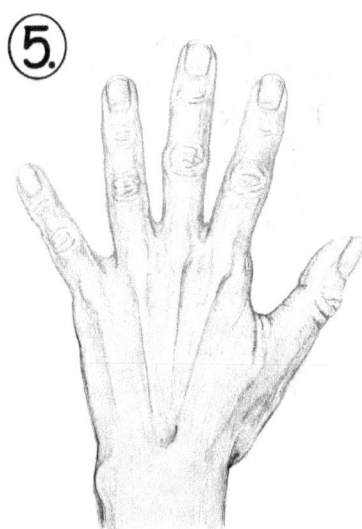

Ombrer les bords de la main et chaque doigt. Regarder votre propre main et remarquer les zones sombres et claires. Rendre les parties sombres plus foncées

6.

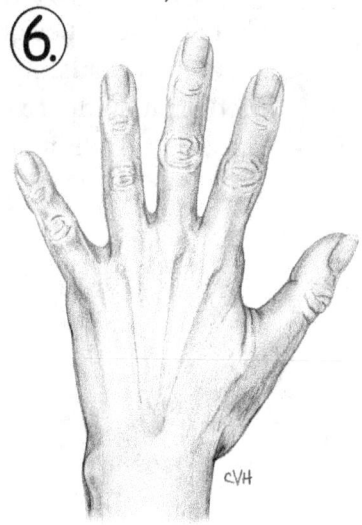

Ajouter les touches finales.
Utiliser votre gomme pour éclaircir les jointures et le centre des doigts.

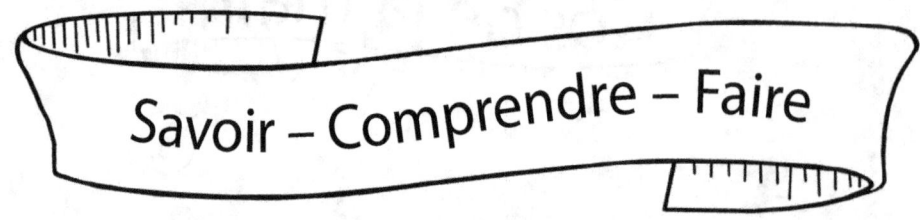

LA PAUME DE LA MAIN

SAVOIR :
- Créer une ressemblance à partir d'une observation
- De nombreux objets (anthropogènes et naturels) sont basés sur le cylindre

COMPRENDRE :
Faisant l'ombrage en utilisant les tons de l'échelle de valeur permettra d'obtenir une image plus réaliste.

FAIRE :
- S'entraîner à dessiner votre main en utilisant les techniques proposées
- Faire les valeurs les plus foncées entre les doigts et les plis des articulations. Effacer quelques points sur les coussinets des phalanges et entre les plis pour créer un effet de surbrillance naturelle.

VOCABULAIRE :
Cylindre - Un tube qui semble tridimensionnel
Zone en surbrillance - La zone d'une surface qui reflète le plus de lumière
Mettre en évidence – attirer l'attention sur une zone d'un dessin ou la mettre en valeur par l'utilisation de valeurs

Paume de la main

1.

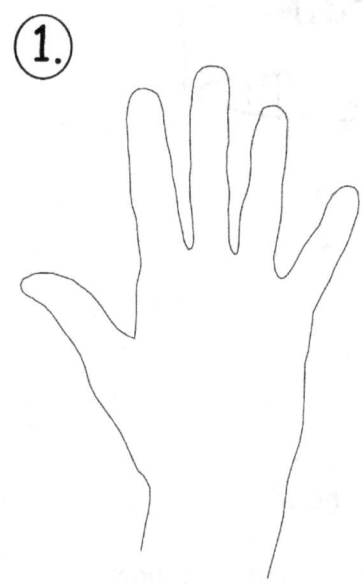

Commencer par tracer votre main, la paume orientée vers le haut. **CONSEIL** : pour obtenir la meilleure forme de main, garder votre crayon à un angle de 90 degrés.

2.

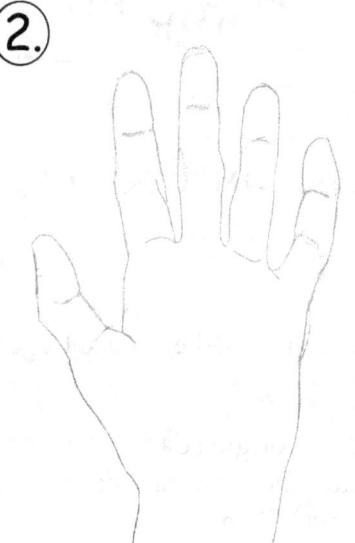

Détendre votre main. Les doigts vont se recourber un peu. Dessiner légèrement les changements au niveau de l'angle des doigts.

3.

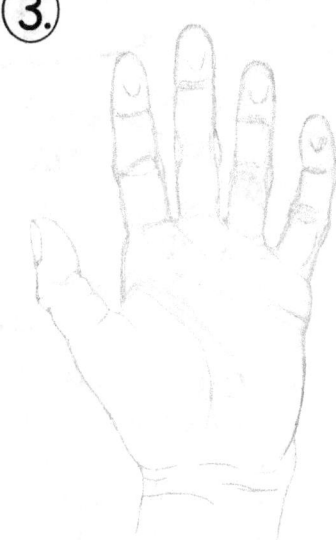

Regarder votre main. Est-ce que vous voyez une partie de votre ongle? Chaque personne a un motif de lignes différent dans sa paume. Dessiner le vôtre.

4.

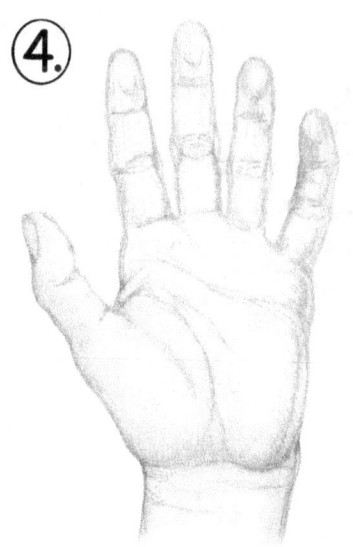

Ombrer légèrement la main entière en gris. Assombrir le contour des bords de la main et les plis des articulations.

5.

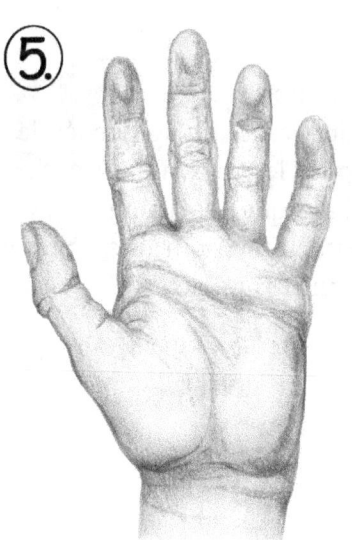

Ombrer les bords de la main et chaque doigt. Regarder votre propre main et remarquer les zones sombres et claires. Approfondir les zones les plus sombres.

6.

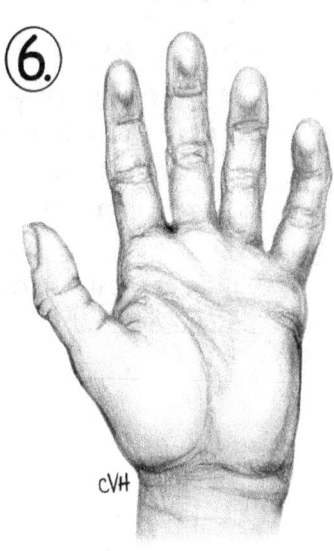

Ajouter les touches finales. Utiliser votre gomme pour éclaircir la paume, entre les plis et les coussinets des phalanges.

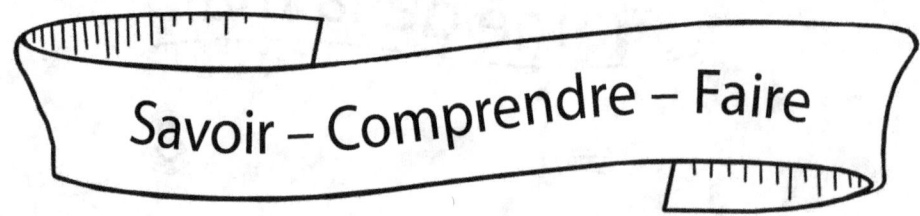

MASQUES DE COMÉDIE ET DE TRAGÉDIE

SAVOIR :

- Expression
- Origines des masques de la comédie et de la tragédie

COMPRENDRE :

- Ces masques trouvent leur origine dans la Grèce antique
- Les masques ont joué un rôle important dans l'histoire du théâtre.
- Le symbole du théâtre actuellement
- L'expression est un comportement non verbal qui communique une émotion ou un mouvement du visage qui traduit un état émotionnel.

FAIRE :

Créer un dessin original de masque de comédie/tragédie qui montre l'expression en utilisant les étapes fournies.

VOCABULAIRE :

Comédie - Divertissement amusant

Masque - Une couverture du visage. Il s'agit généralement d'un objet porté sur le visage, avec des ouvertures pour les yeux, afin de cacher son identité, soit pour faire la fête (comme lors d'un bal masqué), soit pour effrayer ou amuser (comme lors de l'Halloween), soit pour un rituel, soit pour une représentation comme celle des acteurs des théâtres grec, romain et japonais.

Tragédie - Drame

Masquesdecomédieetdetragédie

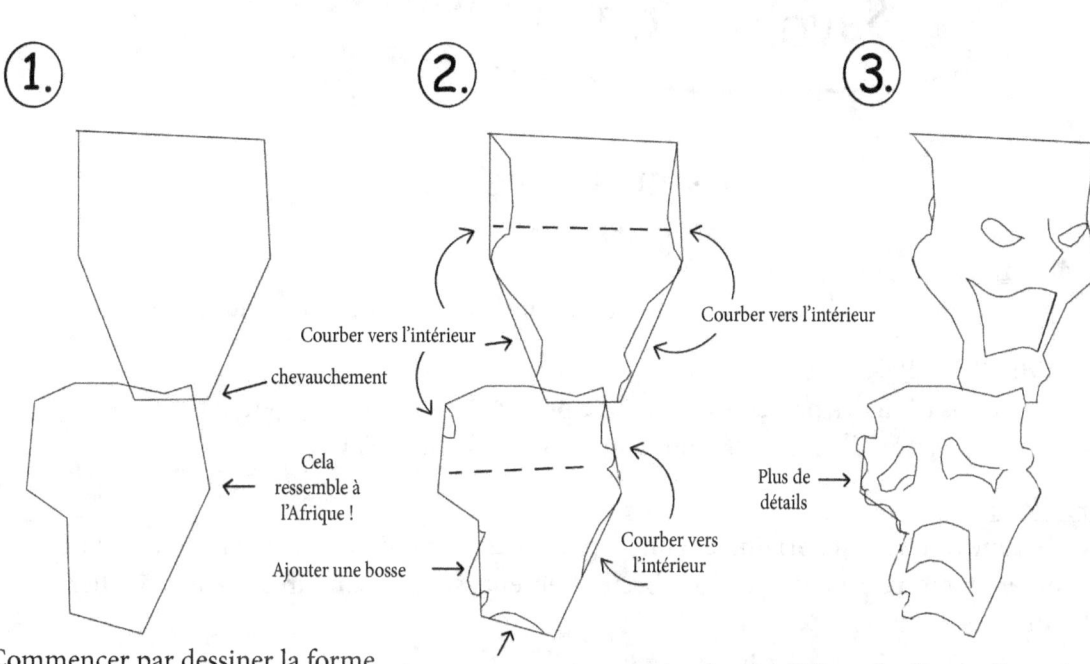

1. Commencer par dessiner la forme de base du masque. Dessiner légèrement, car vous effacerez ces lignes directrices à l'étape 3.

2. Commencer à dessiner les détails. Ajouter des lignes directrices pour les yeux.

3. Effacer les lignes directrices originales. Ajouter les yeux, le nez et la bouche.

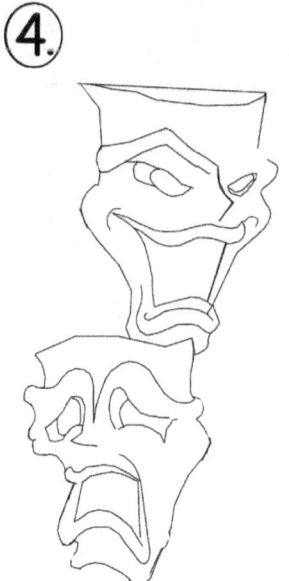

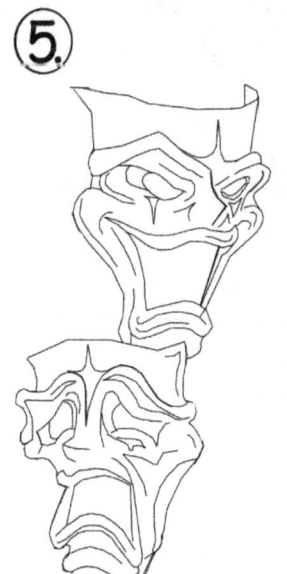

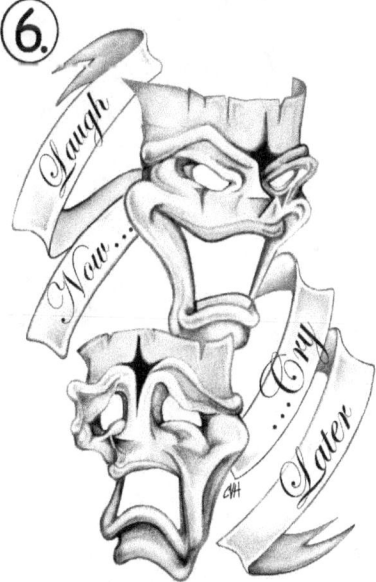

4. Ajouter des sourcils, des lèvres et de l'épaisseur aux yeux

5. Ajouter des lignes de conception.

6. Ombrer. Ajouter une bannière avec du texte si vous voulez.

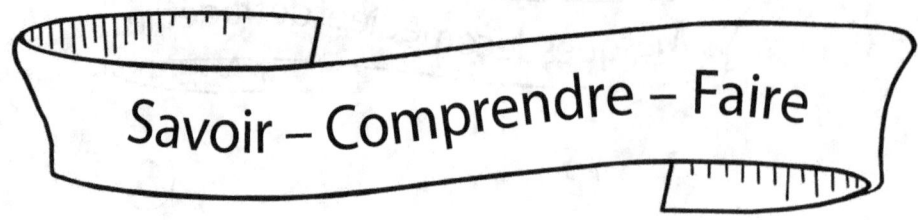

Savoir – Comprendre – Faire

DES PILES D'ARGENT

SAVOIR :

L'ajout de motifs et d'ombres à un objet lui donne une forme et une dimension

COMPRENDRE :

*   L'utilisation des principes d'un cube pour créer un rectangle en 3D
*   L'utilisation de lignes de fuite pour montrer la perspective

FAIRE :

Créer une œuvre d'art originale d'une « pile d'argent » qui démontre la perspective. Ajouter au moins 3 piles et de nombreux éléments supplémentaires. Ne pas oublier les ombres !

VOCABULAIRE :

Cube - Un polyèdre ayant six faces carrées ; un carré qui apparaît en 3D
Perspective - Le point à partir duquel un objet ou une scène est vu
Lignes fuyantes – Des lignes qui s'éloignent ou reculent du premier plan

Piles d'argent

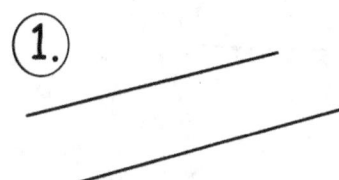

1. Commencer par 2 lignes parallèles inclinées vers le bas

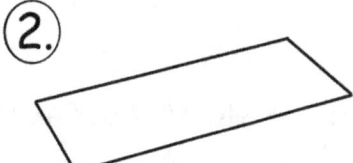

2. Relier les côtés pour créer un rectangle incliné.

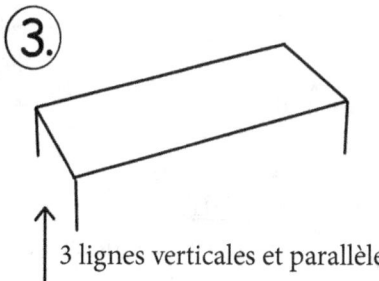

3. 3 lignes verticales et parallèles

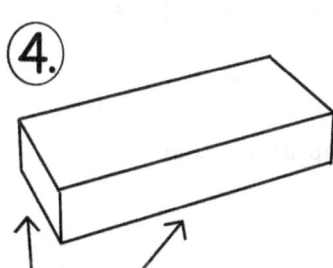

4. Les connecter avec 2 lignes angulaires

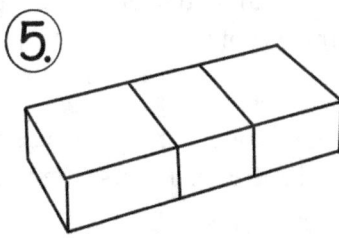

5. « Envelopper » le rectangle 3D au centre.

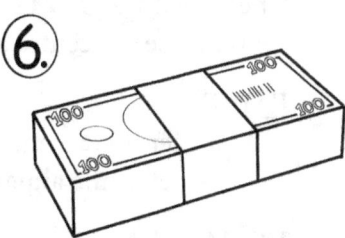

6. Ajouter des détails de design.

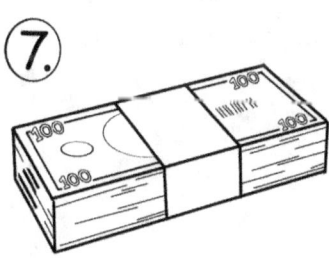

7. Ajouter des lignes pointillées parallèles aléatoires pour montrer des tas de billets empilés.

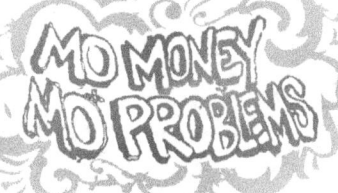

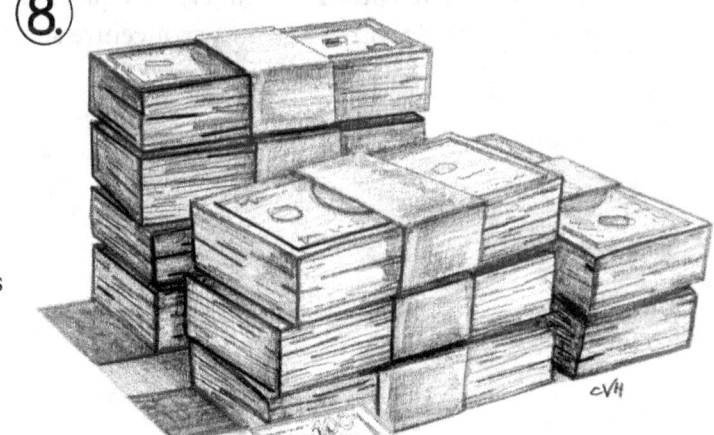

8. Ajouter autant de piles que vous le souhaitez. Ombrer.

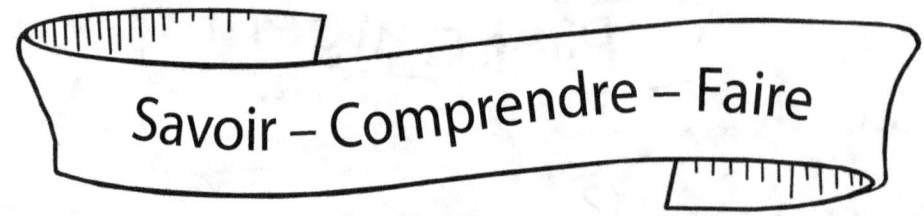

Savoir – Comprendre – Faire

TOILE D'ARAIGNÉE FACILE

SAVOIR :
Symétrie, asymétrie, équilibre radial

COMPRENDRE :
Une toile d'araignée est basée sur un cercle et sa conception s'étend à partir de son centre ou se concentre autour du centre.

FAIRE :
- Créer un design original de toile d'araignée basé sur l'équilibre radial.
- Ajouter une araignée et d'autres éléments supplémentaires.

VOCABULAIRE :
Symétrie - (ou équilibre symétrique) - Les parties d'une image ou d'un objet organisées de manière à ce qu'un côté duplique, ou reflète, l'autre
La symétrie fait partie des dix classes de motifs
L'équilibre radial ou rotatif est tout type d'équilibre basé sur un cercle dont le dessin s'étend à partir de son centre ou se concentre sur celui-ci

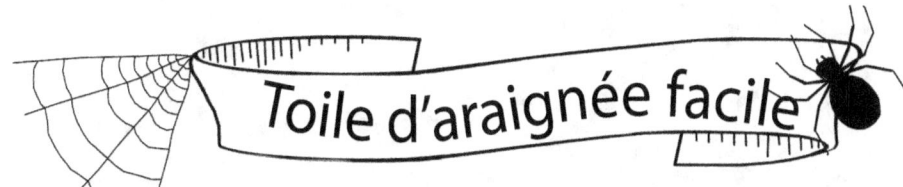

Toile d'araignée facile

 1.

Commencer par un angle de 90 degrés. Ce sera le coin dans lequel la toile d'araignée sera tissée.

 2.

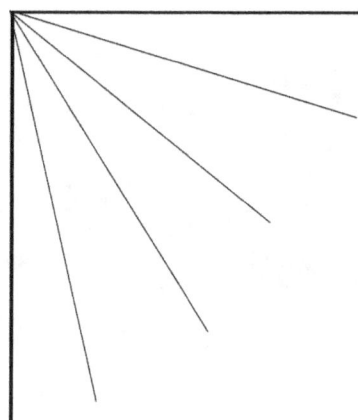

Dessiner 4 ou 5 lignes équidistantes rayonnantes à partir du coin (comme les rayons d'une roue de vélo).

 3.

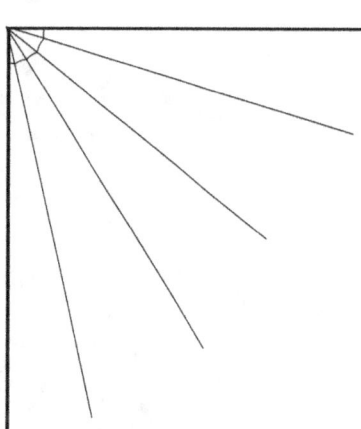

Créer une couche de lignes qui s'incurvent autour du coin supérieur. Ils doivent ressembler à des vagues inversées.

 4.

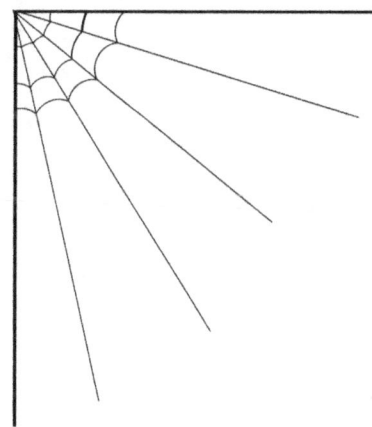

Ajouter quelques couches supplémentaires de la toile

 5.

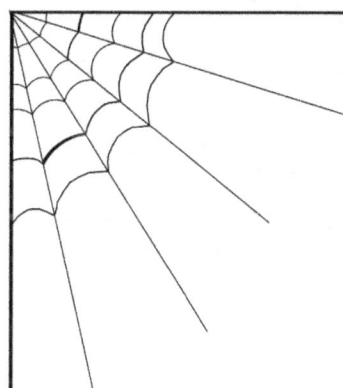

Continuer à ajouter des lignes de toile, chaque couche étant plus éloignée de la précédente.

 6.

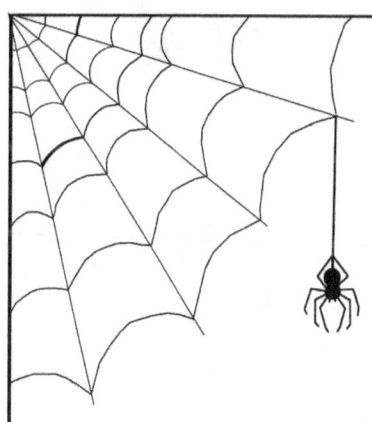

Terminer la toile. Ajouter une araignée suspendue. Ne pas oublier que les araignées ont 8 pattes !

www.ingramcontent.com/pod-product-compliance
Lightning Source LLC
Chambersburg PA
CBHW081555220526

45468CB00010B/2662